Droit du commerce international

Les mémentos DALLOZ

série droit privé

Droit du commerce international

Hugues Kenfack
Professeur à l'Université de Toulouse
Doyen honoraire de la Faculté de droit et science politique

7e édition – 2019

DALLOZ

DALLOZ

31-35 rue Froidevaux, 75685 Paris cedex 14

ISBN 978-2-247-18928-1

Plan détaillé

Troisième partie
Les opérations du commerce international

Introduction

I – Aperçu historique et évolution du droit du commerce international

L'aperçu historique sommairement présenté ici a pour unique objectif de faciliter la compréhension de la situation actuelle et ainsi éclairer les différents aspects du droit du commerce international. L'histoire révèle que si le droit du commerce international, très hétérogène aujourd'hui, est né au Moyen Âge, le commerce international est plus ancien et remonte à la haute Antiquité. Plusieurs périodes doivent être distinguées.

A – La haute Antiquité : naissance du commerce international

Ceux qui découvrent la matière se doutent-ils que les premières véritables relations commerciales étaient internationales ? Si on limite la dénomination de droit du commerce international à un corps complet et homogène de règles, alors un tel droit n'a pas existé à la haute Antiquité. En revanche, c'est à cette période qu'est né le commerce international sous sa forme maritime.

• L'une des plus anciennes civilisations connues, la civilisation égyptienne, contient peu d'indications sur ce commerce, notamment inter Mésopotamie.

• Les Babyloniens ont été un peuple de commerçants à qui on doit notamment le Code d'Hammourabi qui décrit le prêt à intérêt sous la forme de prêt de semence et les briques de Warka, compte d'une maison de commerce fonctionnant en société.

• Ce sont surtout les Phéniciens, grands navigateurs, qui ont constitué la première véritable civilisation commerciale. Animés par une volonté d'avoir des comptoirs qui leur servent de relais sur les rivages méditerranéens, les Phéniciens sont à l'origine de quelques techniques encore utilisées aujourd'hui comme l'avarie commune : si le capitaine était obligé de sacrifier une partie de la cargaison pour sauver le navire, l'armateur et les chargeurs participaient tous à la perte. Ce mécanisme a été décrit par la *Lex rhodia de Jactu* car l'avarie commune jouait surtout lorsque le capitaine allégeait le navire en péril en jetant une partie de la cargaison à la mer.

Carthage, grande ville de la civilisation phénicienne, commerçante par excellence, se heurtera assez vite à Rome dont la puissance commence à naître en Italie. Carthaginois et Romains vont se disputer le commerce méditerranéen occidental. Ils vont finir par signer dans les années 348-308 avant J.-C. un traité relatif au partage de secteurs commerciaux. Il s'agirait là, historiquement, du premier grand traité de commerce international.

B – L'Antiquité

1. La Grèce

Elle prend la suite de la civilisation phénicienne déclinante. La civilisation Grecque se traduit par une communauté de langue et de mœurs caractérisant des cités qui ont chacune son gouvernement et sa législation (Athènes, Rhodes, Delos), ce qui favorise le caractère international des opérations. Même si les Grecs sont considérés comme de mauvais juristes et n'ont pas véritablement élaboré un corps de règles régissant le commerce international, le caractère international du commerce, déjà présent chez les Phéniciens, va davantage s'accentuer. Les mécanismes juridiques et institutions qui prennent naissance en Grèce semblent avoir été élaborés par les besoins du commerce international, par exemple, l'opération de prêt à la « grosse aventure » pratiquée dans le commerce maritime du blé ou encore le *nauticum foenus*, prêt d'argent à un armateur ou un négociant exportateur. Mais le droit grec n'est pas vraiment élaboré, comme le sera le droit romain.

2. Rome

Les Romains ont, pour la première fois, élaboré une véritable organisation du commerce, même s'ils ont surtout été préoccupés par le droit civil. Le droit romain fait une distinction entre le *jus civile* et le *jus gentium* qui préfigure la distinction droit civil/ droit commercial. Il existe un préteur pour les citoyens romains (le préteur urbain) et un autre pour les « étrangers » (le préteur pérégrin).

Le *jus civile* est réservé aux citoyens romains. Le *jus gentium* n'est pas propre aux relations commerciales et peut s'appliquer aussi aux pérégrins (« étrangers » des pays conquis ayant la condition d'hommes libres, mais pas la citoyenneté romaine). Le *jus gentium* est un droit élaboré pour les besoins du commerce avec les non-citoyens romains même si progressivement il va être étendu aux rapports entre citoyens eux-mêmes grâce à l'action du préteur. Il est plus souple, moins formaliste et ouvert à toutes les innovations de la pratique. C'est un « droit international » qui est considéré comme une des premières tentatives de résolution des rapports de commerce entre les différents peuples par le jeu de règles de droit matériel. Le droit romain réglemente les opérations de banque dont une des principales est le change car il y a de nombreux pays conquis et par conséquent une multitude de monnaies.

De nombreuses routes commerciales millénaires sont tracées autour du globe et de nombreux produits exotiques y transitent, par exemple la soie, les parfums, les épices mais aussi de nouvelles idées, religions, usages et règles de droit commercial international.

L'effondrement de l'Empire romain et les invasions barbares marquent la décadence du commerce international. Toute activité commerciale est suspendue et chacun vit en circuit fermé jusqu'au Moyen Âge.

C – Le Moyen Âge : naissance du droit du commerce international

Tous les commercialistes situent au Moyen Âge la naissance d'un corps de règles qualifié de droit du commerce international. À partir du XIe siècle, le commerce renaît. Les grands pôles du commerce européen sont les républiques marchandes de l'Italie du Nord (Venise, Pise, Gêne, et plus tard Florence) et les Flandres (Bruges, Anvers et Amsterdam). Les premiers monopolisent le commerce du monde méditerranéen et instaurent entre leurs villes un réseau d'échanges commerciaux nécessairement international, qui entraîne des questions de compétence judiciaire et législative. Ce sont ces villes qui sont à l'origine des premiers tribunaux commerciaux spécialisés, compétents pour juger également les commerçants étrangers. Les plus célèbres sont les *Consules mercatorum* de Florence, le Tribunal de la Rote de Gênes. Ce sont également les juristes de ces villes qui élaborent la théorie des conflits de lois sous la forme de la célèbre « théorie des statuts ». Elles sont considérées comme le berceau du droit commercial. Les secondes, en raison des invasions dont elles ont été l'objet et des brassages des populations, ont accentué le développement des échanges commerciaux internationaux. Les rapports entre ces deux pôles d'attraction principaux auxquels s'ajoutent les principaux pays d'Europe occidentale donnent au commerce simplement « régional » à l'origine un caractère international, d'abord européen, mais qui va progressivement s'étendre aux pays plus éloignés pour donner naissance à un véritable droit du commerce international.

À l'origine de ce droit du commerce international se trouvent principalement trois facteurs importants : les croisades, les foires et la chrétienté.

1. Les croisades

Elles ont été à l'origine de la renaissance au Moyen Âge du grand commerce international. Elles créent une route commerciale internationale ouest/est, de l'occident méditerranéen vers les lieux saints, à l'est de la Méditerranée. Un tel mouvement s'accompagne de transports divers (hommes, chevaux, armes…), de questions financières (transport de l'or et de l'argent) avec tous les échanges commerciaux qui les accompagnent et l'apparition de nouveaux banquiers qui jouent un rôle international se prolongeant dans certains pays.

2. Le développement des foires

Il s'agit de regroupements périodiques de marchands d'horizons divers qui avaient lieu en Allemagne (Francfort, Leipzig) dans les Flandres (Bruges) et en Champagne (Troyes, Lagny, Provins, Bar-sur-Aube). Les lieux de rencontre, à date fixe, entraînaient une mobilité de commerçants ou plutôt de marchands comme on les appelait à l'époque. Elles ont joué un rôle fondamental dans la mise au point du droit du commerce international. D'une part, la diversité des opérateurs introduit un élément aujourd'hui qualifié d'extranéité et la plupart des opérations ont un caractère « international ». D'autre part, on y règle certaines opérations relatives au transport maritime, essentiellement international. Le développement des transactions commerciales entraîne celui des opérations de change des monnaies d'où naissent des techniques de droit bancaire et du droit comptable. Ces foires marquent l'apparition d'un monde nouveau, le monde des marchands. Ces derniers recherchent un droit qui leur soit propre, uniforme et s'imposant à tous les participants quelle que soit la foire. C'est ainsi que naît le *jus mercatorum* ou *lex mercatoria*. Ce droit a plusieurs caractères. C'est un droit :

– international comme l'avait été le *jus gentium* romain avant les invasions. Ce droit des foires est identique en Champagne, Italie ou Allemagne. Il préfigure par ses caractères, l'unification des législations dans les États de la Communauté et même au-delà le droit commercial moderne des principaux États ;

– rapide car il fallait régler pendant la durée de la foire tous les éventuels litiges, par exemple en vendant les marchandises ;

– rigoureux, avec notamment l'apparition de la faillite.

3. La religion chrétienne

En essayant de moraliser certaines opérations, l'Église catholique a contribué de façon indirecte à la formation d'un droit commercial uniforme commun aux pays de la chrétienté mais aussi à susciter le caractère « international » de certaines opérations. Ainsi, la prohibition du prêt à intérêt que respectaient les chrétiens ne s'appliquait ni aux juifs, ni aux Italiens du Nord (les Lombards) qui n'étaient pas chrétiens. Ces derniers pouvaient donc effectuer ces prêts et cette opération avait ainsi un élément d'extranéité.

À la fin du Moyen Âge, il n'existait pas un corps complet de règles qualifiées de droit du commerce international, mais elles étaient suffisamment complètes pour régir les principales opérations du commerce international de l'époque. Le Moyen Âge a vu apparaître la première « loi marchande internationale » et son apport est considérable pour le droit du commerce, interne et international. Ce caractère international va s'estomper à la fin du Moyen Âge.

D – De la fin du Moyen Âge à la période contemporaine

Trois sous périodes se succèdent :

– les temps modernes (dès la découverte de l'Amérique) ;

– la Révolution française ;

– de la Révolution française à la seconde guerre mondiale.

Leur trait caractéristique est le déclin du caractère international du droit du commerce. On assiste à une « nationalisation » du droit commercial. Ainsi, les cités italiennes ont leur droit commercial, les cours anglaises élaborent un droit commercial propre. En France, plusieurs ordonnances (Commerce, Marine), puis le Code de commerce de 1807 posent des règles propres au droit commercial et au droit maritime français. Cela a pour résultat la mise à l'écart du *jus mercatorum* en faveur d'un retour de la méthode des conflits de lois ou de coutumes.

E – La période contemporaine

Après la seconde guerre mondiale, le commerce international renaît et le droit du commerce international reprend son envol. Les techniques du commerce international se diversifient. Le droit matériel prend sa revanche sur le droit conflictuel.

Commerce de marchandises à l'origine, les services sont aujourd'hui concernés par le commerce international et le XXIe siècle semble devoir être marqué par la revanche de l'immatériel sur le matériel avec l'importance du commerce électronique.

Aujourd'hui, la mondialisation des échanges n'est qu'un juste retour des choses. À l'origine, le commerce était international. Il l'est redevenu. Le droit du commerce international traduit cette évolution marquée par l'intervention de l'État dans le commerce international, et surtout l'importance des organisations internationales et des entreprises multinationales. Cette mondialisation a récemment été illustrée par la crise financière et économique d'abord américaine puis mondiale. C'est sans doute ce qui justifie que malgré l'esprit de liberté du commerce international, ce dernier est de plus en plus encadré.

II – Terminologie et définition

Convient-il d'utiliser l'expression « droit du commerce international », « droit commercial international », « droit des affaires internationales » ou encore « droit international de l'entreprise » ? Cette question de terminologie n'est pas nouvelle et s'est également posée en droit interne français entre le droit commercial et le droit des affaires. Il s'agit toutefois d'une controverse vaine qui n'a pas vraiment d'intérêt pratique.

Plus intéressant est de s'attarder sur le caractère international du droit du commerce international. Ici encore, la question n'est pas nouvelle et a déjà été rencontrée en droit international privé où on a douté de son caractère international en raison de l'importance des sources internes et d'un système national de conflit de lois. Certes, pour caractériser l'internationalité, il est traditionnel de recourir aux critères empruntés au droit international privé et élaborés pour le contrat international. Il s'agit de deux séries de critères, les critères économiques et le critère juridique. Les premiers ont deux variantes. L'une, classique, issue de la jurisprudence *Matter*, décide que « pour être qualifié (d'international), il faut que le contrat produise comme un mouvement de flux et de reflux au-dessus des frontières, des conséquences réciproques dans un pays et dans un autre » (Civ., 17 mai 1927, *Pélissier du Besset*, *DP* 1928, I, p. 25, note H. Capitant, concl. P. Matter). L'autre, moderne, décide qu'est international, le contrat qui met en jeu les intérêts du commerce international (Civ., 19 févr. 1930 et 27 janv. 1931, *Mardelé* et *Dambricourt*, *S.* 1933, I, p. 41, note J.-P. Niboyet. Comp. Civ. 1re, 24 févr. 2016, n° 15-10.639, *CCC* 2016, chron. 3, obs. F. Leclerc). Le second est juridique et qualifie d'international le contrat qui se rattache à des normes juridiques émanant de plusieurs États (v. en partie l'affaire *Hecht*, Paris, 19 juin 1970, *JDI* 1971, p. 833, note B. Oppetit). Le critère juridique le plus couramment retenu de l'internationalité est la présence d'un « élément d'extranéité ». Une combinaison de critères économiques et juridiques est possible.

Le droit du commerce international est international par son objet. Une réalité n'est pas discutable, l'existence du commerce international et d'un droit qui l'accompagne : le droit du commerce international, peu important sa source. Il s'agit du droit relatif aux relations « commerciales » comportant un élément d'extranéité suffisant, ayant des « attaches » avec plusieurs États et qualifiées d'internationales. Il a pour objet d'exposer l'ensemble des règles juridiques relatives aux acteurs du commerce international dont les intérêts sont situés dans les États différents. Il est constitué par des règles régissant non seulement les opérateurs du commerce international mais aussi les opérations du commerce international. Il a des rapports avec le droit international privé, mais il présente plusieurs caractéristiques originales qui justifient une étude propre.

Il contribue à fournir les règles qui doivent s'appliquer aux activités économiques internationales.

Une présentation simplifiée sera effectuée en analysant :

Première partie : L'originalité du droit du commerce international

Deuxième partie : Les opérateurs du commerce international

Troisième partie : Les opérations du commerce international

Première partie

L'originalité du droit du commerce international

Le droit du commerce international a traditionnellement pour fonction de fixer les règles applicables aux opérations du commerce international. Son originalité réside dans l'absence d'un droit unique, supranational qui détermine toutes ses règles. La question des règles applicables aux opérations du commerce international prend alors un intérêt considérable. Elle est complétée par celle du règlement des litiges du commerce international.

Titre 1
La détermination des règles applicables au commerce international

L'étude des règles applicables au commerce international conduit à relever l'existence de règles d'origines diverses avant d'envisager la détermination du droit applicable aux opérations du commerce international.

Chapitre 1
La coexistence de règles d'origines diverses

L'essentiel

La présentation des règles d'origines diverses sera suivie de celle des tentatives d'unification des règles matérielles du commerce international.
Les règles du commerce international peuvent provenir :
– de l'État ;
– des usages du commerce international ;
– des principes du commerce international ;
– de la lex mercatoria.

Section 1 – Présentation des règles d'origines diverses

§ 1 – Le droit d'origine étatique

Deux possibilités :
- la loi matérielle d'un État comme *lex contractus* ;
- les règles matérielles de droit international privé.

I – La loi matérielle d'un État comme *lex contractus*

Le droit étatique est une source naturelle du droit du commerce international. La situation est courante et prévisible : assujettissement d'un contrat international à la loi d'un État. Les parties peuvent choisir de recourir à l'application d'un droit national, par exemple le droit français ou le droit japonais. Dans un arrêt demeuré célèbre, la Cour de cassation déclare que « tout contrat est nécessairement rattaché à la loi d'un État » (Civ., 21 juin 1950, *Messageries maritimes, D.* 1951. 749, note J. Hamel ; *S.* 1951. 1. 1, note Niboyet, *JCP* 1950. II. 5812, note J.-P. Lévy, *Rev. crit. DIP* 1950, p. 609, note H. Batiffol, *Grands arrêts de la jurisprudence française de droit international privé*, Dalloz, 5e éd., 2006 (ci-après *GADIP*) n° 22). De même, la Convention de Rome du 19 juin 1980 (v. p. 21) adopte la même solution en n'évoquant que la « loi » applicable aux obligations contractuelles et en ne se référant à de nombreuses reprises qu'à la loi d'un pays. La proposition de la commission tendant à sa transformation en règlement permettait un choix plus audacieux, notamment celui de normes d'origines non étatiques. Le Règlement CE n° 593-2008 du 17 juin 2008 sur la loi applicable aux relations contractuelles est en retrait par rapport à cette proposition puisqu'il repousse, dans le corps du texte du moins, la possibilité de choisir un droit non étatique (v. p. 22).

Certes, plusieurs systèmes juridiques peuvent se déclarer potentiellement compétents pour régir les contrats, ne serait-ce que ceux qui présentent avec eux certaines attaches immédiates comme le lieu d'exécution ou l'établissement habituel des parties.

Est-il possible de faire régir ces contrats par les règles des États divers ? Un choix s'impose avec notamment pour avantage la prévisibilité des solutions mais aussi l'utilité car les lois d'un État sont connues, ce qui facilite leur interprétation.

II – Les règles matérielles de droit international privé

Une distinction doit être effectuée entre :

– les règles d'origine française ;

– les règles nées principalement des conventions internationales et d'autres instruments internationaux.

A – Les règles matérielles d'origine française

• sont jurisprudentielles ;

• donnent une plus grande liberté aux opérateurs du commerce international ;

• sont au nombre de trois :

– **la validité des clauses or et des clauses monétaires dans les contrats internationaux** (Civ., 21 juin 1950, *Messageries maritimes*, préc., Civ. 1re, 12 janv. 1988, *D.* 1989. 90, note Aubertin ; Civ. 1re, 11 oct. 1989, *D.* 1990. 167, note ES de la Marnière, *JCP* 1990. II. 21393, note J.-P. Lévy),

– **l'autonomie de la clause compromissoire dans l'arbitrage international** (Civ., 7 mai 1963, *Gosset, D.* 1963. 545, note J. Robert ; *JCP* 1963. II. 13405, note B. Goldman, *Rev. crit. DIP* 1963, 615, note H. Motulski, *JDI* 1964, p. 83, note J.-D. Bredin). Cette règle est également applicable en matière d'arbitrage interne (sur cette règle, v. p. 74),

– **l'aptitude de l'État et des établissements publics à compromettre** en cas de mise en jeu des intérêts du commerce international (Civ., 2 mai 1966, *Galakis*, *GADIP* n° 44).

B – Les règles matérielles nées principalement des conventions internationales et d'autres instruments internationaux

• Les conventions internationales :

– ont un taux de ratification généralement faible, ce qui diminue leur importance dans le commerce international ;

– sont souvent spécialisées, ayant un objet limité et précis ;

– seront envisagées plus loin. Une d'elle occupe une place de choix dans le droit du commerce international : la Convention de Vienne du 11 avril 1980 sur la vente internationale de marchandises (v. p. 145).

• Les autres instruments internationaux :

– ont en principe une influence moindre que les conventions internationales ;

– œuvrent à l'harmonisation du droit applicable à certaines opérations ou institutions en rapport avec le commerce international en servant de modèle aux législateurs nationaux, par exemple la loi type de la CNUDCI sur l'arbitrage commercial international du 21 juin 1985.

§ 2 – Les usages du commerce international

I – Le développement des usages du commerce international

• Ils ont une importance croissante dans le commerce international en raison de la pratique contractuelle internationale.

Il convient de distinguer les usages du commerce international des usages conventionnels. Ces derniers ne sont envisagés que sous l'angle des relations d'affaires entre les parties et sont donc assez relatifs alors que les premiers ont une portée plus vaste qui dépasse largement le seul cadre des contractants et correspondent à une répétition de pratiques dans un milieu professionnel particulier. On peut alors parler « d'usage-règle » dans la mesure où ils ont une aptitude à la généralisation. De tels usages peuvent être relatifs à une branche ou une place d'activités. Par conséquent, le seul fait d'en faire partie a pour effet que l'on est obligé de les respecter.

• Leur développement est en partie dû aux défaillances étatiques, en particulier les carences législatives et à la multiplicité des règles nationales d'ailleurs souvent précédées par la pratique. Ainsi, la lettre de change et la compensation internationale sont nées de la pratique. De même, le crédit documentaire a d'abord été une création de la pratique.

Aujourd'hui, une codification des usages est envisagée par de nombreux organismes professionnels dont un qui a un rôle fondamental, la chambre de commerce internationale. Parmi ses réalisations les plus connues, les *International Commercial Terms* (v. p. 159) ou encore les « Règles et usances uniformes relatives aux crédits documentaires » (v. p. 190).

Cette codification peut être relative à un contrat (par exemple la vente internationale ou la franchise), prendre en considération un type de produits (par exemple les céréales) et aboutir à un contrat type ou à des conditions générales de vente.

• Le rôle des usages est reconnu par la plupart des droits nationaux.

II – Applicabilité des usages du commerce international

Plusieurs textes sont relatifs à l'applicabilité des usages :

• **Texte général :**

En France, aux termes de l'article 1194 nouveau du Code civil (ex. art. 1135) « les conventions obligent, non seulement à ce qui y est exprimé, mais encore à toutes les suites que l'équité, l'usage et la loi donnent à l'obligation d'après sa nature ».

• **Textes dans le domaine de la vente :**

– la Convention de La Haye du 1er juillet 1964 (LUVI) prévoit dans son article 9 « les parties sont liées par les usages auxquels elles se sont référées expressément ou tacitement et par les habitudes qui se sont établies entre elles ; elles sont également liées par les usages que des personnes raisonnables de même qualité, placées dans leur situation, considèrent comme normalement applicables à leur contrat » ;

– la Convention de Vienne du 11 avril 1980 prévoit une règle similaire, également à son article 9 : « les parties sont liées par les usages auxquels elles ont consenti et par les habitudes qui se sont établies entre elles. Sauf convention contraire des parties, celles-ci sont réputées s'être tacitement référées dans le contrat et pour sa formation à tout usage dont elles avaient connaissance ou auraient dû avoir connaissance et qui, dans le commerce international, est largement connu et régulièrement observé par les parties à des contrats de même type dans la branche commerciale considérée ».

• **Textes dans le domaine de l'arbitrage :**

– la Convention européenne sur l'arbitrage commercial international du 21 avril 1961 prévoit à son article 7 que quel que soit le droit applicable, « les arbitres tiendront compte des stipulations du contrat et des usages du commerce » ;

– l'article 1511 du Code de procédure civile d'après lequel l'arbitre doit tenir compte dans tous les cas des usages du commerce ;

– la loi type de la CNUDCI sur l'arbitrage commercial international prévoit à l'article 28 alinéa 4 « dans tous les cas, le tribunal arbitral décide conformément aux stipulations du contrat et tient compte des usages du commerce applicable à la transaction ».

Malgré ces références, la valeur juridique des usages du commerce international est controversée. Au préalable, la question se pose de savoir si cette codification des usages change la nature de ces dernières. La réponse n'est pas aisée. Les usages codifiés demeurent sans doute des usages lorsque la codification n'est que la reprise d'un usage à laquelle elle n'apporte pas de modifications. Que penser lorsque la codification ne correspond pas à un usage révélé ? Par exemple, les Incoterms de la CCI constituent-ils tous des usages ? (v. p. 159).

Il convient d'ajouter ici que pour certains, les usages sont des normes coutumières alors que pour d'autres, ils ne peuvent avoir une telle qualification. Pour d'autres enfin, ils sont à mi-chemin entre la règle conventionnelle et la règle du droit.

Il est difficile d'admettre que les usages du commerce international sont des règles de droit. Ils ont toutefois une valeur supérieure aux simples stipulations contractuelles.

§ 3 – Les principes généraux du droit du commerce international

Les principes généraux du droit du commerce international :

– sont des principes dont l'application se fait en dehors du cadre d'une loi nationale ;

– peuvent émaner du système juridique international, par exemple les principes généraux du droit international public ; ces derniers peuvent s'appliquer directement dans les contrats conclus entre un État et une personne privée. L'article 42 de la Convention CIRDI fait référence aux « principes de droit international » ;

– peuvent être issus de la convergence des droits nationaux ;

– peuvent être issus des conventions internationales ;

– peuvent découler du « droit savant », par exemple les Principes Unidroit relatifs aux contrats du commerce international ou les Principes du droit européen du contrat ;

– sont assez généraux sans être exhaustifs ;

– sont évolutifs.

Ils permettent aux arbitres de fournir une solution satisfaisante aux litiges.

• Certains ont été dégagés par la jurisprudence arbitrale notamment :

– le principe *pacta sunt servanda* : respect de la parole donnée ou force obligatoire du contrat ;

– le principe de bonne foi ou la nécessité de mener la négociation contractuelle, d'interpréter et d'exécuter le contrat de bonne foi ;

– le principe *rebus sic stantibus* qui autorise les arbitres à réviser le contrat ou les parties à le renégocier de bonne foi en cas de bouleversement de l'environnement économique existant lors de la formation du contrat ;

– le principe de *mitigation of damages* d'après lequel le créancier d'une obligation inexécutée doit s'efforcer de modérer son dommage (ou de minimiser les pertes). Ce principe est consacré par l'article 77 de la Convention de Vienne de 1980 sur la vente internationale de marchandises, l'article 7.4.8 des Principes Unidroit et l'article 9 : 505 des Principes de droit européen du contrat ;

– le principe de l'*estoppel* : interdiction de se contredire au détriment d'autrui (v., visant l'estoppel, Civ. 1re, 6 juill. 2005, *Rev. arb.* 2005, p. 993, note Ph. Pinsolle, *D.* 2005. 3059, obs. T. Clay, *JDI* 2006, p. 608, note M. Béhar-Touchais, *RTD com.* 2006. 309, obs. E. Loquin ; Com. 20 sept. 2011, n° 10-22.888 et adoptant une conception restrictive de l'estoppel, Civ. 2e, 22 juin 2017, n° 17-29202).

– la limitation de la réparation aux dommages prévisibles ;

– le principe *exceptio non adimpleti contractus*.

Certains de ces principes sont communs au droit interne et au droit international.

• D'autres ont été élaborés par la doctrine : c'est le cas des « principes relatifs aux contrats du commerce international » qui sont l'œuvre de l'institut international pour l'unification du droit privé (Unidroit).

§ 4 – La question de la *lex mercatoria*

L'importance des usages et des principes du droit du commerce international pose une difficulté : appartiennent-ils à un ordre juridique distinct ? La coexistence entre les lois étatiques, rares et insuffisantes et un système de normes spécifiques au commerce international, qui compléteraient le système étatique et dont les arbitres constitueraient les principaux interprètes, entraîne-t-il d'accepter l'existence d'un ordre juridique détaché des règles étatiques ? C'est la question de la *lex mercatoria*.

Cette idée que peut exister un droit détaché de tout droit étatique a été différemment appréciée par deux camps, les « mercatoristes » et les « antimercatoristes ».

Pour les premiers, les lois étatiques ont été créées pour les rapports internes et ne tiennent pas compte des exigences du commerce international. Seul un régime propre au commerce international serait acceptable. Sa spécificité exigerait donc des normes détachées des droits nationaux.

Pour les seconds, la *lex mercatoria* serait simplement une construction idéologique, vague qui pour certains n'existerait pas car il n'y a pas de véritable société des opérateurs du commerce international. *La lex mercatoria* ne formerait pas un ordre juridique à part entière.

Le débat n'est pas que théorique. Dans cette seconde tendance, il serait impossible pour les parties de la désigner comme droit applicable au contrat, par exemple dans une clause d'*electio juris*, alors que dans la première tendance, il l'est.

Pour trancher le débat, il faut au préalable adopter une conception claire de la *lex mercatoria*. Deux conceptions sont possibles :

– la *lex mercatoria* est envisagée comme un ordre juridique distinct, à côté de l'ordre juridique étatique. Dans cette conception, elle est difficile à admettre ;

– la *lex mercatoria* est l'ensemble des règles du commerce international dégagées par la pratique et ayant reçu la sanction des jurisprudences nationales, comme semble l'admettre la Cour de cassation française (Civ. 1re, 22 oct. 1991, *Valenciana, Bull. civ. I, n° 275, JDI* 1992, p. 176, note B. Goldman ; *Rev. crit. DIP* 1992, p. 112, note B. Oppetit ; *Rev. arb.* 1992, p. 457, note P. Lagarde). Cette seconde conception ne pose pas de difficulté car les contrats qui en relèvent restent soumis à la loi d'un État.

Que l'on soit ou non partisan de la *lex mercatoria*, il convient de constater, malgré ses faiblesses, que la plupart des systèmes juridiques reconnaissent aux parties, recourant à l'arbitrage la possibilité de choisir la *lex mercatoria*. Toutefois, ce sont les droits étatiques qui autorisent ou au contraire refusent cette *lex mercatoria*. Il est impossible d'avoir un droit détaché de tout droit étatique. Même les sentences arbitrales relatives aux contrats internationaux qui s'y réfèrent ne peuvent le faire qu'avec l'autorisation des droits des États.

En définitive, ce droit spontané adapté aux besoins de la pratique, a une importance considérable en droit du commerce international, surtout dans le contexte actuel de mondialisation des échanges même s'il faut noter qu'en pratique, les clauses d'élection de droit portant directement sur la *lex mercatoria* sont rares.

Section 2 – Tentatives d'unification des règles matérielles du commerce international

• Exclusion de la Convention de Vienne du 11 avril 1980 qui sera envisagée plus loin (v. p. 145).

• Deux tentatives doctrinales à signaler :

- les principes relatifs aux contrats du commerce international ou principes Unidroit ;
- les principes du droit européen du contrat.

Ces principes ont des idées communes.

§ 1 – Les « principes relatifs aux contrats du commerce international »

Les principes Unidroit :

– ont été rédigés par une commission de juristes appartenant aux pays des deux principaux systèmes juridiques (*common law* et droit civil) et approuvés par le conseil de direction de l'Institut international pour l'unification du droit privé (Unidroit). Ils ont été publiés dans leur version française en 1994, renouvelés en 2004, essentiellement pour préciser ou commenter certains articles comme les contrats électroniques, puis de nouveau en 2010 ; une nouvelle édition a été adoptée dans l'objectif non pas de réviser la précédente mais de prendre en compte les questions spécifiques liées aux contrats à long terme. Cette quatrième édition est intitulée « Principes d'Unidroit 2016 relatifs aux contrats du commerce international » (Publication mai 2017) et comporte des variations mineures par rapport à la version de 2010.

Seules six dispositions ont été amendées, à savoir le Préambule et les articles 1.11, 2.1.14, 5.1.7, 5.1.8, et 7.3.7. En réalité, la plupart des changements sont relatifs aux commentaires, et plus particulièrement ceux concernant : le Préambule (amendements au Commentaire 2) et les articles 1.11 (ajout d'un nouveau Commentaire 3), 2.1.14 (amendements aux Commentaires 1-3 et ajout d'un nouveau Commentaire 4), 2.1.15 (amendement au Commentaire 2 et ajout d'un nouveau Commentaire 3), 4.3 (amendements au Commentaire 3 (devenu Commentaire 4) et ajout d'un nouveau Commentaire 3), 4.8 (amendements aux Commentaires 1-3), 5.1.3 (amendements au Commentaire (devenu Commentaire 1) et ajout d'un nouveau Commentaire 2), 5.1.4 (ajout d'un nouveau Commentaire 3), 5.1.7 (amendements aux Commentaires 2-3), 5.1.8 (amendements au Commentaire (devenu Commentaire 1) et ajout d'un nouveau Commentaire 2), 7.1.7 (ajout d'un nouveau Commentaire 5), 7.3.5 (amendements au Commentaire 3 et ajout d'un nouveau Commentaire 4), 7.3.6 (amendements au Commentaire 1), et 7.3.7 (amendements aux Commentaires 1-2).

– comportent dans leur version d'origine près de 120 articles (185 dans la version de 2004, 211 dans les versions de 2010 et 2016) présentés en 7 chapitres (11 chapitres dans la dernière version) et de dispositions générales ;

– constituent une compilation purement privée comparable par exemple aux *International commercial terms* ;

– ont vocation à devenir un Code des contrats internationaux car ils concernent presque l'ensemble des questions de droit des contrats ;

– s'appliquent à tout contrat en général et couvrent virtuellement tous les principaux sujets du droit général des contrats ;

– décident que certaines de ses règles sont « impératives ? », (par ex. l'obligation de se comporter de bonne foi ou encore les conditions de validité du contrat, sauf l'erreur, vice du consentement) alors que d'autres sont supplétives. Ce caractère impératif dépend toutefois du droit applicable au contrat ;

– sont fondées notamment sur le principe de la liberté contractuelle (art. 1.1), le principe de la « sauvegarde du contrat » (art. 3.3 et 7.3.1), le principe de bonne foi (art. 1.7) ou encore le principe de l'interdiction de se contredire (art. 1.8).

I – Contenu

Dans leur version originale, ils concernent essentiellement :

A – La formation du contrat

- ne sont pas traités notamment la capacité, le pouvoir de conclure un contrat ;
- sont expressément exclus l'objet et la cause (art. 3-1) ;
- c'est essentiellement le consentement qui fait l'objet de dispositions ;
- certaines dispositions sont conformes au droit français, notamment celles relatives à l'autonomie de la volonté, à la liberté contractuelle, à l'effet relatif des conventions, au consensualisme, à l'offre et l'acceptation, aux vices du consentement (à l'exception de l'erreur car les parties peuvent décider de la validité du contrat conclu par erreur). D'autres sont plus originales, notamment la nullité pour erreur qui est exclue si le préjudice résultant de l'erreur disparaît à l'initiative de celui contre qui l'erreur est invoquée, et la nullité qui se fait par simple notification.

B – Les effets du contrat

Les dispositions essentielles concernent notamment :

– la distinction entre les obligations de moyens et les obligations de résultat, à laquelle les Principes ajoutent les obligations implicites ;
– la grande liberté accordée aux parties dans la détermination du prix ;
– l'admission de la théorie de l'imprévision (*hardship*) ;
– la possibilité d'exécution forcée en nature, même pour les obligations de faire ;
– la possibilité de résolution pour inexécution sans action en justice ;
– l'obligation de minimiser le dommage.

La version de 2004 ajoute notamment la représentation (Chapitre 2, Section 2), les droits des tiers (Chapitre 5, Section 2), la compensation (Chapitre 8), la cession de créances, de dettes et de contrats (Chapitre 9).

II – Force obligatoire

D'après les principes, les règles énoncées sont appelées à régir les contrats du commerce international. Elles s'appliquent :

• Lorsque les parties acceptent d'y soumettre leur contrat. Des clauses-types sur l'utilisation des principes Unidroit relatifs aux contrats du commerce international ont été élaborées par le Conseil de direction d'Unidroit en mai 2013 et publiées en la forme d'un petit ouvrage (sur l'ensemble de la question, v. B. Fauvarque-Cosson, *D.* 2013. 2037). Il y existe 11 clauses-types regroupés en 4 catégories : les clauses de choix des principes en tant que règles qui gouvernent le contrat, les clauses permettant l'incorporation au contrat des principes d'Unidroit, les clauses qui se réfèrent aux principes d'Unidroit pour interpréter et compléter la Convention de Vienne sur la vente internationale de marchandises lorsque cette dernière a été désignée par les parties, et enfin les clauses qui se réfèrent aux Principes d'Unidroit pour interpréter et clarifier le droit national. Ces clauses-types sont les bienvenues et vont sans doute contribuer à faire connaître et mieux utiliser les principes Unidroit.

• Lorsque les parties acceptent que leur contrat soit régi par les principes généraux du droit ou la *lex mercatoria* ou par une formule proche.

Les principes Unidroit tirent leur force obligatoire de la volonté des parties au contrat du commerce international et dépendent de la loi applicable au contrat. Il s'agit, comme le précisent les clauses-types ci-dessus citées, d'une « codification dépourvue de force obligatoire » (« *non binding codification* ») ou d'un « *restatement* » de la partie générale du droit international des contrats. Ils ne s'imposent ni aux juges, ni aux arbitres, ni aux parties qui ne s'y sont pas référées. Ils ne sont donc pas des usages. Ils ont toutefois un rôle important dans la pratique contractuelle internationale.

Il convient de préciser que l'édition de 2010 des principes Unidroit comporte les dispositions suivantes

– Préambule (*inchangé*) ;
– Chapitre 1 : Dispositions générales (*inchangé*) ;
– Chapitre 2, Section 1 : Formation du contrat (*inchangée*), Section 2 : Pouvoir de représentation (*inchangée*) ;

– Chapitre 3, Section 1 : Dispositions générales (*contenant les anciens articles 3.1 [modifié], 3.2, 3.3 et 3.19 [modifié]*), Section 2 : Vices du consentement (*contenant les anciens articles 3.4 à 3.16, 3.17 [modifié], 3.18 et 3.20, et un nouvel article 3.2.15*), Section 3 : Illicéité (*nouvelle*) ;

– Chapitre 4 : Interprétation (*inchangé*) ;

– Chapitre 5, Section 1 : Contenu du contrat (*inchangée*), Section 2 : Droits des tiers (*inchangée*), Section 3 : Conditions (*nouvelle*) ;

– Chapitre 6, Section 1 : Exécution en général (*inchangée*), Section 2 : Hardship (*inchangée*) ;

– Chapitre 7, Section 1 : Inexécution en général (*inchangée*), Section 2 : Droit à l'exécution (*inchangée*), Section 3 : Résolution (*contenant les anciens articles 7.3.1 à 7.3.5, 7.3.6 (modifié) et un nouvel article 7.3.7*), Section 4 : Dommages-intérêts (*inchangée*) ;

– Chapitre 8 : Compensation (*inchangé*) ;

– Chapitre 9, Section 1 : Cession des créances (*inchangée*), Section 2 : Cession des dettes (*inchangée*), Section 3 : Cession des contrats (*inchangée*) ;

– Chapitre 10 : Délais de prescription (*inchangé*) ;

– Chapitre 11, Section 1 : Pluralité de débiteurs (*nouvelle*), Section 2 : Pluralité de créanciers (*nouvelle*).

§ 2 – Les principes du droit européen du contrat

Les principes du droit européen du contrat :

- ont été publiés en plusieurs phases : 1995, 1998 et 2002 ;
- sont l'aboutissement du travail mené par une commission composée d'universitaires de divers pays et présidée par le professeur Lando ;
- se définissent eux-mêmes comme une « passerelle entre le système romaniste et la *common law* » et se revendiquent « formulation moderne de la *lex mercatoria* » ;
- sont influencés par la Convention de Vienne, les principes Unidroit et le droit anglo-saxon ;
- ont vocation à gouverner les contrats internes et internationaux ;
- utilisent largement des notions standards comme le raisonnable, la bonne foi, le proportionné ;
- comportent une réglementation abstraite (près de 200 articles en 17 chapitres) ;

I – Contenu

Sont envisagées notamment :

- la négociation du contrat (Chapitre 2) ;
- la représentation (Chapitre 3) ;
- la validité du contrat même s'ils ne font pas non plus référence à l'objet et à la cause ;
- la référence à la bonne foi y est très présente, tout comme celle à la notion de « raisonnable ». L'article 1.201 intitulé « bonne foi » dispose : « Chaque partie est tenue d'agir conformément aux exigences de la bonne foi. Les parties ne peuvent exclure ce droit ni le limiter » ;

– les clauses abusives. Celles qui n'ont pas fait l'objet d'une négociation individuelle peuvent entraîner la nullité du contrat ;
– le régime général des obligations notamment les obligations solidaires (Chapitre 10), les conditions (Chapitre 16), la cession de créances (Chapitre 11), la cession de contrat (Chapitre 12), la compensation (Chapitre 13) ou la prescription (Chapitre 14) ;

Quant aux règles relatives aux « contenu et effets » (Chapitre 6) à l'exécution (Chapitre 7) ou à l'inexécution (Chapitre 8) elles sont proches de celles des principes Unidroit et ont pour objectif la recherche de l'équilibre contractuel.

II – Force obligatoire

D'après les principes européens, ils s'appliquent :
– si les parties acceptent d'y soumettre expressément leur contrat ;
– si les parties conviennent que le contrat sera régi par les principes généraux du droit, la *lex mercatoria*, ou une expression similaire ;
– lorsque les parties n'ont pas choisi de système juridique applicable à leur contrat.

Comme les principes Unidroit, les principes européens dépendent de la volonté des parties et ne constituent pas des usages.

Enfin, la Commission européenne s'est interrogée sur un projet plus vaste d'instauration d'un droit européen des contrats (Commission européenne, Premier rapport annuel sur l'état d'avancement du droit européen des contrats et de la révision de l'acquis, Bruxelles, 23 sept. 2005, COM, 2005, 456 finals. V. déjà « Un droit européen des contrats plus cohérent : un plan d'action », Bruxelles, 12 févr. 2003, COM, 2003, 68 finals). Ce projet n'a pas abouti. Aujourd'hui, la Commission semble s'être réorientée vers la construction d'un « cadre commun de référence » dont l'objectif est d'améliorer la qualité et la cohérence de l'acquis communautaire dans le domaine du droit des contrats et à servir d'ébauche à un futur instrument pouvant être choisi par les parties pour régir leur contrat. Mais le projet de code européen des affaires n'est pas complètement abandonné. L'Association Henri Capitant a présenté au Parlement européen le 13 octobre 2016 un projet dans ce sens. La Commission européenne en fait mention dans son Livre blanc sur l'avenir de l'Europe (Réflexions et scénarios pour l'UE 27 à l'horizon 2025, publié le 1er mars 2017, p. 21).

En tout état de cause, cette coexistence de règles d'origines diverses montre l'importance de la détermination du droit applicable aux opérations du commerce international.

Pour aller plus loin

Bibliographie

- J.-M. Jacquet, Ph. Delebecque et S. Corneloup, *Droit du commerce international*, Dalloz, « Précis », 3e éd., 2015, n° 21 et s.
- J.-B. Racine et F. Siiriainen, *Droit du commerce international*, Dalloz, « Cours », 3e éd., 2018, n° 100
- S. Clavel et E. Gallant, *Les grands textes de droit international privé*, 3e éd., Dalloz, 2019
- M.-E. Ancel, P. Deumier et M. Laazouzi, *Droit des contrats internationaux*, Sirey, 2017
- P. Deumier, *Le droit spontané*, Economica, 2002
- P. Deumier, « Les principes Unidroit ont 10 ans : bilan en demi-teinte », *RDC* 2004. 774
- E. Jolivet, *« Les Incoterms », Étude d'une norme du commerce international*, Litec, 2003
- C. Seraglini, « Du bon usage des Principes Unidroit dans l'arbitrage international », *Rev. arb.* 2003. 1101
- R. Cabrillac, « Un Code européen des affaires, une chance pour la construction européenne », *D.* 2019.1191

Sujets d'examen

Dissertations

- L'applicabilité des usages du commerce international
- La force obligatoire des principes relatifs aux contrats du commerce international
- L'existence d'un ordre juridique détaché de tout droit national
- L'opportunité d'un code européen des affaires

Chapitre 2
La détermination du droit applicable aux opérations du commerce international

L'essentiel

Le contrat étant très important dans le commerce international, le propos est limité à la détermination du droit applicable aux contrats du commerce international.

À défaut d'une règle matérielle internationale propre, il convient de recourir – et c'est la situation la plus fréquente – à l'application d'un droit national. Plusieurs droits nationaux peuvent être en concours et c'est le droit des conflits de lois, élément important du droit international privé, qui apporte des solutions à cette détermination. Il s'agit ici du droit des conflits de lois étatiques, à l'exclusion par exemple de la lex mercatoria. En France, cette détermination dépend des règles françaises de droit international privé, c'est-à-dire principalement la Convention de Rome du 19 juin 1980 sur la loi applicable aux obligations contractuelles, entrée en vigueur en France le 1er avril 1991 pour les contrats conclus postérieurement à cette date et du Règlement du 17 juin 2008 sur la loi applicable aux obligations contractuelles (Rome I).

Section préliminaire – Les sources de la détermination du droit applicable

La Cour de cassation rappelle à l'ordre les juges du fond qui déterminent la loi applicable au contrat sans passer par la Convention de Rome. Au visa des articles 3 et 4, elle exerce sa censure et décide que la loi applicable doit être « déterminée par application de la Convention de Rome… » (Civ. 1re, 31 mai 2005, *Bull. civ. I*, n° 231 ; Com., 16 déc. 2008, *D.* 2009. Pan. 972, obs. H. Kenfack).

Même si la Convention de Rome avait en son temps rempli la mission qui lui était assignée, à savoir réaliser une unification souple du droit international privé des contrats au sein de la Communauté économique européenne, son vieillissement, son inadaptation au commerce mondial ou même une certaine insécurité juridique ont conduit à envisager sa réécriture. Un projet de formatage (transformation) de cette Convention en Règlement a alors été mis en chantier. S'il avait fallu 22 ans pour rendre effectif la Convention de Rome (10 ans pour l'élaborer et 12 ans pour réunir les 7 ratifications exigées), la gestation du Règlement Rome I a été moins longue en raison de son origine communautaire.

Un livre vert de la Commission du 14 janvier 2003, suivi d'une audition publique à Bruxelles le 7 janvier 2004, 80 réponses au livre vert provenant de divers opérateurs, des avis du comité économique et social européen du 29 janvier 2004 et du Parlement européen le 12 février 2004, une réunion des experts des États membres pour examiner un avant-projet le 17 février 2005, une proposition rendue publique par la Commission le 15 décembre 2005, suivie d'un débat et d'une adoption du texte définitif le 17 juin 2008 : cela fait donc environ 5 ans. Le Règlement (CE) n° 593/2008 du 17 juin 2008 sur la loi applicable aux obligations contractuelles (dit Rome I) est adopté et applicable à tous les États membres de l'Union européenne à l'exception du Danemark. Il est applicable à partir du 17 décembre 2009. Tout en maintenant certaines solutions issues de la Convention de Rome, le Règlement Rome I apporte des changements opportuns, spécialement sur la détermination de la loi applicable au contrat à défaut de choix effectué par les parties. Désormais, des solutions plus directes et plus prévisibles sont adoptées et pour les contrats les plus importants du commerce international, il aboutit à assurer la sécurité juridique.

Il ne faudrait cependant pas enterrer la Convention de Rome très vite. Devant le juge français, pour les contrats conclus avant le 1er avril 1991, date de l'entrée en vigueur de la Convention, ce sont les règles jurisprudentielles élaborées par la Cour de cassation qui s'appliquent. Pour ceux conclus entre le 1er avril 1991 et le 17 décembre 2009, c'est la Convention de Rome qui s'applique et enfin pour ceux postérieurs au 17 décembre 2009, seul le Règlement Rome I s'applique (art. 28 du règlement Rome I)

À noter :

V. cependant un arrêt pouvant conduire à l'application du règlement Rome I à un contrat conclu avant le 17 décembre 2009 : en l'espèce, appelée à se prononcer sur l'applicabilité du règlement à un contrat passé en 1996, soit plus de 20 ans avant son entrée en application, la CJUE consacre une interprétation extensive et inédite de son article 28. D'après elle, il n'est pas exclu qu'un contrat conclu avant le 17 décembre 2009 fasse l'objet, à compter de cette date, d'une modification convenue entre les parties contractantes, d'une telle ampleur que celle-ci se traduirait, non pas par une simple actualisation ou adaptation dudit contrat, mais par la création d'un nouveau rapport juridique entre les parties contractantes, de sorte que le contrat initial devrait être considéré comme ayant été remplacé par un nouveau contrat, conclu à compter de ladite date, au sens de l'article 28 du règlement Rome I (CJUE, gr. ch., 18 oct. 2016, aff. C-135/15, *Rép. Griecheland c/ G. Nikiforidis*, *JCP* 2017. 226, n° 3, obs. C. Nourissat, *ibid.* 2017. 62, obs. S. Lemaire et L. Perreau-Saussine, *D.* 2017. 1016, obs. H. Gaudemet-Tallon ; sur l'ensemble de la question, E. Fohrer, *La prise en considération des normes étrangères*, LGDJ, coll. « Thèses », 2008, t. 501).

C'est principalement à la Convention et au Règlement Rome I qu'on va consacrer les développements suivants en se limitant aux instances introduites directement devant un juge étatique. Quelques précisions préliminaires et communes seront envisagées.

• La Convention et le Règlement ont un caractère universel : la loi désignée s'applique même si elle est celle d'un État non contractant ou membre de l'UE. Ces deux textes se substituent ainsi au droit international privé des contrats des États contractants ou membres de l'UE. Ainsi, si un juge étatique français est saisi d'un litige relatif à un contrat conclu entre une entreprise installée au Brésil et une entreprise installée en France, il doit appliquer la loi de l'État brésilien désignée par la Convention de Rome ou le Règlement Rome I alors même que le Brésil n'est pas un État signataire de cette Convention ou membre de l'UE.

• La Convention de Rome a un domaine d'application bien délimité (art. 1er). Elle ne s'applique pas à certaines matières, pour lesquelles, pour l'essentiel, un autre texte international est applicable (art. 1er-2) :

– état et capacité des personnes physiques ;
– obligations tenant aux testaments, successions, régimes matrimoniaux et autres relations de famille ;
– obligations nées de lettres de change, chèques, billets à ordre et autres instruments négociables dont le régime international est réglé par la Convention de Genève ;
– conventions d'arbitrage et d'élection de for (clause attributive de juridiction) ;
– droit des sociétés, associations et personnes morales ;
– pouvoirs de représentation ;
– trusts (ce ne sont pas des contrats) ;
– preuve et procédure ;
– certains contrats d'assurance couvrant les risques situés dans le territoire des États membres de la Communauté.

En plus de ces exclusions, le champ d'application matériel du Règlement Rome I exclut également « les obligations découlant de tractations menées avant la conclusion du contrat ». Pour l'essentiel, ce domaine d'application a été maintenu par Rome I même si ce texte réalise une harmonisation avec Bruxelles I et Rome II en alignant son domaine d'application sur ceux de ces textes. Le Règlement Rome I, comme déjà la Convention, s'applique « dans les situations comportant un conflit de lois, aux obligations contractuelles relevant de la matière civile et commerciale ». Aucune définition n'est donnée au contrat international et aux obligations contractuelles. Cette tâche incombe au juge national qui doit avoir à l'esprit l'uniformité dans l'interprétation de la Convention (art. 18 de la Convention de Rome). Cette exigence avait été insérée dans ce texte pour pallier l'absence de compétence de la CJCE comme cela est naturellement le cas pour les règlements. Cependant, deux protocoles confiant à la CJCE le pouvoir d'interpréter cette Convention sont entrés en vigueur le 1er août 2004. Le décret n° 2005-17 du 5 janvier 2005 (*JO* 12 janv. 2005, p. 501) porte publication de ces deux protocoles. Désormais, la Cour de cassation, le Conseil d'État et les juridictions d'appel pourront saisir, à titre préjudiciel, la CJUE lorsqu'ils sont confrontés à une question d'interprétation de notions dont dépend l'application de la Convention de Rome, notamment les notions « d'obligation contractuelle », ou de « consommateur ». Elle va sans doute maintenir les interprétations qu'elle avait adoptées pour la Convention de Bruxelles du 27 septembre 1968. L'adoption du Règlement Rome I facilite les questions d'interprétation qui relèvent de la CJUE.

La Convention de Rome ne porte pas atteinte à l'application des conventions internationales auxquelles un État peut être partie (art. 21). Par conséquent, en application de la règle *specialia generalibus derogant*, si un conflit est susceptible de naître entre elle et une autre convention de droit spécial, cette dernière devrait l'emporter. C'est le cas par exemple pour la Convention de La Haye du 15 juin 1955 sur la loi applicable aux ventes à caractère international d'objets mobiliers corporels.

Compréhensible sous l'empire de la Convention de Rome, cette articulation ne l'est pas sous celui du Règlement. L'article 25 du Règlement adopte des solutions assez proches. On aurait pu espérer que l'adoption du Règlement soit l'occasion de réaliser une unification de règles de conflits en Europe, notamment pour deux des contrats les plus importants du commerce international, la vente et les contrats d'intermédiaires et de représentation. Cette occasion est manquée, et vont continuer à coexister à côté du Règlement Rome I, la Convention de La Haye du 15 juin 1955 et celle de la Haye du 14 mars 1978 sur la loi applicable aux contrats d'intermédiaire et de représentation.

Il convient cependant de signaler une exception prévue par le nouveau texte : ce dernier prévaut sur les conventions conclues exclusivement entre États membres sur lesquelles le nouveau Règlement prévaut dans les relations entre États membres.

Plan : le vaste domaine de la Convention de Rome et du Règlement Rome I justifie de plus amples développements relatifs au choix de la loi applicable, à la loi applicable à défaut de choix, au domaine de la loi du contrat et à l'incidence des lois de police.

Section 1 – Le choix de la loi applicable

§ 1 – Convention de Rome

La Convention de Rome consacre le principe d'autonomie : « le contrat est régi par la loi choisie par les parties » (art. 3-1).

En plus d'annoncer ce principe de la liberté de choix par les parties, la Convention essaie d'apporter des solutions à certaines questions que peut entraîner son application. Ainsi :

• l'autonomie de la volonté ou la liberté de choix ne va pas jusqu'à permettre le contrat dit « sans loi ». Par exemple, le choix de la *lex mercatoria* n'est pas envisagé par la Convention. Il n'est pas non plus envisagé par Rome I ;

• aucun lien n'est exigé entre la loi choisie et le contrat : possibilité de choisir une loi neutre. Un français domicilié à Paris peut conclure un contrat avec un anglais domicilié à Londres et choisir la loi libanaise ;

• le « dépeçage » ou « déshabillage » du contrat est autorisé (art. 3-1). Les parties peuvent désigner la loi applicable à la totalité ou à une partie seulement de leur contrat. Ce « dépeçage » peut se faire clause par clause ou obligation par obligation… ;

• des modalités du choix sont prévues ainsi que des possibilités de modification d'un tel choix qui peut être :

– exprès (clause *d'electio juris*) ou résulter de façon certaine des dispositions du contrat ou des circonstances de la cause (art. 3-1),

– fait verbalement ou le plus souvent par écrit,

– effectué après la conclusion du contrat,

– modifié ultérieurement au profit d'une autre loi.

Une limite est apportée à cette liberté de choix par l'article 3-3 de la Convention de Rome qui précise qu'il ne peut, « lorsque tous les autres éléments de la situation sont localisés au moment de ce choix dans un seul pays, porter atteinte aux dispositions auxquelles la loi de ce pays ne permet pas de déroger par contrat ».

Une grande liberté est accordée aux opérateurs du commerce international. Ils l'utilisent très souvent pour choisir la loi applicable à leur contrat par l'intermédiaire d'une clause d'*electio juris*. En l'absence d'un tel choix, ils s'exposent à des incertitudes que la Convention a essayé de limiter.

§ 2 – Règlement Rome I

Pour l'essentiel, le Règlement Rome I maintient ces principes. L'article 3 ne fait l'objet que de modifications mineures. La liberté de choisir la loi applicable reste une des pierres angulaires. Pas plus que l'ancien, le nouveau texte ne permet aux parties de choisir un droit non étatique alors même que la proposition de la Commission du 15 décembre 2005 avait ouvert la voie d'un possible choix des Principes Unidroit ou des Principes européens du droit des contrats. Cette question est renvoyée à des considérants du texte. Le considérant 13 énonce simplement que le Règlement n'interdit pas aux parties d'intégrer dans leur contrat un droit non étatique ou une convention internationale, ce qui n'est pas nouveau. Le considérant 14 précise qu'un éventuel futur instrument communautaire sur des règles matérielles de droit des contrats peut prévoir que les parties peuvent choisir d'appliquer ces règles.

Section 2 – La loi applicable à défaut de choix

§ 1 – Convention de Rome

La Convention de Rome a prévu :

- une solution générale ;
- une clause d'exception ;
- des solutions propres à certains contrats.

I – La solution générale : l'importance de la prestation caractéristique

• Un principe est posé : à défaut de choix exprès de la loi applicable, le contrat est régi par la loi du pays avec lequel il présente les liens les plus étroits (art. 4-1).

• Une présomption est établie pour préciser ce principe général : « il est présumé que le contrat présente les liens les plus étroits avec le pays où la partie qui doit fournir la prestation caractéristique a, au moment de la conclusion du contrat, sa résidence habituelle, ou s'il s'agit d'une société, association ou personne morale, son administration centrale. Toutefois, si le contrat est conclu dans l'exercice de l'activité professionnelle de cette partie, ce pays est celui où est situé son principal établissement ou, si, selon le contrat, la prestation doit être fournie par un établissement autre que l'établissement principal, celui où est situé cet établissement » (art. 4-2).

La prestation caractéristique est celle en contrepartie de laquelle le paiement est dû, celle qui confère leur physionomie à la plupart des contrats synallagmatiques

(M. Giuliano et P. Lagarde, « Rapport concernant la Convention sur la loi applicable aux obligations contractuelles », *JOCE* 31 oct. 1980, n° C-282-1).

Dans certains contrats, elle est facilement déterminée. Ainsi, en cas de vente, bail, transport, crédit-bail, assurance, ce sont respectivement les prestations du vendeur, bailleur, transporteur, crédit-bailleur, assureur qui sont caractéristiques. De même dans une convention passée entre une maison de retraite, une personne âgée et son fils aux termes de laquelle la personne âgée est placée dans la maison de retraite, la prestation caractéristique du contrat est la fourniture de cet hébergement (Civ. 1re, 12 oct. 2011, n° 10-19.517).

Dans d'autres contrats, elle est difficile à déterminer par exemple en cas d'échange, transaction ou contrats de distribution même si de manière critiquable, dans les premières applications de l'article 4 de la Convention de Rome, la Cour de cassation française décide que la prestation caractéristique du contrat de concession exclusive est celle du concédant (Civ. 1re, 15 mai 2001, *Bull. civ. I*, n° 134 ; Civ. 1re, 25 nov. 2003, *D.* 2004. Jur. 495, note H. Kenfack). La question divise la doctrine. Certains sont en faveur de la prestation du concédant, d'autres en faveur de celle du concessionnaire.

II – La clause d'exception : la mise à l'écart de la présomption et le retour à la solution générale

La présomption ci-dessus exposée est écartée dans deux situations (art. 4-5) :

• lorsque cette prestation caractéristique ne peut être déterminée (échange, transaction contrats de distribution ?) ;

• lorsqu'il résulte de l'ensemble des circonstances que le contrat présente les liens les plus étroits avec un autre État (que celui du débiteur de la prestation caractéristique). C'est le cas lorsque de nombreux éléments pertinents (lieu de conclusion du contrat, lieu d'exécution, monnaie du contrat, nationalité des parties…) convergent vers un pays autre que celui du débiteur de la prestation caractéristique.

Dans ces cas, le juge étatique détermine directement la loi avec laquelle le contrat présente les liens les plus étroits en évaluant les points de contact que le contrat présente avec différents pays : c'est un retour à la solution générale.

Un arrêt de 2005 illustre la mise en œuvre de cette clause d'exception à propos d'un contrat de travail (Soc. 23 mars 2005, n° 03-42.609, inédit). Dans cette affaire la Cour de cassation approuve la cour d'appel d'avoir écarté la loi de l'ex-Zaïre (lieu d'exécution du travail) en faveur de la loi française parce que les contrats « avaient été conclus entre personnes de nationalité française, qu'ils étaient rédigés en langue française et qu'ils fixaient le salaire de l'intéressée en francs français, en rémunération d'un travail accompli dans un établissement français soumis à la réglementation française en vigueur dans les établissements d'enseignement, sous le pouvoir disciplinaire du conseiller culturel de l'ambassade de France, lui-même placé sous l'autorité du ministre français de la Coopération ». D'après la Cour de cassation, la cour d'appel a pu en déduire que les contrats concernés présentaient des liens plus étroits avec la France et par conséquent la loi française était applicable en l'espèce (dans le même sens, en faveur de l'application de la loi italienne à un cautionnement donné par un acte séparé conclu en Italie, par un particulier résidant en France, pour garantir le prêt accordé par une banque italienne à un particulier résident en Italie : Civ. 1re, 16 sept. 2015, n° 14-10373).

Dans un arrêt récent, la Cour de cassation indique qu'en l'absence de choix, il faut toujours partir de la présomption pour ensuite comparer les attaches concrètes du contrat avec la loi qu'elle désigne et celles pouvant exister avec une loi (v. déjà, CJCE 6 oct. 2009, n° C-133/08 ; *adde* CJUE 12 sept. 2013, *Schlecker* ; Com. 19 oct. 2010, n° 09-69.246).

III – Les solutions propres à certains contrats

La Convention de Rome ne prévoit des solutions spéciales que pour quatre contrats :

• **Contrats portant sur des immeubles** (art. 4-3). Si le contrat a pour objet un droit réel immobilier ou un droit d'utilisation d'un immeuble, il est présumé que le contrat présente les liens les plus étroits avec le pays où est situé l'immeuble. C'est le cas par exemple pour les ventes, les baux d'immeuble ou même les hypothèques. L'immeuble est attractif de compétence législative (et même de compétence juridictionnelle).

• **Contrats de transport de marchandises** (art. 4-4). En principe, la prestation caractéristique demeure celle du transporteur. Toutefois aux termes de cet article « si le pays dans lequel le transporteur a son établissement principal au moment de la conclusion du contrat est aussi celui dans lequel est situé le lieu de chargement ou de déchargement ou l'établissement principal de l'expéditeur, il est présumé que le contrat a les liens les plus étroits avec ce pays. Pour l'application du présent paragraphe, sont considérés comme contrats de transport de marchandises les contrats d'affrètement pour un seul voyage, ou d'autres contrats lorsqu'ils ont principalement pour objet de réaliser un transport de marchandises ». La qualification du contrat de commission de transport suscite des difficultés. La CJUE décide que « l'article 4-4, dernière phrase de la Convention de Rome doit être interprété en ce sens que cette disposition s'applique au contrat de commission de transport uniquement lorsque l'objet principal du contrat consiste dans le transport proprement dit de la marchandise concernée » (CJUE, 3e ch., 23 oct. 2014, aff. C-305/13, *D.* 2015. 136, note. P. Delebecque et J.A Lévy, et p. 1056, obs. H. Gaudemet-Tallon, Pan. 1129, obs. H. Kenfack ; *JCP E* 2015. 1166, obs. C. Nourissat). La Cour semble admettre une conception de la commission de transport bien distincte du contrat de transport proprement dit, refusant d'assimiler les deux, le commissionnaire ayant pour objet l'organisation du transport. En résumé, ce n'est que dans le cas où le commissionnaire réalise personnellement l'opération de transport qu'il peut y avoir assimilation entre les deux, avec des conséquences pour la détermination de la loi applicable. Encore faudra-t-il déterminer dans cette hypothèse si la prestation de transport n'est que l'accessoire des obligations du commissionnaire. Cette solution doit être maintenue sous l'empire de Rome I. La Cour de cassation adopte cette position (Com. 10 févr. 2015, n° 12-13.052, *D.* 2015. 1299, obs. H. Kentack).

• **Contrats conclus par les consommateurs** (art. 5). Cet article concerne les contrats « ayant pour objet la fourniture d'objets mobiliers corporels ou de services à une personne, le consommateur, pour un usage pouvant être considéré comme étranger à son activité professionnelle, ainsi qu'aux contrats destinés au financement d'une telle fourniture ». Une protection est accordée à la partie présumée la plus faible. Si le principe demeure la liberté de choix, l'article 5 dispose que ce choix ne peut avoir pour effet de priver le consommateur de la protection que lui assurent les dispositions impératives de la loi du pays dans lequel il a sa résidence habituelle. Par conséquent, si le contrat est en principe régi par la loi choisie par les parties, la loi de la résidence habituelle du consommateur écartera les dispositions de la loi choisie si elle protège mieux le consommateur. Lorsque les conditions de l'article 5 sont réunies, la protection accordée par la loi de résidence du consommateur lui apporte donc une garantie. Ces conditions sont :

– le contrat doit être conclu entre un consommateur au sens de cet article et un professionnel ;

– il doit, comme l'exige le texte, concerner la fourniture d'objets mobiliers corporels ou de service ;

– il doit avoir été conclu dans des circonstances prévues par cet article : soit la conclusion du contrat a été précédée d'une proposition spéciale ou d'une publicité dans le pays de résidence du consommateur et celui-ci doit avoir accompli dans ce pays les actes nécessaires à la conclusion du contrat, soit le cocontractant du consommateur ou son représentant a reçu la commande du consommateur dans le pays de résidence de ce dernier soit, si le contrat est une vente de marchandises, il a été conclu dans un pays autre que celui de résidence du consommateur lorsque le voyage a été organisé par le vendeur avec pour objectif d'inciter le consommateur à conclure le contrat.

• **Contrats individuels de travail** (art. 6). Cet article est également inspiré par le même esprit de protection de la partie présumée la plus faible auquel s'ajoute un souci de proximité entre le juge et le litige. La liberté des parties demeure, mais quelle que soit la loi choisie, elle ne « peut avoir pour effet de priver le travailleur de la protection que lui assurent les dispositions impératives de la loi qui serait applicable à défaut de choix ». Aucune condition similaire à l'hypothèse précédente n'est exigée ici. En outre, en l'absence de choix de la loi applicable, le contrat de travail est en principe soumis à la loi du pays dans lequel le travailleur accomplit habituellement son travail. Dans ce cas, le détachement temporaire ne devrait pas avoir de conséquences, même si l'application de la clause d'exception peut conduire à un résultat différent (Soc., 23 mars 2005, n° 03-42.609, préc.).

Le premier arrêt de la CJUE interprétant cet article 6 est intervenu le 15 mars 2011 (CJUE, gr. ch., 15 mars 2011, n° C-29/10, *Koelzsch c/ État du Grand-Duché de Luxembourg*) et indique quelle est la protection impérative du travailleur mobile, celui qui n'effectue pas sa prestation sur le territoire d'un seul État. À cette occasion, la Cour précise que le premier critère de rattachement objectif – le lieu du travail – doit être interprété largement alors que le second – le lieu d'établissement d'embauche – doit l'être restrictivement. La protection du salarié est au centre de cette interprétation comme l'illustre un autre arrêt plus récent : Soc. 9 juill. 2015, n° 14-13497 censurant l'arrêt qui écarte l'application de la loi française aux demandes formées par un salarié à l'encontre de ses employeurs et relatives notamment à la rupture de son contrat de travail et au paiement d'heures complémentaires sans rechercher, comme il lui était demandé, après avoir pourtant constaté que le lieu d'exécution habituel du travail était en France, si les dispositions des lois belges et espagnoles, choisies par les parties et relatives aux différents chefs de compétence du salarié, étaient plus protectrices que les dispositions de la loi française qui aurait été applicable à défaut de ces choix (*adde* Soc. 13 janv. 2016, n° 14-18566).

Ce système a été très critiqué. Il était considéré comme créant une insécurité des transactions alors même que dans le commerce international, la prévisibilité doit être la règle. Le Règlement Rome I tente de corriger cet inconvénient.

§ 2 – Règlement Rome I

Le Règlement Rome I n'a pas supprimé tous les inconvénients même si un grand pas a été franchi.

Le nouveau texte opère un changement de méthodologie très important. Si la clé de voûte du système reste la prévisibilité des solutions, la clause d'exception n'a pas été entièrement supprimée.

La proclamation du principe de proximité, consistant à rechercher d'emblée les liens les plus étroits, est supprimée et remplacée par l'adoption de règles plus directes de rattachements principaux. En outre, de central dans la Convention de Rome, le critère de prestation caractéristique est relégué au second plan. En même temps, le choix a été effectué de maintenir une certaine proximité et souplesse, à titre résiduel.

I – Les rattachements principaux : l'adoption de règles plus directes

L'article 4 du Règlement Rome I prévoit 8 rattachements principaux qui dépendent de règles directes.

En transformant les anciennes présomptions en règles fixes et en élargissant ces dernières, le Règlement Rome I participe à la sécurité juridique. Ces règles concernent les contrats les plus importants du commerce international. Certes, pour 4 d'entre eux – vente, prestation de service, transport, contrats relatifs aux droits réels immobiliers – la solution nouvelle n'est qu'une simplification par rapport à l'ancienne car on fait l'économie de la recherche de la prestation caractéristique. Pour les autres contrats, le progrès est plus important.

A – Ventes en général

Dans la grande catégorie des contrats de vente de « biens », le principe reste le rattachement du contrat à la loi de l'État du vendeur (art. 4-1, a). Il s'agit ici de vente de marchandises.

Deux innovations doivent être signalées :

– le Règlement Rome I envisage désormais le contrat de vente de biens aux enchères et le soumet non pas à la loi du pays du vendeur mais à celle du pays où la vente a eu lieu, si ce pays peut être déterminé. Le texte n'apporte cependant pas de réponse sur la vente aux enchères électroniques ;

– le Règlement envisage également le rattachement relatif « au contrat conclu au sein d'un système multilatéral assurant ou facilitant la rencontre de multiples intérêts acheteurs et vendeurs exprimés par des tiers pour des instruments financiers, au sens de l'article 4§1, 17 de la directive 2004/39/CE selon des règles non discrétionnaires ». Le texte soumet ce contrat à la loi du pays régissant le système multilatéral en cause. Il s'agit de contrats portant sur des instruments financiers et négociés sur un marché réglementé ou un système multilatéral de négociation. Un marché réglementé est, d'après la directive concernant les services d'investissement, un système multilatéral exploité ou géré par un opérateur de marché assurant ou facilitant la rencontre, en son sein même et selon des règles non discrétionnaires, de multiples intérêts acheteurs et vendeurs exprimés par des tiers pour des instruments financiers admis à la négociation dans le cadre de ces règles et/ou de ce système et qui est agréé et fonctionne conformément aux dispositions relatives notamment aux conditions d'agrément…

B – Prestation de service en général

Pour les contrats de prestation de service en général, le rattachement principal à la loi du pays dans lequel le prestataire de services a sa résidence habituelle n'est pas une nouveauté (art. 4-1, b). La seule difficulté est la qualification de la notion de prestation de service qui englobe notamment les contrats de financement et de garantie (par exemple les garanties à première demande ou les crédits documentaires) ou les contrats d'intermédiaire et de représentation.

C – Contrats de distribution

Pour ces contrats, les innovations sont majeures.

Les articles 4-1-e et 4-1-f soumettent les contrats de franchise et de distribution (concession) respectivement à la loi du pays dans lequel le franchisé et le distributeur ont leur résidence habituelle. Cette nouvelle solution met fin aux divergences jurisprudentielles sur cette question sous l'empire de la Convention de Rome. Reste la question relative à la qualification que le nouveau texte contribue à rendre complexe en les qualifiant de contrats de service.

En France, la Cour de cassation a précisé, à juste titre, que les contrats de concession ou de distribution exclusive (et sans doute les contrats de franchise) ne constituent ni des ventes ni des fournitures de services (Civ. 1re, 23 janv. 2007, n° 05-12.166, *D.* 2007. AJ 511, obs. E. Chevrier, Jur. 1575, obs. H. Kenfack, Pan. 2571, note S. Bollée, et 2008, Pan. 1514, obs. F. Jault-Seseke ; *JCP* 2007. II. 10074, note T. Azzi ; *RDC* 2007. 807, obs. P. Deumier ; *JDI* 2008. 525, obs. J.-M. Jacquet. Civ. 1re, 5 mars 2008, n° 06-21.949, *D.* 2008. AJ 858, obs. X. Delpech, Jur. 1729, note H. Kenfack ; *RTD com.* 2008. 445, obs. P. Delebecque. Civ. 1re, 9 juill. 2008, n° 07-17295, *Rev. crit. DIP* 2008. 863, obs. D. Sindres).

Mais dans une décision en date du 19 décembre 2013 prise pour l'application de l'article 5-1, b) du Règlement Bruxelles I (devenue article 7-1 Bruxelles I bis), la CJUE a décidé qu'un contrat de concession pouvait être qualifié de contrat de fourniture de services au sens de l'article 5-1, b) du règlement Bruxelles I, dès lors qu'il comporte des stipulations spécifiques quant à la distribution par le concessionnaire des marchandises vendues par le concédant (CJUE, 19 déc. 2013, aff. C-9/12, *JCP* 2014. 180, note P. Berlioz). La Cour de cassation est donc revenue sur sa jurisprudence, passant trop rapidement sur les éléments de qualification du contrat de concession exclusive alors même que précisément tout le débat portant sur la présence ou non d'un des éléments qualificatifs, l'exclusivité territoriale (Civ. 1re, 19 nov. 2014, n° 13-13.405, *D.* 2015. 51 ; *JCP* 2015. Act. 1243, note P. Berlioz, et 236, obs. M. Menjucq, M. Behar-Touchais ;

RLDA mars 2015/35, n° 5508, C. Reydellet, n° 5547). L'arrêt n'est donc pas convaincant.

D - Contrats portant sur des immeubles

• Le contrat ayant pour objet un droit réel immobilier ou un bail d'immeuble est régi par la loi du pays de situation de l'immeuble (art. 4-1-c). Cette règle concerne notamment les ventes d'immeuble, les constitutions d'usufruit, les baux d'immeubles.

• Lorsque le bail d'immeuble est conclu en vue de l'usage personnel temporaire pour une durée maximale de 6 mois, il est régi par la loi de résidence du propriétaire, à condition que le locataire soit une personne physique et qu'il réside dans le même pays.

E - Contrats de transport

Lorsqu'aucune convention de droit matériel n'est applicable à un contrat de transport international, la recherche de la loi applicable à ce contrat est nécessaire pour en déterminer le régime juridique. Anciennement régi par l'article 4-4 de la Convention de Rome (V. not. Com., 22 janv. 2008, n° 06-18.822, *JDI* 2009, p. 189), c'est désormais l'article 5 qui prévoient des règles non seulement pour le transport de marchandises mais aussi, et c'est nouveau, pour le transport de passagers.

Le transport de marchandises est régi par l'article 5-1 qui dispose « À défaut de choix exercé conformément à l'article 3, la loi applicable au contrat de transport de marchandises est la loi du pays dans lequel le transporteur a sa résidence habituelle, pourvu que le lieu de chargement ou le lieu de livraison ou encore la résidence habituelle de l'expéditeur se situe aussi dans ce pays. Si ces conditions ne sont pas satisfaites, la loi du pays dans lequel se situe le lieu de livraison convenu par les parties s'applique ». Cette règle est très peu différente dans son mécanisme de celle que prévoyait la Convention de Rome : elle est tout aussi complexe. La seule évolution semble être que désormais, lorsque les conditions prévues par le début de l'article 5-1 ne sont pas réunies, la faveur est donnée à la loi du pays dans lequel se situe le lieu de livraison convenue entre les parties (v., pour une application récente, Com. 1er mars 2016, n° 14-22.608, *D*. 2016. 988, note T. Allain et *ibid*. 2028, obs. L. d'Avout, *D*. 2017. 1017, obs. H. Gaudemet-Tallon, *RTD com*. 2016. 324, obs. B. Bouloc et *ibid*. 585, obs. Ph. Delebecque). Le seul avantage de cette règle subsidiaire est de faire coïncider les critères de détermination de la loi applicable (Rome I) et de la juridiction compétence (Bruxelles I).

Le transport de personnes est régi par l'article 5-2. Le texte prévoit, d'abord, la loi objectivement applicable à défaut de choix : celle de la résidence habituelle du passager, si elle est aussi celle du lieu du départ ou d'arrivée, sinon c'est celle de l'établissement principal du transporteur. Il prévoit ensuite la possibilité pour les parties de choisir la loi applicable, tout en l'encadrant, le choix ne pouvant porter que sur la loi de certains pays : pays de résidence du passager ou du transporteur, pays de l'administration centrale du transporteur, pays du lieu de départ ou de destination. Si la volonté de protéger le voyageur explique cet encadrement, le résultat pourrait toutefois se retourner contre lui.

Une clause d'exception commune aux contrats de transport de marchandises et de passagers est prévue.

II – Les rattachements subsidiaires : le maintien d'une dose de proximité

Ces rattachements sont résiduels. Il s'agit :

– de la loi du pays de résidence du débiteur de la prestation caractéristique qui s'applique lorsque le contrat n'est pas couvert par le paragraphe 1 de l'article 4 ou les éléments du contrat sont couverts par plusieurs des points a à h du paragraphe 4 (art. 4-2) ;

– de la loi du pays avec lequel le contrat présente les liens plus étroits. D'une part, la clause d'exception a été maintenue et son caractère d'exception a été réaffirmé par l'adverbe « manifestement ». D'autre part, cette loi s'applique lorsque la loi applicable ne peut être déterminée sur la base du paragraphe 1 et 2 (art. 4-3 et 4-4).

Section 3 – Les règles de protection des parties faibles

Le considérant 23 du Règlement Rome I indique que « s'agissant des contrats conclus avec les parties considérées comme faibles, celles-ci devraient être protégées par des règles de conflits plus favorables à leurs intérêts que ne sont les règles générales ». Quelles sont ces parties faibles ? Traditionnellement, il s'agit des consommateurs, des assurés et des travailleurs. Convient-il d'y ajouter les emprunteurs et les locataires ?

§ 1 – Les contrats de consommation (art. 6)

Plusieurs idées à retenir :

– Une définition du champ d'application de la protection étendue. Sauf quelques exclusions limitativement énumérées, elle s'applique à tous les contrats passés par le consommateur c'est-à-dire la personne physique qui contracte pour un usage pouvant être considéré comme étranger à son activité professionnelle. Seront désormais par exemple concernés les crédits immobiliers. Sont exclus notamment les contrats de fourniture de service lorsque cette dernière se fait dans un pays autre que celui de résidence du consommateur, les contrats de transport autre que les voyages à forfait, les contrats portant sur un droit réel immobilier ou un droit d'utilisation d'un immeuble, sauf droit d'utilisation à temps partiel.

– Les circonstances de la conclusion du contrat intègrent le commerce électronique. Le consommateur est désormais protégé en cas de contrats du commerce électronique s'il est prouvé que le consommateur a dirigé son activité vers lui.

– Les règles applicables à la détermination de la loi applicable sont inchangées par rapport à la Convention de Rome même si le nouveau texte commence par prévoir un rattachement objectif en faveur de la loi du pays où le consommateur a sa résidence habituelle avant d'envisager l'hypothèse de l'autonomie de la volonté.

– La CJUE décide que la loi applicable à l'action en cessation de clauses abusives intentée par une association de consommateur habilitée à le faire au sens de la dir. 2009/22/CE du 23 avril 2009 (relative aux actions en cessation en matière de protection des intérêts des consommateurs) relève de la matière délictuelle (V. déjà dans ce sens, CJCE, 1er oct. 2002, aff. C-167/00, *VKI c/ Karl Heinz Henkel*). En l'espèce, une partie des conditions générales de la société Amazon EU était contestée par une association de consommateurs, VKI, qui avait saisi une juridiction de Vienne. La CJUE note que « la concurrence déloyale au sens de l'article 6 § 1 du règlement Rome II englobe l'utilisation de clauses abusives insérées dans les conditions générales de vente dès lors qu'elle est susceptible d'affecter les intérêts collectifs des consommateurs en tant que groupes et, partant, d'influencer les conditions de concurrence sur le marché ». Elle en conclut que la loi applicable est celle du pays où « résident les consommateurs vers lesquels l'entreprise dirige ses activités et dont les intérêts sont défendus par l'association de protection des consommateurs concernée au moyen de cette action » (CJUE, 28 juill. 2016, aff. C-191/15, *VKI c/Amazon EU*, *D.* 2016. 2315, note F. Jault-Seseke).

§ 2 - Les contrats d'assurance (art. 7)

Il s'agit d'une nouveauté du Règlement. Pour l'essentiel, le texte effectue une distinction entre deux types de contrats d'assurance en fonction du risque couvert : les contrats d'assurance couvrant les grands risques et les autres contrats sous condition que le risque soit communautaire.

– Pour les contrats d'assurance couvrant les grands risques au sens de l'article 5 d) de la directive (CE) n° 73/239 du 24 juillet 1973, c'est l'article 7-2 du Règlement qui s'applique, que le risque couvert soit ou non situé dans un État membre. À défaut de choix, le contrat est rattaché à la loi du pays où l'assureur a sa résidence habituelle, une clause d'exception ayant été prévue.

– Pour les contrats d'assurance couvrant d'autres risques (par exemple l'assurance sur la vie), lorsque le risque est situé à l'intérieur d'un État membre, les parties peuvent choisir une des lois prédéterminée par le Règlement : loi de tout État membre du lieu de situation du risque au moment de la conclusion du contrat, loi du pays de résidence habituelle du preneur d'assurance. Une première option est réservée au contrat d'assurance-vie en faveur de la loi de l'État membre dont le preneur d'assurance est le ressortissant. Une deuxième option est réservée aux preneurs d'assurance exerçant une activité commerciale, industrielle ou libérale lorsque le contrat couvre des risques relatifs à ces activités et ces risques sont situés dans différents États membres. La liberté de choix s'étend alors à l'un des États membres où le risque est situé ou à la loi de résidence habituelle du preneur. À défaut de choix, le contrat est régi par la loi de l'État membre où le risque est situé au moment de sa conclusion (art. 7-3 Rome I). S'il est situé dans plusieurs États membres, le contrat peut être divisé en autant de contrats que de pays où les risques sont localisés (Règl. Rome I, art. 7-5).

§ 3 - Les contrats individuels de travail (art. 8)

La philosophie de l'ancien texte est maintenue même si quelques précisions sont apportées :

– le principe d'autonomie est maintenu,

– le choix ne peut priver le travailleur de la protection qui résulte pour lui des dispositions impératives de la loi objectivement applicable,

– la clause d'exception est maintenue sans l'adverbe « manifestement »,

– à défaut de choix, le contrat individuel de travail est régi « par la loi du pays dans lequel ou, à défaut, à partir duquel le travailleur, en exécution du contrat, accomplit habituellement son travail ». Cette nouvelle rédaction permet d'appliquer cet article au personnel travaillant à bord d'un avion par exemple.

La localisation du travail dans un contrat de travail international soulève cependant de nombreuses difficultés lorsque le salarié est appelé à se déplacer fréquemment (v. récemment Soc. 1er févr. 2017, nº 15-23.723 ; Soc. 19 janv. 2017, nº 15-13.599).

Section 4 – Le domaine de la loi du contrat

La *lex contractus* a un domaine très étendu même si d'autres lois peuvent entrer en concurrence. C'est le cas notamment de la loi personnelle (loi nationale) qui s'applique à la capacité. C'est également le cas de la *lex rei sitae* qui est compétente pour déterminer les modes de transmission et de création de droits réels ainsi que le contenu des droits réels que le contrat fait naître. C'est enfin le cas des questions relatives aux pouvoirs d'un intermédiaire (qui relèvent aujourd'hui de la Convention de La Haye du 14 mars 1978) et des pouvoirs d'un organe d'une société, association ou personne morale, d'engager un représenté ou la personne morale concernée vis-à-vis des tiers.

Malgré ces exceptions, la loi du contrat favorise la validité en la forme des actes juridiques, régit la formation et les effets du contrat international.

§ 1 – La faveur à la validité pour la forme des actes juridiques (Règl. Rome I, art. 11 et Conv. Rome art. 9)

En droit interne français existe un esprit de faveur à la validité en la forme des actes juridiques en matière internationale. La règle traditionnelle *locus regit actum*, qui soumet la forme des actes juridiques à la loi du lieu dans lequel ils sont passés, est en principe facultative (Civ., 28 mai 1963, *Charlie Chaplin*, *GADIP* n° 40). La Cour de cassation française donne une option aux parties pour les contrats internationaux passés en France. Ils peuvent les soumettre à la forme prévue soit par la loi étrangère qui le régit au fond, soit par la loi locale.

Cette faveur à la validité formelle du contrat international est consacrée par le Règlement (art. 11) ou la Convention de Rome (art. 9) qui admettent en principe le caractère facultatif de la règle *locus regit actum* en opérant une distinction selon que les contractants sont en présence ou absents :

- si les contractants se trouvaient dans le même pays au moment de la conclusion du contrat, le contrat est valable en la forme s'il satisfait aux conditions de forme de la loi qui le régit quant au fond ou alors de la loi du pays où il a été conclu (Règl. Rome I, art. 11-1, Conv. Rome 9-1) ;

- si les contractants ne se trouvaient pas dans le même pays au moment de la conclusion du contrat (par exemple dans un contrat entre absents), le contrat sera valable en la forme si sa validité découle soit de la loi de chacun des pays dans lesquels se trouvaient les contractants, soit de la loi régissant le contrat au fond (Règl. Rome I, art. 11-2, Conv. Rome art. 9-2).

Quelques exceptions au caractère facultatif de la règle *locus regit actum* peuvent être relevées :

– les contrats conclus par un consommateur (Règl Rome I, art. 11-4 ; Conv. Rome, art. 9-5) ;

– les contrats ayant pour objet un droit réel immobilier ou un droit d'utilisation d'un immeuble.

Le Règlement Rome I introduit des rattachements complémentaires pour faciliter la validité formelle des contrats (art. 11).

§ 2 – La formation du contrat (Règl. Rome I, art. 10 et Conv. Rome, art. 8)

Le contrat international, comme le contrat interne (art. 1108 C. civ. français) n'est valablement formé que s'il respecte certaines conditions de fond (consentement, capacité, objet et cause). Les articles 10-1, 10-2 et 13 du Règlement Rome I (8-1, 8-2 et 11 de la Convention de Rome) apportent quelques précisions.

• L'article 10-1 du Règlement (8-1 de la Convention) intitulé « consentement et validité au fond » dispose : « l'existence et la validité du contrat ou d'une disposition de celui-ci sont soumises à la loi qui serait applicable en vertu de la présente Convention si le contrat ou la disposition était valable ». Par conséquent, le consentement, l'objet et la cause relèvent de la loi du contrat.

• L'article 10-2 du Règlement (8-2 de la Convention) protège dans certains cas le destinataire d'une offre. Il peut invoquer la loi de sa résidence habituelle pour établir qu'il n'a pas consenti s'il ne paraît pas raisonnable de lui appliquer la loi du contrat pour déterminer les conséquences de son comportement, par exemple en cas de silence gardé après réception de l'offre.

• Même si la capacité des personnes est exclue du champ d'application de la Convention et relève de la loi nationale, l'article 13 du Règlement (11 de la Convention), intitulé « Incapacité », prévoit cependant qu'une partie au contrat ne peut opposer son incapacité, édictée par sa loi nationale si elle est capable d'après la loi du lieu de conclusion du contrat.

§ 3 – Les effets du contrat (Règl., art. 12 et Conv., art. 10)

En principe, l'interprétation et les effets généraux du contrat (par exemple la force obligatoire du contrat, l'effet relatif du contrat) sont déterminés par la loi du contrat. La loi du contrat est compétente pour déterminer notamment :

– les personnes liées par le contrat : c'est elle qui détermine les parties au contrat, les ayants cause et les tiers. Ainsi, c'est la loi du contrat de vente qui détermine les obligations ou les relations entre vendeur et acheteur. Cependant, c'est la loi successorale qui régit la transmission héréditaire des obligations nées du contrat ;

– l'interprétation du contrat (Règl. Rome I, art. 12-1-a et Conv. art. 10-1-a) même s'il convient de ne pas oublier les usages qui peuvent avoir un certain rôle ;

– l'exécution des obligations nées du contrat (Règl. art. 12-1-b et Conv. art. 10-1-b) ;

– les conséquences de l'inexécution du contrat (Règl. art. 12-1-c et Conv. art. 10-1-c) : exception d'inexécution, résolution pour inexécution, résiliation... responsabilité ou inexécution contractuelle ;

– les modes d'extinction des obligations, les prescriptions et déchéances fondées sur l'expiration d'un délai (Règl. art. 12-1-d et Conv. art. 10-1-d) ;

– les conséquences de la nullité du contrat (Règl. art. 12-1-e et Conv. art. 10-1-e).

Des règles spéciales sont prévues pour la cession de créance (Règl. art. 14, Conv, art. 12), la subrogation conventionnelle (Règl. art. 14, Conv, art. 13) et la subrogation légale (Règl. art. 15). Le Règlement Rome I évoque dans un même article la cession de créance et la subrogation conventionnelle et introduit une nouvelle règle de conflit relative à l'opposabilité de la cession de créance aux tiers.

Il convient de signaler une disposition spécifique consacrée à l'hypothèse de pluralité de débiteurs (Règl., art. 16) alors qu'elle était auparavant traitée avec la subrogation (Conv. Rome, art. 13-2).

Une disposition entièrement nouvelle est consacrée à la compensation légale. À défaut d'accord entre les parties sur la possibilité de procéder à une compensation, cette dernière est régie par la loi de l'obligation contre laquelle la compensation est invoquée (Règl., art. 17).

Section 5 – L'incidence des lois de police

Les lois de police ont une grande incidence sur les contrats du commerce international. Que les parties aient ou non choisi la loi applicable à leur contrat, ce dernier reste soumis à la contrainte des lois de police. La Convention les envisage (art. 7) sans les définir. Même si cette notion se trouve dans le Code civil (art. 3 al. 1), elle est difficile à cerner. Une orientation a été donnée par Francescakis qui les définit comme des lois « dont l'observation est nécessaire pour la sauvegarde de l'organisation politique, sociale ou économique du pays » (P. Francescakis, *Trav. com. fr.*, *DIP* 1966-1969, p. 144). Il s'agit de lois substantielles internes que le juge doit appliquer en principe immédiatement, avant tout raisonnement conflictuel.

Le Règlement Rome I dispose désormais à son article 9 « une loi de police est une disposition impérative dont le respect est jugé crucial par un pays pour la sauvegarde de son organisation politique, sociale ou économique, au point d'en exiger l'application à toute situation entrant dans son champ d'application, quelle que soit par ailleurs la loi applicable au contrat d'après le présent règlement ».

À première vue classique, cette rédaction semble adopter une conception restrictive des lois de police qui devrait aboutir à remettre en cause l'application des lois de police étrangères.

Les lois de police soulèvent essentiellement deux difficultés principales relatives à leur qualification et à leur application.

§ 1 – La qualification des lois de police

Comment savoir si on est en présence d'une loi de police ? Une distinction doit être effectuée entre deux hypothèses :

I – La loi se prononce elle-même sur son caractère de loi de police

C'est l'hypothèse la plus simple mais elle est très rare. Quelques exemples en droit français :

• **en droit de la consommation**, l'article L. 132-1 du Code de la consommation définit les clauses abusives et l'article 135-1 du même Code (L. n° 2014-334 du 17 mars 2014 sur la consommation) prévoit « nonobstant toute stipulation contraire, le consommateur ne peut être privé de la protection que lui assurent les dispositions prises par un État membre de l'UE en application de la directive 93/13/CEE du Conseil, du 5 avril 1993, concernant les clauses abusives dans les contrats conclus avec les consommateurs lorsque le contrat présente un lien étroit avec le territoire d'un État membre » ;

• **en droit des assurances**, malgré la liberté des parties de choisir librement la langue dans laquelle ils rédigent leur contrat, l'art. L. 112-3 al. 1 du Code des assurances prescrit l'utilisation du français pour la rédaction des contrats d'assurance des risques français et l'art. L. 111-2 interdit d'y déroger.

II – La loi est silencieuse sur sa nature

A – Cette hypothèse est complexe

Il appartient aux juridictions de se prononcer sur ce caractère. Quelques exemples jurisprudentiels peuvent être cités, certains ayant été confirmés par la Convention et le Règlement Rome I. Ils sont en principe inspirés par le souci de protection de la partie la plus faible, essentiellement, mais pas exclusivement, en droit du travail et en droit de la consommation.

• **En droit du travail,** par exemple, sont considérées comme lois de police notamment :

– la législation française sur les congés payés (Paris, 4 juill. 1975, *Club méditerranée*, *Rev. crit. DIP* 1976, p. 455, note A. Lyon Caen) ;

– la législation française sur les comités d'entreprise (CE 29 juin 1973, *Cie Internationale des Wagons-lits*, *GADIP* n° 53 ; Soc., 3 mars 1988, *Rev. crit. DIP* 1989, p. 63, note G. Lyon-Caen) ;

– la législation française sur les licenciements des salariés protégés (Ass. plén., 1er juill. 1992, *Air Afrique*, *Rev. crit. DIP* 1994, 1re esp., p. 69, note B. Audit) ;

– les règles concernant « l'organisation et la réglementation du travail » (Soc., 31 mai 1972, *Thuillier*, *Rev. crit. DIP* 1973, p. 683, note P. Lagarde).

• **En droit de la consommation,** la loi du 10 janvier 1978 sur le crédit à la consommation, plusieurs fois modifiée, notamment par la loi du 1er juillet 2010 portant réforme du crédit à la consommation, récemment par la loi n° 2014-344 du 17 mars 2014 sur la consommation et la loi n° 2013-672 du 26 juillet 2013 de séparation et de régulation des activités bancaires (art. L. 311-1 et s) est considérée comme une loi de police (Civ. 1re, 19 oct. 1999, *Rev. crit. DIP* 2000, p. 328, note J.-B. Racine). En revanche, dans le domaine du cautionnement international, sous le fondement de la Convention de Rome, la Cour de cassation a décidé que les articles L. 341-2 et L. 341-3 du Code de la consommation ne peuvent recevoir la qualification de loi de police (Civ. 1re, 16 sept. 2015, n° 10-373, *D.* 2015, 2356, note L. Abadie et J. Lasserre Capdeville, *ibid.*2016, 1045, obs. H. Gaudemet-Tallon, *ibid.*2016, 2032, obs. S. Bolée).

En dehors même de ces deux domaines, un arrêt du 14 janvier 2004 a décidé qu'en application de l'article 7-1 de la Convention de Rome, est une loi de police l'article 10 de la loi française du 3 janvier 1967, qui prescrit, pour la forme des actes relatifs à la propriété des navires francisés, la rédaction d'un écrit comportant des mentions propres à l'identification des parties et du navire (Com., 14 janv. 2004, *Bull. civ. IV*, n° 9, *D.* 2005. Pan. 1193, obs. P. Courbe).

Plusieurs arrêts ont également décidé que la loi n° 75-1334 du 31 décembre 1975 relative à la sous-traitance, en ses dispositions protectrices du sous-traitant, est une loi de police au sens des dispositions combinées de l'article 3 du Code civil et des articles 3 et 7 de la Convention de Rome du 19 juin 1980 sur la loi applicable aux obligations contractuelles (ch. mixte, 30 nov. 2007, Civ. 3e, 30 janv. 2008 et Civ. 3e, 8 avr. 2008, *JDI* 2008, p. 1073, obs. L. Perreau-Saussine). Il convient de signaler un arrêt de la chambre commerciale de la Cour de cassation apportant une voix dissonante à l'application internationale de la loi française de 1975 relative à la sous-traitance (Com. 27 avr. 2011, n° 09-13.524).

Un arrêt a décidé que l'article L. 132-8 du Code de commerce conférant au transporteur routier une action en paiement de ses prestations à l'encontre de l'expéditeur et du destinataire institués garant du paiement du prix du transport n'est pas une loi de police (Com., 13 juill. 2010, n° 10-12154, *D.* 2011. Pan 1445, obs. H. Kenfack).

B – Le droit européen contribue à rendre la question plus complexe

La qualification de loi de police a donné lieu à une « divergence » entre la Cour de cassation et la Cour de justice des Communautés européennes à propos de la loi du 25 juin 1991 relative aux rapports entre les agents commerciaux et leurs mandants (art. L. 134-1 et s. C. com.) issue de la directive communautaire du 18 décembre 1986 sur les agents commerciaux. La première a décidé que cette loi « n'est pas une loi de police applicable dans l'ordre international » alors que la seconde avait adopté la position contraire quelques jours plus tôt à propos des articles 17 et 18 de la directive (Com., 28 nov. 2000, *Bull. civ. IV*, n° 183 et CJCE, 9 nov. 2000, *Ingmar*, *Rev. crit. DIP* 2001, p. 511, obs. J.-M. Jacquet). Depuis cette divergence, la Cour de cassation française a « confirmé » sa position en déniant cette fois le caractère d'ordre public international à cette loi (Civ. 1re, 25 oct. 2005, *Bull. civ. I*, n° 378). D'après elle, il s'agit d'une loi d'ordre public interne et non d'une loi de police, position désormais constante en droit français (v. récemment Paris, 6 mai 2014, n° 12/21230, *RDC* 2015, n° 1, p. 81, obs. M. Laazouzi, décidant que les « dispositions de la loi… du 25 juin 1991 portant statut des agents commerciaux, codifiées dans les articles L. 134-1 et s. du code de commerce en ce qu'elles s'appliquent à des agents commerciaux exerçant leur activité dans le cadre d'un contrat de services ne peuvent dès lors être regardées, comme constitutives d'une loi de police dans l'ordre international pouvant être opposée à une sentence arbitrale internationale... » ; v. déjà dans le même sens Paris, Pôle 1, ch. 1, 23 oct. 2012, n° 11.10023, *Rev. arb.* 2013, p. 170, note L. d'Avout, *JCP E* 2013. 1563, n° 3, obs. C. Nourissat). Cette position est plus conforme à la nouvelle conception de l'ordre public adoptée par le règlement (CE) n° 593-2008 sur la loi applicable aux obligations contractuelles du 17 juin 2008. La CJUE a toutefois rendu en 2013 un arrêt pas clair admettant que le juge national peut écarter la loi d'un État membre choisie par les parties pour régir leur contrat d'agence au motif que la transposition de la directive opérée par l'État membre du for est plus protectrice et qu'elle constitue une loi de police (CJUE, 17 oct. 2013, aff. C-184/12, *Unamar*, *D.* 2014. 60, note L. d'Avout ; *JCP* 2013. 1287 ; *RTD com.* 2014. 457, obs. Ph. Delebecque). L'affaire est donc à suivre (v. récemment CJUE 16 févr. 2017, aff. C-507/15, *Agro Foreign Trade*, *D.* 2017. 1012, obs. H. Gaudemet-Tallon).

§ 2 - L'application des lois de police

Une distinction doit être effectuée entre la loi de police du *for* et la loi de police étrangère.

- **Loi de police du for**

Le juge du *for* a l'obligation d'appliquer sa loi de police (cf. Règl. Rome I, art. 9-2 et Conv. Rome art. 7-2) à condition que la situation visée par cette loi soit dans son champ d'application spatial tel que déterminé par l'auteur de la loi ou à défaut par le juge du *for* lui-même.

- **Loi de police « étrangère »**

Dans le système de la Convention de Rome :

– lorsque la loi de police « étrangère » appartient à la *lex contractus*, le juge du *for* français doit l'appliquer ;

– lorsque la loi de police « étrangère » n'appartient pas à la *lex contractus*, le juge français n'est pas tenu de l'appliquer. La Convention de Rome elle-même prévoit simplement la possibilité d'une telle application, sans aucune obligation (art. 7-1). Le Règlement Rome I maintient cette possibilité.

- En cas de conflit entre la loi de police du *for* et la loi de police étrangère, le juge du *for* compétent applique sa loi de police.

- En cas de conflit entre deux lois de police « étrangères », il appartient au juge du *for* de se prononcer sur celle à laquelle il donne préférence (art. 7-1).

Dans le système du Règlement Rome I :

– rien ne change pour la loi de police du for ;

– l'application des lois de police étrangères est considérablement limitée. D'après l'article 9-3 « il ne pourra être donné effet aux lois de police du pays dans lequel les obligations découlant du contrat doivent être ou ont été exécutées, dans la mesure où lesdites lois de police rendent l'exécution du contrat illégale ». La lettre du texte indique que le juge pourra « donner effet » à ces lois. Dans un arrêt récent (CJUE, gr. ch., 18 oct. 2016, aff. C-135/15, préc.), la Cour de justice décide qu'il pourra les « prendre en compte » en tant qu'élément de fait, solution discutable. En effet, pour la CJUE, il est exclu que « le juge du for puisse appliquer, en tant que règles juridiques, les lois de police autres que celles de l'État du for ou de l'État dans lequel les obligations découlant du contrat doivent être ou ont été exécutées » (point 50).

Pour aller plus loin

Bibliographie

- H. Kenfack, « Le règlement CE n° 593/2008 du 17 juin 2008 sur la loi applicable aux obligations contractuelles (Rome I), navire stable aux instruments efficaces de navigation ? », *JDI* 2009, p. 1 et s.
- P. Berlioz, « La notion de fourniture de services au sens de l'article 5-1 b) du règlement "Bruxelles I" », *JDI* 2008, p. 675
- M.-E. Ancel, « Les contrats de distribution et la nouvelle donne du règlement Rome I », *Rev. crit. DIP* 2008, p. 561
- L. d'Avout, « La loi applicable à la cession de créance ou de contrat après l'ordonnance du 10 février 2016 », *D.* 2017. 457

Sujets d'examen

Dissertations

- La loi applicable aux contrats de distribution
- L'application des lois de police étrangères
- La clause d'exception dans le Règlement Rome I

Titre 2

Le règlement des litiges du commerce international

Quelles que soient les prévisions des parties au contrat international, des litiges peuvent survenir, ne serait-ce que sur l'interprétation du contrat.
Ces litiges peuvent se résoudre par trois voies :
– les modes alternatifs de règlement des différends, notamment la transaction, la médiation ou la conciliation ;
– les juridictions étatiques ;
– l'arbitrage commercial international.
Les modes alternatifs de règlement des différends (MARD) sont de plus en plus utilisés en droit international. Ils sont souvent couplés avec un arbitrage. Ils ont une grande efficacité internationale s'ils sont assimilés aux jugements. Dans le cas contraire, ils restent marginalisés.

Chapitre 1
Le recours aux juridictions étatiques

L'essentiel

A priori, on pourrait penser que les juridictions étatiques ne sont compétentes que pour régler les litiges purement « internes ». Mais les parties à un contrat du commerce international font parfois confiance à leurs juges nationaux respectifs. Et les juridictions étatiques nationales sont souvent compétentes pour régler les litiges commerciaux internationaux. Les règles s'appliquant à ces juridictions appartiennent aux « conflits de juridictions », par opposition aux conflits de lois, division du droit international privé.
On se limitera aux questions spécifiques au droit du commerce international.
Outre les immunités de juridiction et d'exécution des États ou des organismes publics (v. p. 108 s.), deux questions doivent être envisagées :
– la détermination de la compétence des juridictions étatiques appelées à résoudre les litiges du commerce international ;
– l'effet en France des jugements étrangers.
Ces questions dépendent de l'existence ou non d'un texte européen. En effet, dès lors que le litige est d'ordre international communautaire, ce sont les règles des Règlements (ou de la Convention) de Bruxelles qui s'appliquent impérativement, les règles de droit interne étant exclues (Ch. mixte, 11 mars 2005, n° 02-41.371 et n° 02-41.372, BICC n° 619, D. 2005. 1332).

Section 1 – L'absence d'un texte européen

Il s'agit d'envisager la compétence juridictionnelle de droit commun français. Dans les contrats du commerce international, la situation la plus fréquente est la présence de la clause attributive de juridiction, même si celle qui soulève le plus de contentieux est l'absence d'une telle clause. Une fois la décision obtenue, il convient de la faire exécuter.

§ 1 – La compétence en présence d'une clause attributive de juridiction

La jurisprudence n'est pas toujours claire. Deux vérifications doivent être effectuées dans un contexte de droit commun :

I – La licéité de la clause

Il s'agit de se demander si une clause peut intervenir dans une matière donnée ou si dans un litige précis, elle est admise dans son principe. Cette licéité dépend en principe de la loi française lorsque des juridictions françaises sont compétentes pour régler le litige au fond. La Cour de cassation française a posé le principe que « les clauses prorogeant la compétence internationale sont licites lorsqu'il s'agit d'un litige international » et a jugé licite une clause attributive insérée dans un marché de travaux publics passé entre une société française et un organisme libyen (Civ. 1re, 17 déc. 1985, *Cie de Signaux*, *GADIP* n° 72).

En droit français, la clause est licite si :

– le litige présente un caractère international et ;

– elle ne fait pas échec à la compétence territoriale exclusive d'une juridiction française, par exemple dans les cas de certaines lois de police.

II – La validité de la clause

Une fois la clause admise dans son principe, sa validité devrait être appréciée conformément à la loi choisie par les parties dans le contrat principal pour les conditions de fond et à la règle *locus regit actum* pour les conditions de forme.

En droit français, conformément à l'article 48 du Code de procédure civile, la clause doit faire l'objet d'une stipulation très apparente dans l'engagement de la personne à qui elle est opposée en tenant compte de la présence d'usages du commerce international dans la matière en cause.

Dans un arrêt de 2008, la Cour de cassation a admis la validité de la clause attributive de juridiction alors même qu'elle était rédigée en langue étrangère et en dépit de l'ambiguïté de ses termes (Civ. 1re, 23 janv. 2008, n° 06-21.011, *JDI* 2008, p. 1087, obs. A. Sinay-Cytermann).

L'efficacité de la clause est plus largement admise, y compris en droit commun. Un arrêt de la cour de Toulouse a admis que le défaut de signature d'un contrat ne peut être opposable pour contester la validité d'une clause attributive de juridiction (Toulouse, 2e ch., 20 juill. 2016, *RG* n° 16/00809).

§ 2 – La compétence en l'absence d'une clause attributive de juridiction

Il existe deux voies de compétence : la compétence ordinaire et la compétence privilégiée.

I – La compétence ordinaire : l'extension des règles de compétence territoriale interne à la compétence internationale

Il s'agit de projeter sur le plan international les règles de compétence territoriale du droit judiciaire interne français. Cette solution générale est issue des arrêts *Pelassa* (Civ., 19 oct. 1959, *D.* 1960. 37, note D. Holleaux) et *Scheffel* (Civ., 30 oct. 1962, *GADIP* n° 37) dans lequel la Cour affirme que « l'extranéité des parties n'est pas une cause d'incompétence des juridictions françaises […] la compétence internationale se détermine par extension des règles de compétence territoriale interne ». Par conséquent, ce sont les articles 42 et s. du Code de procédure civile qui déterminent la compétence internationale. Il en ressort :

• **Un principe général :** « la juridiction territorialement compétente est, sauf disposition contraire, celle du lieu où demeure le défendeur » (art. 42 al. 1). D'après cette règle étendue à l'international, la juridiction française est internationalement compétente si le défendeur demeure en France. C'est la *lex fori* qui détermine la conception de domicile retenue. S'agissant des sociétés, c'est en principe le siège social qui est pris en compte. En cas de dissociation entre le siège social statutaire et celui réel, c'est ce dernier qui l'emporte. La « jurisprudence des gares principales » s'applique également ici. Enfin, cette règle de l'article 42 du Code de procédure civile s'applique comme en droit interne français à toutes les actions personnelles relatives au commerce international et aux actions réelles mobilières puisque, lorsqu'elles sont immobilières, les actions réelles relèvent du lieu de situation de l'immeuble (art. 44 C. pr. civ.) ;

• **Un double affinement apporté par l'article 46 du Code de procédure civile.** Outre la compétence de principe de l'article 42, l'article 46 permet :

– ***en matière contractuelle*** au demandeur de saisir en plus (c'est une option) le tribunal « du lieu de livraison effective de la chose ou du lieu de l'exécution de la prestation de service » (art. 46-1). Ainsi, pour que le demandeur résidant à l'étranger puisse saisir une juridiction française, il faut que, soit le défendeur réside en France, soit le lieu de livraison de la chose ou l'exécution de la prestation de service se trouve en France. Dans ce dernier cas, peu importe que le défendeur demeure en France. La jurisprudence française décide que le lieu de livraison effective de la chose est celui où la livraison est matériellement intervenue, à l'exclusion de celui où elle aurait dû intervenir. Par conséquent, l'art. 46 al. 2 ne s'applique pas lorsque la chose n'a pas été livrée (Com., 3 nov. 1988, *Bull. civ. IV*, n° 291 ; Com., 14 juin 1994, *Bull. civ. IV*, n° 221). Des règles spécifiques existent pour les contrats d'assurance (art. R. 114-1 C. assur.), les contrats de travail et les contrats de transport (par exemple l'art. R. 321-1 du Code de l'aviation civile en ce qui concerne le transport aérien),

– ***en matière délictuelle*** au demandeur de saisir en plus « la juridiction du lieu du fait dommageable ou celle dans le ressort de laquelle le dommage a été subi » (art. 46-2). Cette règle peut s'appliquer par exemple en cas de pollution transfrontière, en cas de contrefaçon d'un droit de propriété industrielle ou même en cas de délits de presse.

Il convient simplement d'indiquer la compétence pour les mesures provisoires, conservatoires et les voies d'exécution, car elles ne sont pas spécifiques au commerce international.

Deux questions doivent être résolues :

1/ Quels sont les tribunaux compétents pour accorder ces mesures ?

Les tribunaux français ne sont internationalement compétents que si la mesure conservatoire ou la saisie se déroule en France, c'est-à-dire si le bien est situé sur le territoire français (v. not. Civ. 2e, 29 févr. 1984, *Rev. crit. DIP* 1985, p. 545, 1re esp., note A. Sinay-Cytermann ; Civ. 1re, 11 févr. 1997, *JCP* 1997, IV, 739) ;

2/ Ces tribunaux compétents pour mettre en œuvre de telles mesures sont-ils compétents pour le fond de l'affaire, par exemple l'existence de la créance qui fonde la mesure ?

Après quelques décisions se prononçant en faveur d'une telle compétence (Civ. 1re, 6 nov. 1979, *Rev. crit. DIP* 1980, p. 588, note G. Couchez, *JDI* 1980, p. 95, rapp. A. Ponsard), la jurisprudence est désormais en sens contraire. Par conséquent, les juridictions françaises seules compétentes pour mettre en œuvre une saisie ne peuvent se prononcer sur le fond de la créance que si leur compétence est fondée sur une autre règle (Civ. 1re, 17 janv. 1995, *Rev. crit. DIP* 1996, p. 133, note Y. Lequette ; Civ. 1re, 11 févr. 1997, *D.* 1997. *IR*. 62).

II – La compétence privilégiée : la prise en compte de la nationalité française des parties

• Les articles 14 et 15 du Code civil prévoient une compétence privilégiée fondée sur la nationalité française des parties. L'article 14 permet à un demandeur de nationalité française d'attraire son cocontractant étranger devant une juridiction française. L'article 15 permet à tout demandeur d'assigner un défendeur français devant une juridiction française. Le contentieux relatif à cette compétence est assez réduit. Quelques arrêts méritent d'être relevés : Civ. 1re, 25 mars 2015, n° 13-26.131 décidant que la nationalité des parties suffit sur la base de ces textes à fonder la compétence du juge français ; Com. 24 nov. 2015, n° 14-14.924 décidant en l'absence d'élection de for que « seules les règles de conflits de juridiction doivent être mises en œuvre pour déterminer la juridiction compétence, des dispositions impératives constitutives de lois de police seraient-elles applicables au fond du litige ». La même solution est valable en présence d'une clause : dès lors que les règles européennes sont applicables, il ne peut y être dérogé pour justifier la compétence des juridictions françaises sur la base de ces articles.

• Depuis l'arrêt *Société Cognacs and Brandies* (Civ. 1re, 19 nov. 1985, *GADIP* n° 71) cette compétence privilégiée n'est toutefois possible que si aucun critère ordinaire de compétence territoriale n'est réalisé en France.

• Une renonciation à ce privilège de juridiction est possible.

– Elle ne soulève pas de difficultés dans certaines hypothèses. Ainsi, elle peut être l'œuvre d'une clause attributive de juridiction à un tribunal étranger (Civ. 1re, 25 nov. 1986, *Rev. crit. DIP*, 1987, p. 396, note H. Gaudemet-Tallon ; Civ. 1re, 23 janv. 2008, n° 06-21.011 préc.) ou d'une clause compromissoire. Au contraire, est indifférente la soumission du contrat par les parties à une loi étrangère.

– D'autres hypothèses sont plus délicates à apprécier et la jurisprudence n'est pas très éclairante. Il s'agit par exemple de l'exercice d'une action en justice devant un tribunal étranger. En ce qui concerne l'article 14, la saisine d'un tribunal étranger par le demandeur français devrait en principe valoir renonciation, bien que ce principe soit écarté dans certains cas. S'agissant de l'article 15, le fait de ne pas soulever l'incompétence du tribunal étranger devrait entraîner une renonciation, mais la jurisprudence prend en compte les motifs du défendeur.

§ 3 – L'effet en France des jugements étrangers

Dans quelles conditions un jugement rendu à l'étranger produit-il en France des effets affectés à un jugement ?

• Certains effets sont indépendants de l'*exequatur*, ne nécessitant pas un contrôle des juridictions françaises. Il s'agit notamment de :

– l'effet de fait : le juge français considère la décision étrangère comme un simple fait ;

– l'effet de titre : la décision étrangère est considérée comme un *instrumentum* qui renferme un certain nombre de constatations.

• D'autres effets – les plus graves – sont soumis à la procédure d'*exequatur* par laquelle les juridictions françaises peuvent conférer force exécutoire et autorité de la chose jugée au jugement étranger.

L'exigence d'*exequatur* est donc le principe dans deux cas bien définis de jugements étrangers :

– lorsque ces jugements de toute *nature* (y compris une « ordonnance » du juge américain des faillites : Civ. 1re, 17 oct. 2000, *Rev. crit. DIP* 2001, p. 120, note approbative J.-P. Rémery et critique H. Muir Watt) sont invoqués pour obtenir des actes d'exécution matérielle sur les biens ou de coercition sur les personnes ;

– lorsque ces jugements sont de caractère déclaratif et patrimonial par exemple le jugement établissant l'existence d'une créance.

Pour accorder l'*exequatur*, depuis les arrêts *Munzer*, (Civ. 1re, 7 janv. 1964, *Bull. civ. I*, n° 15, *GADIP* n° 41), *Bachir*, (Civ. 1re, 4 oct. 1967, *Bull. civ. I*, n° 277) et *Cornelissen* (Civ. 1re, 20 févr. 2007, *Bull. civ. I*, n° 68), le juge français vérifie 3 conditions :

I – La compétence indirecte du tribunal étranger

• L'*exequatur* est refusé lorsque la règle française de compétence internationale directe attribue compétence exclusive aux juridictions françaises.

• L'*exequatur* est plus facilement accordé dans le cas contraire, à condition que le litige se rattache d'une manière caractérisée au pays dont le juge a été saisi (Civ. 1re, 6 févr. 1985, *Simitch*, *GADIP* n° 70).

II – La conformité à l'ordre public international

Ce contrôle de conformité est d'autant plus important que la jurisprudence a abandonné le contrôle de la loi appliquée. Il concerne tant l'ordre public de fond que l'ordre public procédural et particulièrement le respect des droits de la défense. Ainsi, la Cour de cassation a décidé que la décision étrangère ouvrant une procédure collective à l'égard d'un non commerçant n'est pas contraire à l'ordre public international (Civ. 1re, 18 janv. 2000, *Bull. civ. IV*, n° 17). Dans un arrêt de 2002, pour accorder l'*exequatur* à une décision espagnole, elle décide qu'est conforme à l'ordre public international français une période suspecte de 23 mois avant le jugement d'ouverture de la faillite (Com., 5 févr. 2002, *Bull. civ. IV*, n° 24).

III – L'absence de la fraude à la loi

Ce contrôle concerne la fraude à la loi proprement dite, mais aussi la fraude au jugement.

Lorsque toutes ces conditions sont remplies, le juge français accorde l'*exequatur* à la décision étrangère qui lui est soumise. Ces conditions sont allégées en cas d'application du Règlement de Bruxelles.

Section 2 – Le régime des Règlements (et de la Convention) de Bruxelles

• Au préalable, il convient de signaler que l'étude sera ici limitée aux seuls Règlements de Bruxelles du 22 décembre 2000 (dit Bruxelles I) refondue le 12 décembre 2012 (Bruxelles I bis) car eux seuls intéressent véritablement le commerce international. Même dans l'analyse de ces textes on se limitera aux seuls aspects relatifs au commerce international. D'autres textes de même nature ou non existent dans des domaines voisins, notamment :

– le Règlement (CE) n° 1347-2000 du 29 mai 2000 sur la reconnaissance et l'exécution des décisions en matière matrimoniale et de responsabilité parentale (Bruxelles II) et le Règlement (CE) n° 2201-2003 du 27 novembre 2003 qui remplace celui du 29 mai 2000 depuis le 1er mars 2005 (Bruxelles II *bis*) ;

– le Règlement (CE) n° 1346-2000 du 29 mai 2000 sur les procédures d'insolvabilité (v. p. 124) ;

– le Règlement UE n° 2015/848 du 20 mai 2015 (v. p. 124) ;

– le Règlement (CE) n° 1348-2000 du 29 mai 2000 sur les significations et les notifications dans les États membres des actes judiciaires et extrajudiciaires, légèrement amendé par un Règlement des Parlement européen et Conseil CE n° 1393/2007 du 13 novembre 2007 (entrée en vigueur depuis le 13 nov. 2008) ;

– le Règlement (CE) n° 1206-2001 du 28 mai 2001 sur la coopération entre les juridictions des États membres dans le domaine de l'obtention des preuves civiles situées dans un autre État membre ;

– le Règlement (CE) n° 805-2004 du 21 avril 2004 portant création du titre exécutoire européen (TEE) entré en vigueur le 21 octobre 2005 (sur lequel K. H. Belt, *D.* 2005. Chron. 2707). Il a pour objet d'assurer la libre circulation des décisions, transactions judiciaires et actes authentiques dans tous les États membres, sans qu'il soit nécessaire de recourir à une procédure intermédiaire, dans l'État membre, d'exécution préalablement à la reconnaissance et à l'exécution. Ainsi, une décision, transaction ou acte authentique est immédiatement exécutoire, sans *exequatur*, dans tous les États membres de l'UE, à l'exception du Danemark. Le contrôle est donc déplacé de l'État membre d'exécution à celui d'origine car c'est une autorité de l'État d'origine qui délivre le certificat de titre exécutoire européen. Le Règlement laisse à chaque État membre le soin de désigner les autorités certificatrices et d'informer la Commission de ce choix. C'est dans ce cadre qu'intervient le décret n° 2008-484 du 22 mai 2008 relatif à la procédure devant la Cour de cassation. Ce décret modifie les autorités certificatrices françaises de titre exécutoire européen. les actes notariés français seront désormais certifiés par le notaire qui en conserve la minute. Les décisions le seront par le greffier en chef du tribunal, cette dernière disposition étant contraire à la lettre du Règlement. Le décret ne prévoit rien pour les transactions. Une lecture de l'article 24 du Règlement apporte une réponse pour les transactions « judiciaires » en prévoyant que la certification est faite par la juridiction par laquelle la transaction a été approuvée ou devant laquelle elle a été conclue. L'article 509-1 du Code de procédure civile prévoit que la demande de certification du titre exécutoire européen doit être demandée au greffier en chef de la juridiction qui a homologué la convention. La question se pose de savoir si ce texte doit être appliqué à la transaction ;

– le Règlement (CE) n° 1896-2006 du 12 décembre 2006 instituant une procédure européenne d'injonction de payer (*JOUE* 30 déc. 2006, n° L. 399, p. 1 et s. ; pour une interprétation de ce règlement CJUE, 13 juin 2013, aff. C-144/12) ;

– le Règlement des Parlement européen et Conseil CE n° 861-2007 du 11 juillet 2007 instituant une procédure européenne pour les demandes de faible importance (inférieures à 2 000 €, hors intérêt et frais de débours), applicable depuis le 1er janvier 2009. Ce texte ne concerne que les litiges transfrontaliers.

– le Règlement UE n° 655/2014 du 15 mai 2014 portant création d'une ordonnance européenne de saisie conservatoire des comptes bancaires (*JOUE* n° L. 189, 27 juin 2014, p. 59).

– le Règlement UE n° 2015/2421 du 16 décembre 2015 modifiant le règlement CE n° 861/2007 instituant une procédure européenne de règlement des petits litiges et le règlement CE n° 1896/2006 instituant une procédure européenne d'injonction de payer (*JOUE* L. 341/1 du 24 déc. 2015).

– la Convention de La Haye du 30 juin 2005 sur les accords d'élection du for qui est entrée en vigueur le 1er octobre 2015. Elle a une importance pratique très faible, car, en dehors de l'UE, seul le Mexique l'a ratifiée. En outre, elle ne s'applique que dans les rapports intra européens.

• Le Règlement de Bruxelles du 22 décembre 2000 (Règl. CE n° 44/2001 du 22 déc. 2000) concernant la compétence judiciaire, la reconnaissance et l'exécution des décisions en matière civile et commerciale (Bruxelles I) remplace depuis le 1er mars 2002 (pour les 15 anciens États membres de l'Union) la Convention de Bruxelles du 27 septembre 1968 sur le même objet (pour les dix nouveaux États membres de l'Union européenne, le Règlement est en vigueur depuis le 1er mai 2004). La Convention de Bruxelles a été conclue entre les six États d'origine de la Communauté économique européenne et était en vigueur depuis le 1er février 1973. Elle a été élargie et modifiée en raison de l'adhésion de nouveaux membres : Danemark, Irlande, Royaume-Uni (1978), Grèce (1982), Espagne, Portugal (1989). Elle a été également étendue aux membres de l'Association européenne de libre-échange (Convention de Lugano du 16 sept. 1988). Une Convention du 30 octobre 2007 a d'ailleurs révisé ce dernier texte pour l'aligner sur le Règlement Bruxelles I, même si quelques spécificités ont été préservées. En l'absence de jurisprudence sur le Règlement par rapport à certaines questions, celle relative à la Convention sera prioritairement utilisée.

• Le Règlement Bruxelles I était désormais applicable dans tous les États membres de l'Union européenne. Pour l'essentiel, le Règlement Bruxelles I reprend un grand nombre de dispositions de la Convention. Quelques innovations toutefois notamment en ce qui concerne la matière contractuelle et surtout la reconnaissance et l'exécution des décisions étrangères. Ces dernières sont d'ordre procédural.

• Le Règlement de Bruxelles du 12 décembre 2012 (Règl. UE n° 1215/2012, Bruxelles I bis) est une refonte de celui du 22 décembre 2000 et a le même objet. Il est applicable depuis le 10 janvier 2015 (règl. 1215/2012, art. 81). Il apporte quelques innovations importantes. En se limitant aux aspects importants pour le droit du commerce international, elles concernent les clauses attributives de juridiction, la suppression de l'*exequatur*, la révision profonde de la litispendance et de la connexité dans le sens d'une plus grande sécurité juridique, avec la volonté d'éliminer le plus d'hypothèses de procédures concurrentes, y compris en cas de procédure pendante devant les juridictions d'État tiers et le maintien de l'exclusion de l'arbitrage.

Les Règlements Bruxelles I du 22 décembre 2000 et Bruxelles I bis du 12 décembre 2012 ont un champ d'application identique à celui de la Convention. Ils s'appliquent exclusivement en matière civile et commerciale. Ne relève pas de cette matière l'action introduite par une personne physique contre la Grèce, suite à l'échange, imposé par une loi grecque, des obligations souveraines qu'il avait achetées contre les obligations de moindre valeur, dès lors que cette loi a été adoptée dans un contexte exceptionnel de crise financière et de risque de défaut de paiement de la Grèce (CJUE 15 nov. 2018, aff. 308-17, *RJDA* 2019, n° 2).

Sont exclues de leur domaine :

• **plusieurs matières** (art. 1er al. 1 Bruxelles I et Bruxelles I bis) :
  – fiscales ;
  – douanières ;
  – administratives ;
• **plusieurs litiges** (art. 1er al. 2 Bruxelles I et Bruxelles I bis) :
– l'état et la capacité des personnes physiques ;
– les régimes matrimoniaux ;
– les testaments et successions ;
– les faillites et concordats ;
– la sécurité sociale ;
– l'arbitrage. Il reste exclu dans le règlement Bruxelles I bis même si les textes ne sont pas clairs, l'article 73-2 indiquant que ce règlement « n'affecte pas l'application de la convention de New York de 1958 ». Un arrêt récent, rendu sous l'empire du règlement Bruxelles I est porteur d'espoir en décidant qu'il ne s'oppose pas à ce qu'une juridiction d'un État membre reconnaisse et exécute, ni à ce qu'elle refuse de reconnaître et d'exécuter une sentence arbitrale interdisant à une partie de présenter certaines demandes devant une juridiction de cet État membre, dans la mesure où ce règlement ne régit pas la reconnaissance et l'exécution, dans un État membre, d'une sentence arbitrale prononcée par un tribunal arbitral dans un autre État membre (CJUE, gr. ch., 13 mai 2015, aff. C-536/13, *Gazprom OAO*, *JCP* 2015. 804, note C. Nourissat).

En principe, un lien doit exister entre le litige et le Règlement. L'article 2 du Règlement Bruxelles I (art 4 Bruxelles I bis) pose une règle générale d'après laquelle le texte est applicable dès lors que le défendeur possède son domicile (son siège social pour une société) sur le territoire d'un État contractant.

Les Règlements ajoutent toute une série de compétences complémentaires ou dérogatoires qui utilisent des facteurs d'intégration autres que le domicile du défendeur, notamment des exclusivités de compétences (art. 22 Bruxelles I, art. 24 Bruxelles I bis, art. 16 de la Convention) ou la volonté des parties (art. 23 Bruxelles I, art. 25 Bruxelles I bis, art. 17 de la Convention). Dans ces cas, des conditions spécifiques sont prévues. Certains de ces cas ne concernent qu'indirectement le droit du commerce international et ne seront pas envisagés. C'est le cas des baux d'immeuble pour lesquels le tribunal du lieu de situation de l'immeuble est seul compétent, à l'exclusion de toute autre juridiction (art. 22-1, Civ. 1re, 21 sept. 2005, *RJDA* 2005, n° 1410). Outre la solution générale qui ne s'applique pas toujours (compétence de la juridiction du domicile du défendeur), une présentation simplifiée de la détermination des juridictions compétentes en application des Règlements Bruxelles I et Bruxelles I bis distingue la compétence en matière contractuelle, délictuelle et quasi délictuelle, d'exploitation d'une succursale, et d'autres compétences pouvant intéresser le commerce international. Cette présentation sera complétée par la reconnaissance et l'*exequatur* des décisions en justice.

Mais il convient, dès ici, de relever que le texte nouveau comporte 41 considérants, 81 articles et 3 annexes dont un très utile tableau de concordances avec Bruxelles I. Les spécialistes du commerce international devront s'habituer à consulter désormais l'article 7§1 et non 5§1 sur l'important contentieux en matière contractuelle.

§ 1 – La compétence en matière contractuelle

La matière contractuelle est une matière autonome. La Cour de justice considère que cette matière ne peut englober une situation dans laquelle une partie n'assume librement aucun engagement envers une autre. L'action directe du sous-acquéreur contre le fabricant d'origine en garantie des vices cachés, dans l'ensemble considérée par la jurisprudence française comme contractuelle, ne l'est pas selon la Cour de justice (CJCE, 17 juin 1982, *Jacob Handte, Rev. crit. DIP* 1992, p. 726, note H. Gaudemet-Tallon). Toutefois, sous l'angle de la compétence juridictionnelle, la Cour de cassation semble s'être (définitivement ?) rangée à la position de la Cour de justice (Civ. 1re, 8 juin 1999, *Dragon rouge, Rev. crit. DIP* 2000, p. 67, note H. Gaudemet-Tallon). Cette dernière a décidé que la promesse de gain lors d'une loterie relève d'un « engagement librement assumé » (v. CJCE, 20 janv. 2005, aff. C. 27-02, *Petra Engler, Europe* 2005, comm. n° 103, obs. L. Idot. V. déjà CJCE, 11 juill. 2002, *Rudolf Gabriel*, aff. C-96/00, *Rec. CJCE*, p. 1-06367, *Rev. crit. DIP* 2003, p. 484, note P. Rémy-Corlay).

La Cour de justice décide également que l'action tendant à obtenir l'annulation d'un contrat et la restitution des sommes indûment versées sur son fondement relève de la matière contractuelle (CJUE 20 avr. 2016, aff. 366/16, *Profit Investment SIM SpA c/ O.*, *D.* 2017. 375, obs. M. Mekki et *ibid.* 1021, obs. F. Jault-Seseke).

Des divergences existent parfois. L'action en responsabilité pour rupture brutale de relations commerciales établies, fondée sur l'article L. 442-6.I.5° du Code de commerce est qualifiée par la CJUE de nature contractuelle dans l'ordre international et européen (CJUE 14 juill. 2016, aff. 196-15, *Granarolo*) alors que la Cour de cassation s'est prononcée pour la nature délictuelle (Com. 6 févr. 2007, n° 04-13178, Com. 18 janv. 2011, n° 10-11885 ; *adde* C. Nourissat, « Rupture brutale d'une relation commercial établie : du curieux effet du franchissement d'une frontière sur la nature de l'action », *RLDA* 2007, p. 67 ; v. récemment, dans le même sens, Civ. 1re, 18 janv. 2017, n° 15-26.105 V. cependant Com. 20 sept. 2017, n° 16-14.812 qui est une application de l'arrêt *Granarolo* et Com. 13 sept. 2017, n° 16-13.062 retenant la qualification contractuelle).

Dans un récent arrêt *Flightright*, la CJUE se prononce sur des actions engagées sur le fondement du règlement n° 261/2004, établissant des règles communes en matière d'indemnisation et d'assistance des passagers en cas de refus d'embarquement et d'annulation ou de retard important d'un vol. Il s'agissait en l'espèce de l'applicabilité de la règle de compétence spéciale prévue en matière contractuelle, dans l'hypothèse d'une action engagée par des passagers contre un transporteur effectif aérien qui avait assuré le vol mais n'était pas celui avec lequel ils avaient contracté. La CJUE estime qu'une telle action relève de la matière contractuelle (CJUE 7 mars 2018, aff. C-274/16, C-447/16 et C. 448/16, *D.* 2018. 1366, note P. Dupont et G. Poissonnier, 1943, obs S. Bollée).

De même, dans un arrêt du 4 octobre 2018, la CJUE décide que l'action d'un créancier visant à lui rendre inopposable l'acte de disposition passé par son débiteur en fraude de ses droits relève de la matière contractuelle au sens du règlement Bruxelles I (CJUE 4 oct. 2018, aff. C-337/17, *Feniks sp. Zoo c/ Azteca Products and Services SL*).

Suivant le cheminement du juge étatique saisi, l'hypothèse de la présence d'une clause attributive de juridiction doit être distinguée de celle de son absence.

I – La clause attributive de juridiction (art. 23 Bruxelles I et 25 Bruxelles I bis)

• Rôle important de la volonté des parties dans la détermination de la compétence internationale des juridictions (sur ce rôle dans la détermination de la loi applicable, v. p. 24).

• Fréquence de clauses dans les contrats de commerce international.

• Clause ayant une grande efficacité (Civ. 1re, 1er févr. 2012, n° 11-12453).

A – Le Règlement Bruxelles I

Dans le régime issu du Règlement Bruxelles I, une distinction doit être effectuée selon qu'au moins une partie a son domicile sur le territoire d'un État membre.

1. Une des parties a son domicile sur le territoire d'un État membre (art. 23-1)

• Indifférence de la position procédurale.

• Controverse sur le point de savoir si le domicile concerné est celui à la date de conclusion de la clause ou celui à la date de l'introduction de l'instance. La première solution semble plus logique étant donné l'impératif de sécurité des transactions.

Plusieurs vérifications :

• Désignation d'un tribunal ou des tribunaux d'un État membre

Les parties sont libres, à condition qu'il s'agisse d'un État membre, de désigner un tribunal précis (tribunal de Toulouse ou tribunal de Fort-de-France), les juridictions d'un État (juridictions françaises) ou même les juridictions de plusieurs États (CJCE, 9 nov. 1978, *Glacetal*, *Rev. crit. DIP* 1981, p. 138, note H. Gaudemet-Tallon : il était convenu que toute action exercée par une entreprise française contre son cocontractant allemand devait l'être en Allemagne alors que devait avoir lieu en France toute action exercée par l'entreprise allemande).

Il n'est pas nécessaire que le tribunal choisi présente un lien avec le litige, à condition qu'il soit sur le territoire d'un État membre (Comparez avec la possibilité admise par la Convention et le Règlement Rome I de désigner une loi neutre).

Comme en droit français, le Règlement Bruxelles I n'exige pas que la clause soit absolument précise pour permettre l'identification de la juridiction compétente par son seul libellé. Il suffit qu'elle identifie les éléments objectifs sur lesquels les parties se sont entendues pour choisir la juridiction compétente, à condition que ces éléments soient suffisamment précis pour permettre au juge saisi de déterminer s'il est compétent et puissent être concrétisés si besoin est par les circonstances propres de l'espèce (CJCE, 9 nov. 2000, *Coreck*, *Rev. crit. DIP* 2001, p. 359, obs. F. Bernard-Fertier).

• **L'existence « d'un rapport de droit déterminé »**

Elle ne doit pas viser tous les litiges qui peuvent survenir entre les parties à propos de n'importe quel rapport juridique. Cette condition est appréciée largement.

• **Forme libérale et assouplie**

L'article 23 du règlement Bruxelles I ou 25 du règlement Bruxelles I bis exige simplement que la clause soit conclue :

– par écrit ou verbalement avec une confirmation écrite. Cette confirmation peut être unilatérale. La clause fait alors partie des stipulations du contrat ou même d'un document spécifique. Le Règlement assimile à cette forme écrite « toute transmission par voie électronique qui permet de consigner durablement la convention » ;

– sous une forme conforme aux habitudes établies entre les parties, le télex par exemple ;

– « dans le commerce international, sous une forme qui est soit conforme à un usage dont les parties avaient connaissance ou étaient censées avoir connaissance et qui est largement connu et régulièrement observé dans ce type de commerce par les parties à des contrats du même type dans la branche commerciale considérée » (art. 23-1-c).

Cette forme est donc assouplie (CJUE 7 juill. 2016, aff. 222/15, *Höszig Kft c/ Alstom Power Thermal Services* ; CJUE 20 avr. 2016, aff. C-366/13, *JDI* 2017, 585, obs. C. Kleiner) Malgré cet assouplissement, une clause illisible ne devrait pas être admise (Com., 27 févr. 1996, *Rev. crit. DIP* 1996, p. 731, note H. Gaudemet-Tallon) ;

• **Respect des compétences exclusives et dérogatoires**

La clause attributive de juridiction n'est valable qu'à condition de respecter les règles de compétences exclusives de l'article 22 Bruxelles I et 24 Bruxelles I bis et les règles protectrices des parties faibles notamment celles concernant le contrat d'assurance (art. 13 Bruxelles I et 15 Bruxelles I bis) le contrat de consommation (art. 17 Bruxelles et 19 Bruxelles I bis) ou le contrat individuel de travail (art. 21 Bruxelles I et 23 Bruxelles I bis).

• Enfin, le litige doit présenter un caractère international (Civ. 1re, 4 oct. 2005, n° 02-12.959, *Bull. civ. I*, n° 352), ce caractère s'appréciant, pour des motifs de sécurité juridique, au moment de la conclusion de la clause (même arrêt). Cette condition n'est pas prévue par les Règlements Bruxelles I et Bruxelles I bis.

2. Aucune partie n'a son domicile sur le territoire d'un État membre (art. 23 al. 3)

D'après l'alinéa 3 de l'article 23 Bruxelles I, lorsqu'une clause attributive de juridiction désignant le tribunal d'un État membre et remplissant les conditions de l'alinéa 2 du même article est conclue par les parties dont aucune n'a son domicile sur le territoire d'un État membre, les juridictions des autres États membres ne peuvent connaître du litige tant que la juridiction désignée n'a pas décliné la compétence. C'est cette dernière juridiction qui devra décider si en application de son droit commun, ladite clause doit avoir ou non effet. Si elle répond positivement, aucun tribunal d'un État membre ne peut se déclarer compétent. Cette compétence est exclusive.

En conclusion, l'article 23 ne prévoit pas de conditions de fond relatives à la clause. Le recours à la loi d'autonomie devrait l'emporter.

B – Le Règlement Bruxelles I bis

Le Règlement Bruxelles I bis apporte des modifications à cette question si importante pour le commerce international en internationalisant le régime de la clause. Les règles de forme sont maintenues, l'interprétation est inchangée (v. récemment CJUE 8 mars 2018, aff. 64/17, *Saey Home et Garden NV/ SA c/ Lusavouga-Maquinas e Acessorios Industriais SA* décidant que le contrat de concession conclu verbalement, sans confirmation ultérieure par écrit et dont les conditions générales contenant la clause ne figurent que sur les factures émises par une des parties ne remplissent pas les conditions de forme exigées par l'article 25-1-a du règlement. V. également Civ. 1re, 15 mai 2018, n° 17-12.044 dans une instance opposant une société française à son fournisseur allemand. La Cour confirme que répond aux exigences de cet article la clause de compétence figurant aux conditions générales de vente du fournisseur reproduites en langue allemande au verso des documents contractuels lesquels comportent, au recto, une invitation en français à consulter les conditions de vente et de livraison. Par conséquent, elle considère que ladite clause a fait l'objet d'une acceptation tacite de la part de l'acheteur français et partant lui est opposable car son attention a été spécialement attirée sur sa présence).

Son article 25-1, 1re phrase dispose désormais « Si les parties, *sans considération de domicile*, sont convenues d'une juridiction ou de juridictions d'un État membre pour connaître des différends nés ou à naître à l'occasion d'un rapport de droit déterminé, ces juridictions sont compétences, sauf si *la validité de la convention attributive de juridiction est entachée de nullité quant au fond selon le droit de cet État membre*. Cette compétence est exclusive… ». Cet article, complété par le considérant 22 et l'article 31 du règlement, apporte plusieurs changements. Le premier était prévisible : la fin de l'exigence liée au domicile dans un État membre de l'UE. La deuxième concerne la désignation de la loi applicable à la validité quant au fond de la clause. Le texte indique clairement qu'elle est réglée conformément au droit de l'État membre de la ou des juridictions désignées dans l'accord, y compris les règles de conflits de cet État membre (Règl. Bruxelles I bis, cons. 20 et art. 25). La troisième est la séparation de la clause des autres dispositions du contrat, l'article 25-5 disposant désormais « une convention attributive de juridiction faisant partie d'un contrat est considérée comme un accord distinct des autres clauses du contrat. » Sa validité ne peut être contestée au seul motif que le contrat n'est pas valable. Enfin, une priorité est accordée au juge désigné par la clause pour se prononcer sur sa propre compétence. Ainsi, le juge désigné doit surseoir à statuer lorsqu'il est saisi en second lieu (cons. 22 et art. 31 Bruxelles I bis).

→ **Quelle est la portée de la clause** ?

La question est très importante. La réponse est-elle la même sous l'empire du nouveau texte comme sous celui de l'ancien ?

• Lorsque les conditions de validité sont remplies, elle attribue compétence exclusive au seul tribunal désigné, sauf si les parties en ont disposé autrement. Elle est interprétée strictement. Ainsi, insérée dans un contrat, elle n'a en principe pas d'effet sur une action de nature distincte et non contractuelle (Com., 21 mars 2000, *Rev. crit. DIP* 2001, p. 793, obs. A. Sinay-Cytermann). De même, elle ne peut s'étendre à un contrat voisin et distinct, par exemple entre contrat-cadre et contrat d'application (Com., 27 févr. 1996, *Rev. crit. DIP* 1996, p. 736, note H. Gaudemet-Tallon). Toutefois, dans un arrêt de 2017, la Cour de cassation décide que la clause couvrant les litiges découlant de la relation contractuelle s'applique à la rupture brutale du contrat (Civ. 1re, 18 janv. 2017, n° 15-26.105). De même, rendue à la suite d'une question préjudicielle, une décision de 2018 de la CJUE apporte des précisions qui renforcent cette portée à propos d'une clause asymétrique. Le débat ne porte pas sur cet aspect mais sur les rapports entre la clause et le droit de la concurrence (CJUE, 3e ch., 24 oct. 2018, aff. C-595/17, *eBizcuss*, *D.* 2018. 2338, note H. Gaudemet-Tallon). D'une part, elle décide que l'article 23 doit être interprété en ce se sens que l'application, à l'égard d'une action en dommages-intérêts intentée par un distributeur à l'encontre de son fournisseur, sur le fondement de l'article 102 du TFUE, d'une clause attributive de juridiction contenue dans le contrat liant les parties n'est pas exclue au seul motif que cette clause ne réfère pas expressément aux différends relatifs à la responsabilité encourue du fait d'une infraction au droit de la concurrence. D'autre part, elle décide que ce même article doit être interprété en ce sens que l'application d'une clause attributive de juridiction dans le cadre d'une action en dommages-intérêts intentée par un distributeur contre son fournisseur sur le fondement de l'article 102 du TFUE ne dépend pas du constat préalable d'une infraction au droit de la concurrence par une autorité nationale ou européenne. Sur l'épilogue de la même affaire devant la Cour de cassation : Civ. 1re, 30 janv. 2019, n° 16-25.259).

• La clause produit des effets entre les parties contractantes d'origine.

• À l'égard d'autres personnes, la situation est moins claire.

Certaines hypothèses ne soulèvent pas de difficultés, la clause produisant des effets, notamment :

– en cas de représentation : le représenté est en effet partie au contrat conclu par le représentant. Ainsi, le bénéficiaire d'une stipulation pour autrui peut se prévaloir de la clause convenue entre le stipulant et le promettant (v. art. 12 sur le contrat d'assurance ; CJCE, 14 juill. 1983, aff. 201/82, *Gerling Konzern*, *Rec.* p. 2503) ;

– en cas de chaîne de contrats, au sous-acquéreur de la marchandise (CJUE, 7 févr. 2013, aff. C-543/10, *Refcomp* ; Civ. 1re, 11 sept. 2013, n° 09-12.442, *D.* 2014. 21, note D. Mazeaud) ;

– en cas de cession de créance, même si le cessionnaire n'y a pas consenti (comp. Com. 13 nov. 2013, n° 13-13.586) ;

– dans l'hypothèse d'un contrat de transport, en cas de connaissement. Le porteur d'un tel titre peut être lié par la clause attributive de juridiction convenue entre le chargeur et le transporteur dès lors que le droit national applicable reconnaît que le porteur succède aux droits et obligations du chargeur. Dans le cas contraire, il doit avoir consenti (CJCE, 19 juin 1984, *Tilly Russ*, *Rec.* p. 2417, *Rev. crit. DIP* 1985, p. 391, note H. Gaudemet-Tallon, *JDI* 1985, p. 159, note J.-M. Bischoff ; CJCE, 16 mars 1999, *Castelleti*, *Rev. crit. DIP* 1999, p. 557, note H. Gaudemet-Tallon ; CJCE, 9 nov. 2000, *Coreck*, préc.). Après une divergence jurisprudentielle entre la première chambre civile et la chambre commerciale de Cour de cassation qui ignoraient cette position, deux arrêts de ces deux chambres en date du 16 décembre 2008 adoptent désormais cette position (Civ. 1re et Com., 16 déc. 2008, *D.* 2009. Pan. 972, obs. H. Kenfack ; Aix-en-Provence, 2e ch., 9 nov. 2011, n° 10/22956 et Aix-en-Provence, 8e ch., sect. A., 7 sept. 2011, n° 09/06787, *D.* 2012. Pan. 1443, obs. H. Kenfack. V. récemment Com. 17 févr. 2015, n° 13-18.086). En droit des transports terrestre, la Cour de cassation a décidé que « le consentement du destinataire au contrat de transport ne s'étend pas à la clause attributive de compétence qui, insérée dans une lettre de voiture, ne fait pas partie de l'économie du contrat et doit être acceptée par lui » (Com., 4 janv. 2005, *D.* 2005. AJ 214, obs. E. Chevrier et Pan. 2749, note H. Kenfack). Un arrêt de la Cour de cassation maintient ces principes et apporte une nuance en décidant que la clause ne peut jouer à l'égard du destinataire réel des marchandises qui, en l'espèce, ne figure pas au connaissement, ne l'a pas acquis et ne peut être considéré comme un tiers porteur. Il peut donc agir contre le transporteur devant un autre juge que celui prévu par la clause (Com. 27 sept. 2017, n° 15-25.927).

D'autres hypothèses peuvent soulever des difficultés par exemple en cas d'action du sous-acquéreur contre le fabricant, si la Cour de cassation revient sur la position adoptée dans l'arrêt du 8 juin 1999, *Dragon Rouge* préc. et que subsiste une divergence avec la Cour de justice. Dans un arrêt récent, la Cour de cassation décide qu'en l'absence de consentement effectif, la clause attributive de compétence (régie par l'article 23 du règlement Bruxelles I) n'est pas opposable au sous-acquéreur, alors même qu'il se serait chargé de l'exécution d'une partie du contrat qui la contient (Civ. 1re, 25 mars 2015, n° 13-24.796, *JCP* 2015, act. 430, obs. F. Mailhé. V. déjà CJUE 7 févr. 3013, aff. C-543/10, *D.* 2013. 1110, note S. Bollée, 1503, obs. F. Jault-Seseke et 2293, obs. L. d'Avout ; *RTD civ.* 2013. 338, obs. P. Corlay-Rémy ; *RTD com.* 2013. 381, obs. A. Marmisse-d'Abbadié d'Arrast ; *JCP* 2013. 313, obs. D. Berlin, 516, obs. P. Guez). Faut-il en tirer la conclusion qu'en dehors du connaissement, aucun tiers ne peut se voir opposer la clause attributive de juridiction s'il n'y a pas spécifiquement consenti ? Cette situation va-t-elle changer avec le nouvel article 25 issu du règlement Bruxelles I bis qui soumet la question de la validité (et par extension de l'opposabilité) à la loi du juge désigné ? Toujours est-il que la Cour de cassation semble écarter toutes les techniques de substitution d'un tiers dans les obligations du contractant, ce qui réduit l'efficacité de la clause attributive de juridiction dans le commerce international. Ceci est confirmé par un autre arrêt du même jour (Civ. 1re, 25 mars 2015, n° 13-27.264, *Procédures* juin 2015, comm. 190, obs. C. Nourissat) par lequel la Cour de cassation neutralise, au regard du droit de l'UE, une clause attributive de juridiction « déséquilibrée », censurant un arrêt de Cour d'appel au motif « qu'en se déterminant ainsi, sans rechercher si le déséquilibre dénoncé, en ce que la clause litigieuse réservait à la banque le droit d'agir contre l'emprunteur devant "tout autre tribunal compétent" et ne précisait pas sur quels éléments objectifs cette compétence alternative était fondée, n'était pas contraire à l'objectif de prévisibilité et de sécurité juridique poursuivie par le texte susvisé, la cour d'appel a privé sa décision de base légale ». Il convient de signaler également un arrêt de la Cour de Poitiers décidant que la clause attributive de juridiction incluse dans le contrat d'assurance de responsabilité est inopposable à la victime tiers au contrat d'assurance qui n'a pas expressément accepté cette clause (Poitiers, 7 nov. 2014, n° 14/00944, *Navire Anna*, *DMF* 2015. 124, obs. P. Delebecque ; *D.* 2015. 1298, obs. H. Kenfack). Un constat s'impose : si un vent favorable souffle sur les clauses attributives de juridictions lorsqu'elles sont insérées dans un connaissement (v. not. Civ. 1re, 12 mars 2013, n° 10-24.465, *D.* 2013. 1603, note C. Paulin, 2293, obs. L. d'Avout ; *D.* 2014. 1059, obs. F. Jault-Seseke et 2272, obs. H. Kenfack ; Civ. 1re, 19 nov. 2013, n° 12-24.668, *D.* 2014. 2272, obs. H. Kenfack, *RTD eur.* 2014. 446, obs. P. Damazir et C. Reydellet), ce n'est pas du tout le cas en dehors de ce domaine, par exemple lorsqu'elles sont insérées dans un contrat d'assurance ou même dans un contrat de vente. On est bien loin du régime des clauses compromissoires.

Toutefois, des arrêts récents apportent d'utiles précisions dont certaines rapprochent les régimes des deux clauses. La Cour de cassation affirme le principe d'autonomie de la clause attributive de juridiction (Civ. 1re, 15 avr. 2015, n° 14-11.572, *RJDA* 2015, n° 619 ; Com. 15 sept. 2015, n° 14-18.389, *RTD civ.* 2015, p. 872, obs. H. Barbier, *RLDA* mai 2016, p. 44, obs Mestre).

→ **Faut-il contrôler le caractère asymétrique des clauses** ? Une clause attributive de juridiction peut-elle imposer à une partie une juridiction déterminée alors qu'elle ouvre à l'autre partie une option entre cette juridiction et une autre ? Dans un arrêt de 2012, la Cour de cassation avait répondu par la négative cette clause ne précisant pas « sur quels éléments objectifs » la compétence alternative était fondée et la clause étant « contraire à l'objet et à la finalité de la prorogation de compétence » (Civ. 1re, 26 sept. 2012, n° 11-26.022, *Bull. civ.* I., n° 176, *Rev. crit. DIP* 2013, p. 256, note D. Bureau, *RLDA* mai 2016, p. 43, obs. Mestre). Deux nouvelles décisions ont été rendues en 2015, permettant à la Cour de nuancer sa position et d'être moins hostile aux clauses attributives de juridiction asymétriques, mais dont la rédaction suffisamment précise peut permettre de considérer que l'objectif général de prévisibilité est satisfait par les deux parties dans le domaine de la compétence juridictionnelle (Civ. 1re, 25 mars 2015, n° 13-27.264, préc. ; Civ. 1re, 7 oct. 2015, n° 14-16.898, *RLDA* mai 2016, p. 43, obs. Mestre). Ces solutions ont de nouveau été consacrées avec des nuances par un arrêt de 2018 (Civ. 1re, 7 févr. 2018, n° 16-24.497).

→ **La Clause attributive de juridiction insérée dans un contrat et désignant le juge d'un État tiers est-elle inefficace** ? Dans un arrêt récent (CJUE, aff. C-175/15, 17 mars 2016, *Taser International*, *RTD com.* 2016. 359, obs. A. Marmisse-d'Abbadie d'Arrast), la cour décide qu'une telle clause n'empêche pas qu'une prorogation tacite de compétence intervienne dans les conditions de l'article 24 du règlement. Il est précisé que le même article 24 s'oppose à ce que le juge saisi se déclare d'office incompétent alors même que le contrat comporte une telle clause.

II – L'absence de clause attributive de juridiction (art. 2 et 5-1 Bruxelles et art. 4 et 7-1 Bruxelles I bis)

Le préalable indispensable à l'application de ces articles est que le défendeur soit domicilié sur le territoire d'un État membre. Le demandeur a une option entre la compétence générale et la compétence complémentaire.

A – Compétence générale (art. 2 Bruxelles et art. 4 Bruxelles I bis)

• La compétence générale est attribuée au tribunal de l'État membre du domicile du défendeur (art. 2-1 Bruxelles et art. 4-1 Bruxelles I bis). Le critère du domicile n'est pas défini par le texte et relève de la loi du tribunal saisi.

• En principe, l'application des Règlements Bruxelles I et Bruxelles I bis excluent les *for* exorbitant des articles 14 et 15 du Code civil. En réalité, une distinction doit être effectuée :

– lorsque le litige est intégré à la communauté, cette exclusion est définitive ;

– dans le cas contraire, en application de l'article 4 du Règlement Bruxelles et 6 du Règlement Bruxelles I bis, les articles 14 et 15 du Code civil sont presque ressuscités. Ils ne dépendent plus de la nationalité, mais simplement du domicile en France. Ainsi, ils peuvent être utilisés par toute personne domiciliée en France contre une personne domiciliée en dehors des États membres.

B – Compétence complémentaire (art. 5-1 Bruxelles I et art. 7 Bruxelles I bis)

L'article 5-1 Bruxelles I (ou l'article 7-1 Bruxelles I bis) prévoit en matière contractuelle une compétence complémentaire.

Aux termes de cet article (on se limitera ici à la rédaction issue de l'article 7-1 de Bruxelles I bis), « une personne domiciliée sur le territoire d'un État membre peut être attraite, dans un autre État membre :

a) en matière contractuelle devant le tribunal du lieu d'exécution de l'obligation qui sert de base à la demande ;

b) aux fins de l'application de la présente disposition, et sauf convention contraire, le lieu d'exécution de l'obligation qui sert de base à la demande est :

- pour les ventes de marchandises, le lieu d'un État membre où, en vertu du contrat, les marchandises ont été ou auraient dû être livrées,
- pour la fourniture de services, le lieu d'un État membre où, en vertu du contrat, les services ont été ou auraient dû être fournis (texte ajouté dans le Règlement Bruxelles I).

c) le point a s'applique si le point b ne s'applique pas ».

L'ancienne rédaction issue de la Convention de Bruxelles avait soulevé de nombreuses difficultés essentiellement dues à l'interprétation donnée par la CJCE de l'article 5-1 et concernant la détermination de l'obligation qui sert de base à la demande et à sa localisation (CJCE, 6 oct. 1976, *Tessili* et *de Bloos*, *D.* 1977. 616, 1re et 2e esp., note G. Droz). Elle avait notamment imposé au juge national une démarche en trois temps :

1. déterminer l'obligation litigieuse et décider si elle est ou non autonome ;

2. rechercher la loi applicable à cette obligation pour déterminer son lieu d'exécution ;

3. se déclarer ou non compétent en fonction de ce lieu.

Ce détour par la loi applicable avait été critiqué. Malgré plusieurs arrêts, le système n'était pas satisfaisant. La nouvelle rédaction issue des Règlement Bruxelles I et Bruxelles I bis essaye de tenir compte de ces critiques :

• **Les difficultés résolues :**

– contrat de vente (art. 5-1-b Bruxelles I et 7-1-b Bruxelles I bis) : compétence du tribunal de l'État membre du lieu de livraison des marchandises ou du lieu où elles auraient dû être livrées,

– contrat de fourniture de services (art. 5-1-b Bruxelles I et 7-1-b Bruxelles I bis) : compétence du tribunal de l'État membre où les services ont été ou auraient dû être fournis. Cet article s'applique par exemple en cas de contrat d'agence commerciale en ce qui concerne l'obligation autonome de verser l'indemnité de clientèle (Civ. 1re, 3 oct. 2006, *RDC* n° 04-14.233, *RDC* 2007. 474, note P. Deumier. Sur cette question, v. p. 207) ou au contrat de commission en ce qui concerne l'obligation de payer une commission (Civ. 1re, 11 juill. 2006, n° 05-18021) et même au contrat de transport de marchandises (Com. 16 nov. 2010, n° 09-66955, *D.* 2011. Pan. 1445, obs. H. Kenfack). V. déjà dans le même sens pour le contrat de transport aérien de personnes : CJCE 9 juill. 2009, n° C-204/08, *D.* 2011. Pan. 1445, obs. H. Kenfack.

• **Les difficultés persistantes :**

– toutes les hypothèses d'application de l'article 5-1-a Bruxelles I ou article 7-1-a Bruxelles I bis qui n'est qu'une reprise de l'article 5-1 de la Convention de Bruxelles ;

– le champ d'application de l'article 5-1-b Bruxelles ou 7-1-b Bruxelles I bis. Il conviendra, d'une part, de définir avec précision ce qu'il convient de qualifier de « fourniture de services », (sur les contrats d'intermédiaires et notamment le contrat d'agent commercial, v. p. 207). La qualification du contrat de prêt préalable à l'application de l'article 7-2 reste incertaine (Civ. 1re, 1er mars 2017, n° 14-25.426, *D.* 2017. 1021, obs. F. Jault-Seseke). Il conviendra, d'autre part, et dans certains cas de déterminer avec précision le lieu de fourniture principale des services lorsqu'ils ont été fournis dans plusieurs pays (Civ. 1re, 30 janv. 2019, n° 17-31.132) ;

– la qualification des contrats qui ne sont ni des ventes ni des « fournitures de services » au sens strict, par exemple les contrats de distribution, même si comme indiqué ci-dessus la CJUE et la Cour de cassation qualifient le contrat de concession exclusive de fourniture de services ;

– la détermination du lieu d'exécution d'une prestation de service exclusivement en ligne.

Si le lieu d'exécution de l'obligation litigieuse ne peut être déterminé (par exemple s'il s'agit d'un engagement de ne pas faire ne comportant aucune limite géographique), la compétence doit être déterminée en application du critère général de l'article 2 (CJCE, 19 févr. 2002, *RJDA* 2002, n° 585).

§ 2 – La compétence en matière délictuelle et quasi délictuelle (art. 2 et 5-3 Bruxelles I, 4 et 7-2 Bruxelles I bis)

• Possibilité que des activités commerciales internationales entraînent des dommages causés par des accidents, pollutions ou même produits défectueux.

• Comme en matière contractuelle, la matière délictuelle est considérée comme une notion autonome qui ne dépend pas des qualifications nationales (CJCE, 27 sept. 1988, *Kalfelis*, aff. 189-87, *Rec. CJCE* p. 5565). La CJUE a par exemple décidé que l'action prévue par l'article L. 442-6, 5° du Code de commerce en cas de rupture brutale de relations commerciales établies relève de la matière contractuelle, alors que la Cour de cassation décide qu'elle est délictuelle (CJUE 14 juill. 2016, 2e ch, aff. 196/15, *Granarolo* préc.). La CJUE décide également que l'action en paiement d'une rémunération due en vertu d'une réglementation mettant en œuvre le système de compensation équitable prévu à l'article 5, §2-b de la directive 2001/29 du 22 mai 2001 sur l'harmonisation de certains aspects du droit d'auteur et des droits voisins relève de la matière « délictuelle ou quasi délictuelle » (CJUE 21 avr. 2016, aff. 572/14, *RJDA* 2016, n° 587).

• Option du demandeur entre les articles 2 et 5-3 Bruxelles I ou 4 et 7-2 Bruxelles I bis.

Outre la compétence générale du tribunal du domicile du défendeur (art. 2 ou art 4 Bruxelles I bis) le Règlement permet au demandeur de saisir « la juridiction du lieu où le fait dommageable s'est produit ou risque de se produire ». Cette nouvelle rédaction permet d'exercer des actions préventives. L'interprétation donnée par la Cour de justice de l'ancienne rédaction demeure : le demandeur peut saisir soit le tribunal du lieu où le fait dommageable s'est produit ou risque de se produire soit celui où le dommage s'est réalisé ou risque de se réaliser, lorsqu'ils sont situés dans des États membres distincts (cf. hypothèse de pollution transfrontalière, CJCE, 30 nov. 1976, *Mines de Potasse d'Alsace*, *D.* 1977. 613, note G. Droz). Le premier tribunal est compétent pour l'ensemble des dommages alors que le second n'est compétent que pour ce dommage précis (CJCE 7 mars 1995, *Fiona Shevill*, *D.* 1996. 487, note P. Lagarde).

Ces principes sont applicables à une action en réparation du préjudice causé par des comportements concurrentiels (v. CJUE 5 juill. 2018, aff. C-27/17, *D.* 2018. 1500). Des actions sont ainsi possibles dans l'État membre où s'est matérialisé le manque à gagner consistant en une perte de ventes en raison desdits comportements ou bien dans l'État membre où s'est localisée la conclusion d'un accord concurrentiel ou bien encore dans celui où des prix prédateurs ont été proposés et appliqués. Ils le sont également à l'action en responsabilité contre le fabricant d'un produit défectueux (Civ. 1re, 1er janv. 2017, n° 16-15439 ; Civ. 1re, 19 déc. 2018, n° 17-25803).

Ces localisations peuvent soulever des difficultés en cas de placement financier, comme cela a été le cas lorsqu'un Français avait souscrit en France des titres d'une Sicav luxembourgeoise par l'intermédiaire d'une banque parisienne. À la suite de la perte de ses avoirs et de la liquidation judiciaire de la Sicav, il demande à un tribunal français que sa banque et celle luxembourgeoise qui gérait le portefeuille de la Sicav soient condamnées à réparer son préjudice. Cette dernière société soulève avec succès l'incompétence de la juridiction française. La Cour de cassation rejette le pourvoi contre un arrêt d'appel ayant admis que le dommage était rattaché au Luxembourg notamment pour les raisons suivantes : les actes reprochés à la banque luxembourgeoise avaient été commis au Luxembourg, le lieu où s'était produit le dommage qui était la perte de ses actifs, se situait au Luxembourg tout comme celui où s'était matérialisé le préjudice financier de l'investisseur ; si la demande de souscription des titres avait eu lieu, en France dans la banque parisienne, la souscription elle-même avait eu lieu au Luxembourg, lors de l'acceptation de la souscription par la Sicav... (Com. 7 janv. 2014, n° 11-24157, *RJDA* 2014, n° 880).

Le développement d'Internet contribue à rendre ces localisations plus complexes. En France par exemple, la première chambre civile de la Cour de cassation a admis la compétence des tribunaux français pour connaître de litiges relatifs à la réparation des dommages subis en France du fait de l'exploitation d'un site Internet en Espagne dès lors que ce site, même passif, est accessible sur le territoire français (Civ. 1re, 9 déc. 2003, *Cristal*, *Bull. civ. I*, n° 245). Est-ce à dire qu'en ce qui concernait Internet les juridictions de tous les États membres étaient potentiellement compétentes dès lors qu'un site était accessible ? Un arrêt de la chambre commerciale avait semblé aller dans le même sens (Com., 20 mars 2007, *JCP* 2007. II. 10088, note M.-E. Ancel ; *Rev. crit. DIP* 2008. 322, obs. E. Treppoz) mais par la suite cette dernière a eu recours au critère de la focalisation, exigeant des juges du fond qu'ils recherchent si les sites étaient ou non destinés « au public de France » (v. Com. 20 sept. 2011, n° 10-16.569). Pour rapprocher les positions, la première chambre civile a interrogé la CJUE (Civ. 1re, 5 mars 2012, n° 10-15890, *RJDA* 2012, n° 821). Cette dernière consacre le critère de « l'accessibilité » en ajoutant, dans le prolongement de son arrêt *Fiona Shevill* (CJCE 7 mars 1995, aff. 68/95, préc.) que cette juridiction n'est compétente que pour connaître le seul dommage causé sur le territoire de l'État membre dont elle relève. Ce critère de l'accessibilité a été appliqué récemment par la première chambre civile de la Cour de cassation décidant que « l'accessibilité, dans le ressort de la juridiction saisie, d'un site Internet commercialisant le CD argué de contrefaçon est de nature à justifier la compétence de cette juridiction, prise comme celle du lieu de la matérialisation du dommage allégué » (Civ. 1re, 22 janv. 2014, n° 10-15890, *RJDA* 2014, n° 57).

Dans une affaire relative à la localisation de l'exécution des obligations du transporteur dans l'hypothèse d'un transport multimodal de marchandises entre plusieurs États membres et avec escale, la CJUE décide que le service de transport est réputé fourni tant au lieu d'expédition qu'au lieu de livraison des marchandises (CJUE 11 juill. 2018, aff. C-88/17, *Zurich Insurance et MetsoMineralis*, *D.* 2018. 1944, obs. S. Bollée).

Enfin, en cas de préjudice financier, la situation est également incertaine (Civ. 1re, 18 janv. 2017, no 15-25.661, *D.* 2017. 1022, obs. F. Jault-Seseke).

§ 3 – La compétence dans les litiges relatifs à l'exploitation d'une succursale (art. 2 et 5-5 Bruxelles I ou 4 et 7-5 Bruxelles I bis)

En matière de contestation relative à l'exploitation d'une succursale, d'une agence ou de tout autre établissement, les Règlements permettent outre la compétence générale de l'article 2 Bruxelles I ou 4 Bruxelles I bis, la compétence du tribunal du lieu de leur situation (art. 5-5 Bruxelles I et 7-5 Bruxelles I bis).

Deux précisions doivent être apportées à la notion de succursale et aux litiges concernés :

• **La notion de succursale, d'agence ou d'établissement**

Pour la Cour de justice une double idée est présente : la « soumission au contrôle ou à la direction d'une maison mère » (CJCE, 6 oct. 1976, aff. 14/76, *De Bloos* préc.) et « un centre d'opération qui se manifeste de façon durable vers l'extérieur comme le prolongement d'une maison mère, pourvu d'une direction et matériellement équipé de façon à négocier des affaires avec les tiers » (CJCE, 22 nov. 1978, aff. 33/78, *Somafer*, *Rec.* p. 2183, CJCE, 18 mars 1981, aff. 139/80, *Blanckaert*, *Rec.* p. 819). Un agent commercial indépendant n'est pas concerné par ce texte. Littéralement, ce texte aurait dû être limitativement appliqué. Cependant, un arrêt de la CJCE a appliqué cet article au cas où deux sociétés appartenant au même groupe étaient imbriquées dans la conclusion et l'exécution du même contrat (CJCE, 9 déc. 1987, *Rev. crit. DIP* 1988, p. 733, note G. Droz, *JDI* 1988, p. 544, obs. J.-M. Bischoff), élargissant ainsi le domaine de ce texte. Il semble toutefois qu'il est opportun de limiter son application au cas prévu par le texte (Versailles, 11 sept. 1997, *RJ com.* 1999, p. 159, note M. Menjucq).

• **Les litiges concernés :** il s'agit de « contestations relatives à l'exploitation d'une succursale… ». La CJCE a distingué les contestations relatives au fonctionnement interne de la succursale de celles concernant son activité extérieure (CJCE, 22 nov. 1978, aff. 33/78, *Somafer*, *D.* 1979. *IR*. 458, note B. Audit, *JDI* 1979, p. 672, obs. A. Huet). Il peut s'agir notamment de litige relatif à une acquisition de fournitures par exemple, de litige concernant une obligation non contractuelle qui trouverait son origine dans l'activité de la succursale, ou même de litige relatif à un contrat conclu par la succursale pour le compte de la société mère.

§ 4 – Autres compétences pouvant intéresser le droit du commerce international

Ces compétences seront simplement évoquées ici.

• Pour l'essentiel, l'idée dominante – déjà rencontrée dans la Convention et le Règlement Rome I – est la protection de la partie présumée la plus faible. Cette dernière est protégée dans la mesure où les Règlements Bruxelles I et Bruxelles I bis lui offrent des options de compétence, notamment en faveur de la juridiction de son propre domicile alors même qu'elle est demanderesse à l'instance. Ces règles de compétence ne s'appliquent toutefois que si le défendeur est domicilié sur un État membre ou si le cocontractant de la partie faible non domiciliée dans un État membre y a une succursale, une agence ou un établissement. Il s'agit notamment de la compétence en matière d'assurance (art. 8 à 14 Bruxelles I et 10 à 16 Bruxelles I bis), en matière de contrats conclus par les consommateurs (art. 15 à 17 Bruxelles I et 17 à 19 Bruxelles I bis) et en matière de contrats individuels de travail (art. 18 à 21 Bruxelles I et 20 à 23 Bruxelles I bis).

• **La compétence relative à certains contentieux liés aux sociétés (art. 22-2 Bruxelles I et 24-2 Bruxelles I bis).** Cet article vise l'ensemble du contentieux « en matière de validité, de nullité ou de dissolution des sociétés ou personnes morales ayant leur siège sur le territoire d'un État membre, ou de validité des décisions de leurs organes ». L'article 22-5 écarte les effets d'une clause attributive de compétence lui portant atteinte. La Cour de justice se prononce pour une interprétation stricte de cet article 22-2 en décidant que la compétence du *judex societatis* ne peut être considérée comme couvrant tout « litige dans lequel une question concernant la validité d'une décision des organes d'une société serait soulevée » (CJUE 12 mai 2011, n° C-144/10, *Sté BVG c/ Sté JP Morgan Chase Bank NA*, *D.* 2011. Pan. 2434, obs. S. Bollée ; v. en sens contraire Com. 15 mars 2011, n° 09-72.027). Ainsi, pour déterminer si cet article est applicable, le seul critère doit être celui de l'objet du litige, ce dernier devant porter « exclusivement, voire principalement » sur la validité des organes d'une société (v. S. Bollée préc.).

• La compétence en matière de certains droits intellectuels (art. 22-4 al. 1 Bruxelles I et art. 24-4 Bruxelles I bis). D'après cet article, « en matière d'inscription ou de validité des brevets, marques, dessins et modèles, et autres droits analogues donnant lieu à dépôt ou à enregistrement » la compétence est exclusivement attribuée aux « juridictions de l'État membre sur le territoire duquel le dépôt ou l'enregistrement a été demandé, a été effectué ou est réputé avoir été effectué aux termes d'un instrument communautaire ou d'une convention internationale ». Cet article comporte des réserves en ce qui concerne le brevet européen. Il convient de souligner l'échec du projet de création d'une juridiction nationale dédiée aux contentieux entre personnes privées relatifs aux brevets européens et au futur brevet communautaire. Il s'agissait de créer une juridiction spécialisée ayant compétence exclusive pour les litiges entre particuliers relatifs à la contrefaçon ou à la nullité des titres qui ont été délivrés conformément à une procédure européenne uniforme. Ce projet de convention internationale devait aller bien au-delà de l'UE en impliquant une majorité d'États membres et certains États tiers à la Convention sur la délivrance des brevets européens de 1973, ayant institué l'Office européen des brevets. Saisie pour avis par le Conseil, la CJUE a adopté une position de principe défavorable à ce projet en relevant notamment que cette future juridiction n'appartient pas formellement à l'UE (CJUE, ass. plén., 8 mars 2011, avis, n° 1/09, *D.* 2011 Pan. 2434, obs. L. d'Avout).

• La compétence pour les mesures provisoires ou conservatoires (art. 31 Bruxelles I et 35 Bruxelles I bis). La Cour de justice définit de manière autonome ces mesures comme celles qui, « dans les matières relevant du champ d'application de la Convention (du Règlement) sont destinées à maintenir une situation de fait ou de droit afin de sauvegarder les droits dont la reconnaissance est par ailleurs demandée au juge du fond » (CJCE, 26 mars 1992, aff. C-261/90, *Reichert II*, *Rec.* p. 2149). Une juridiction d'un État membre est compétente pour statuer sur de telles mesures alors qu'elle ne l'est pas sur le fond de l'affaire.

Le règlement Bruxelles I bis a innové en ce qui concerne la circulation des mesures provisoires qui ont désormais en principe un effet strictement territorial sauf si elles sont ordonnées par un juge compétent au fond et que le défendeur a été averti préalablement à l'exécution.

§ 5 – L'effet en France des jugements rendus dans un État membre

Deux périodes à distinguer :

I – Régime du règlement Bruxelles I

• Innovations importantes du règlement Bruxelles I qui accélère la procédure *d'exequatur ;*

• reconnaissance de plein droit (art. 33 et s.) sauf exceptions notamment la contrariété « manifeste » à l'ordre public ;

• pas de révision au fond (art. 36) ;

• pas de vérification de la compétence juridictionnelle, sauf cas exceptionnels (par ex. refus de reconnaissance ou d'exécution en cas de violation des règles de compétence protectrices de l'assuré ou du consommateur ou de certaines compétences exclusives comme celles relatives aux droits réels immobiliers) (art. 28-3 et 35-3) ;

• pas de contrôle de la loi appliquée.

Trois vérifications demeurent :

– l'absence de contrariété à l'ordre public (art. 34-1), motif qui ne joue que dans des cas exceptionnels ;

– l'absence de violation des droits du défendeur défaillant (art. 34-2) ;

– l'absence d'inconciliabilité avec une autre décision (art. 34-4). Tel est le cas lorsque deux décisions rendues entre les mêmes parties par des juridictions d'États membres différents entraînent des conséquences qui s'excluent mutuellement (CJCE 4 févr. 1988, aff. 145-86, *Hoffmann, Rec.* p. 645).

L'*exequatur* est considérablement allégé dans sa procédure. Le juge (en France le président du TGI) vérifie simplement la régularité formelle de la décision étrangère et accorde (ou refuse) l'*exequatur*. Cette phase est rapide, non contradictoire et en cas de recours, c'est la Cour d'appel qui statue dans le délai d'un mois et la procédure devient contradictoire. C'est dans le cadre de cet appel que peuvent être examinées les conditions de régularité de la décision. Un recours en cassation est possible.

II – Régime issu du Règlement Bruxelles I bis

• Suppression de la procédure d'*exequatur* en Europe et reconnaissance par un État d'une décision de justice aux fins d'exécution de cette décision : « une décision rendue exécutoire dans un État membre et qui est exécutoire dans cet État membre jouit de la force exécutoire dans les autres États membres sans qu'une déclaration constatant la force exécutoire soit nécessaire » (art. 39).

• **Conditions :** le demandeur doit :

– communiquer à l'autorité compétente chargée de l'exécution (l'huissier de justice) une copie de la décision réunissant les conditions nécessaires pour en établir l'authenticité et le certificat délivré par l'autorité judiciaire d'origine (art 42 et 53) ;

– ces deux documents doivent être signifiés au débiteur, accompagnés de la décision si celle-ci n'a pas encore été signifiée à cette personne, avant la première mesure d'exécution (art. 43-1) ;

– les questions relatives à la traduction des documents sont réglées par le règlement Bruxelles I bis.

• **Possibilité de recours.** À compter de la signification et, avant toute mesure d'exécution, conformément à l'article 45 du règlement Bruxelles I bis, le débiteur peut former un recours devant le tribunal de grande instance. Si l'exécution a déjà été engagée, le recours doit être effectué devant le juge de l'exécution ou le tribunal d'instance, ce tribunal n'étant compétent qu'en cas de saisie sur salaire. La décision rendue à la suite de la demande de refus d'exécution peut elle-même faire l'objet d'un recours devant la Cour d'appel, puis d'un pourvoi en cassation.

En conclusion, si la suppression de la procédure d'*exequatur* entre États de l'UE semble logique, facilite la circulation des décisions de justice rendues et simplifie la procédure pour le créancier, elle ajoute toutefois un degré de juridiction dans le cadre de la procédure de contestation. Elle constitue une nouvelle étape de la coopération judiciaire entre États membres. Il convient de préciser que d'après la Cour de justice, le règlement ne régit que la procédure d'*exequatur* et non l'exécution proprement dite du titre exécutoire émis par un autre État membre (CJUE 4 oct. 2018, aff. C-379/17). Le même arrêt ajoute que le règlement ne s'oppose pas à l'application d'une disposition de l'État requis imposant un délai pour l'exécution d'un titre de saisie conservatoire à un tel titre émis par une juridiction d'un autre État membre et déclaré exécutoire dans l'État membre requis.

Pour aller plus loin

Bibliographie

- M.-E. Ancel et H. Gaudemet-Tallon, *Compétence et exécution des jugements en Europe*, LGDJ, 6e éd., 2018
- J.-M. Jacquet, Ph. Delebecque, S. Corneloup, *Droit du commerce international*, *op. cit.*, n° 946
- A. Nyuts, « La refonte du règlement Bruxelles I », *Rev. crit. DIP* 2013, I
- S. Bollée, « L'arbitrage et le nouveau règlement Bruxelles I », *Rev. arb.* 2013. 979 et s.
- F. Leclerc, « Aspects internationaux du droit de la distribution », *CCC* 2016, chron. 3

Sujets d'examen

Dissertations

- La clause attributive de juridiction dans le règlement Bruxelles I
- La compétence en matière contractuelle (en l'absence de clause)
- La compétence en matière délictuelle
- La détermination de la juridiction compétence en cas de litiges relatifs aux contrats de distribution
- L'effet en France d'un jugement rendu dans un État membre de l'UE

Chapitre 2
L'arbitrage commercial international

L'essentiel

• Dans le commerce international, l'arbitrage a une place considérable et connaît un développement important.
Le recours fréquent à l'arbitrage s'explique par ses nombreux avantages :
– la rapidité ;
– la souplesse de la procédure arbitrale ;
– la confidentialité : secret de la procédure arbitrale et de la sentence arbitrale ;
– la possibilité d'exécution de la sentence arbitrale dans différents pays ;
– la décision rendue par un arbitre et précédée d'une médiation crée moins d'hostilité entre les parties ;
– enfin, l'arbitrage donnerait aux parties la liberté de choisir les personnes qui sont compétentes dans leur domaine et qui tiennent compte des impératifs du commerce international (par exemple la lex mercatoria).
L'arbitrage a également des inconvénients, notamment son coût qui peut être très élevé.

• L'arbitrage international à distinguer de l'arbitrage étranger, est celui qui met en cause des intérêts du commerce international (art. 1504 C. pr. civ.). Préparée par l'arrêt Hecht (Civ. 1re, 4 juill. 1972, Hecht, JDI 1972, p. 843, note B. Oppetit), cette définition qui consacre l'internationalité de l'arbitrage a de nombreuses applications jurisprudentielles. L'internationalité de l'arbitrage est déterminée en fonction de la réalité économique du processus à l'occasion duquel il est mis en œuvre.
En application de cette définition, pour que l'arbitrage soit international, il suffit que l'opération économique réalise à travers les frontières un transfert :
– de biens ou de services (Paris, 25 janv. 1988, JDI 1989, p. 1021, note E. Loquin) ;
– de capitaux (Paris, 9 juin 1983, Rev. arb. 1983, p. 497, note M. Vasseur) ;
– de technologie et de personnel (Paris, 24 avr. 1992, Rev. arb. 1992, p. 598, note P. Fouchard).

• La qualification de l'arbitrage ne dépend pas des parties mais s'impose à elle, sous le contrôle du juge étatique (Civ. 1re, 20 nov. 2013, n° 12-25.266).

• Un arbitrage unique n'est susceptible que d'une seule qualification : interne ou international (Civ. 1re, 3 juin 2003, JCP 2004, I. 119, n° 5, obs. J. Ortscheidt). Cette qualification de l'arbitrage est d'ordre public et la jurisprudence en déduit que les parties ne peuvent modifier le régime interne ou international de l'arbitrage. Elle ne pose généralement pas de problème, la jurisprudence ayant précisé que lorsqu'un arbitrage porte sur plusieurs litiges, le caractère international l'emporte dès lors que l'un des litiges concerne des opérations qui ne se dénouent pas économiquement dans un seul État (Paris, 1re ch. civ. 29 mars 2001, Rev. arb. 2001, p. 543, note D. Bureau). Sont indifférents pour caractériser l'internationalité de l'arbitrage, la nationalité des parties, la loi applicable au contrat ou à l'arbitrage ou même le lieu de l'arbitrage. Mais cette qualification peut aussi être difficile à déterminer (Civ. 1re, 30 juin 2016, n° 15-13.755, 15-13.904, 15-14.905, Sté Groupe Bernard Tapie c/ sté CDR créances).

Cette qualification a une grande importance car chacune a son régime propre, et cette distinction a des conséquences sur les éléments impératifs du régime de l'arbitrage, par exemple l'organisation des voies de recours contre les sentences.
• Le droit français de l'arbitrage international est dominé par une grande liberté laissée aux parties et une grande souplesse. Cette liberté et cette souplesse :
– donnent à l'arbitre le droit de se prononcer sur sa propre compétence (art. 1448 et 1465 C. pr. civ. – Civ. 1re, 30 juin 2001, Bull. civ. I, n° 183) sous contrôle du juge étatique, sauf nullité ou inapplicabilité manifeste de la convention d'arbitrage. C'est le principe « compétence-compétence » (v. Civ. 1re, 8 nov. 2005, D. 2005. Pan. 3056, note T. Clay ; Com., 21 févr. 2006, D. 2006. IR. 670). Ce constat est réduit lorsque le tribunal arbitral n'est pas encore saisi et il est accru après le prononcé de la sentence arbitrale ;
– permettent à l'État et aux personnes publiques de participer à l'arbitrage malgré les immunités de juridiction (Civ. 1re, 2 mai 1966, Galakis, préc.).
• Deux textes importants sont intervenus en 2016. Le premier concerne l'arbitrage interne : c'est la loi n° 2016-1547 du 18 novembre 2016 de modernisation de la justice du XXIe siècle qui a notamment modifié substantiellement l'article 2061 du Code civil. La nouvelle rédaction prévoit « sous réserve des dispositions législatives particulières, la clause compromissoire est valable dans les contrats conclus à raison d'une activité professionnelle ». Il y a donc un changement de paradigme privilégiant le critère de l'acceptation à celui de la validité. Le second concerne l'arbitrage international et plus particulièrement l'exécution en France des sentences arbitrales qui devient plus complexe : c'est la loi n° 2016-1691 du 9 décembre 2016 dite Sapin 2 relative à la transparence, à la lutte contre la corruption et à la modernisation de la vie économique. Ce texte exige que toutes les mesures d'exécution forcée pratiquées sur le fondement d'une sentence revêtue de l'exequatur – et non plus seulement les mesures conservatoires prises avant la sentence – soient autorisées par un juge et qu'elles ne puissent porter sur des « biens utilisés à des fins de service public non commerciales » sauf renonciation expresse et dans certains cas, s'agissant des biens diplomatiques d'une renonciation spéciale à l'immunité d'exécution ? Cette loi prive ces sentences de toute efficacité (v. p. 113).

Section 1 – Présentation générale

§ 1 – La nature et les types d'arbitrages

I – La nature de l'arbitrage

L'arbitrage a une nature hybride :

– **mi-juridictionnelle :** les décisions de l'arbitre s'imposent aux parties et terminent le litige ;

– **mi-contractuelle :** les parties choisissent non seulement de recourir à l'arbitrage mais également le ou les arbitre(s), la loi applicable au fond… Elles décident également du type d'arbitrage.

II – Les types d'arbitrage

Choix entre deux types :

A – L'arbitrage *ad hoc*

Il est entièrement organisé par les parties sans aucune aide d'une structure externe, d'où une plus grande entente et liberté. Il est donc plus difficile à organiser et la clause compromissoire doit être le plus précis possible.

Les parties peuvent également adopter un règlement d'arbitrage, sans pour autant que leur arbitrage ne devienne institutionnel. En 1976, la CNUDCI a élaboré un règlement d'arbitrage à destination des parties à un arbitrage *ad hoc*.

B – L'arbitrage institutionnel

Contrairement à l'hypothèse précédente, les parties peuvent choisir une institution d'arbitrage qui peut être nationale, régionale ou internationale, spécialisée ou générale, privée ou para-publique. Parmi les plus importantes, on peut citer notamment :

– la Chambre de commerce internationale (CCI) et sa Cour internationale d'arbitrage ;
– la London Court of International Arbitration (LCIA) ;
– l'Association américaine d'arbitrage (AAA) ;
– la Commission interaméricaine d'arbitrage commercial (CIAAC) ;
– la Chambre de commerce de Stockholm (CCS) ;
– le Centre international pour les règlements des différends relatifs aux investissements (CIRDI) ;
– la Cour commune de justice et d'arbitrage instituée par le traité sur l'organisation pour l'harmonisation en Afrique du droit des affaires (OHADA) du 17 octobre 1993 ;
– le Centre d'arbitrage de l'Organisation mondiale de la propriété intellectuelle (OMPI) ;
– le récent centre d'arbitrage et de médiation de l'Organisation africaine de la propriété intellectuelle (OAPI).

Dans ce cas, si l'inconvénient peut être le coût plus élevé de l'arbitrage, ses avantages sont considérables : une grande sécurité est assurée, l'arbitre étant encadré et guidé par le règlement de l'institution d'arbitrage. En outre, ce dernier est bien organisé et son règlement peut permettre d'éviter des difficultés. La Cour de cassation a rappelé récemment le caractère obligatoire de ce règlement d'arbitrage qui s'impose aux parties qui le souscrivent (Civ. 1re, 25 juin 2014, n° 11-26529, *Tecnimont*, *JCP* 2014. 742, obs. T. Clay ; *JCP* 2014. 977, n° 9, obs. C. Nourissat ; *RJDA* 2014, n° 810 ; pour l'épilogue de cette affaire Civ. 1re, 19 déc. 2018, n° 16-18.349).

§ 2 – La pluralité des sources

Deux types de sources :

I – Les sources d'origine nationale

De source jurisprudentielle à l'origine, le droit de l'arbitrage a été en partie codifié en France, par les articles 1442 à 1507 du Code de procédure civile issus des décrets du

14 mai 1980 relatifs à l'arbitrage interne et 12 mai 1981 relatif à l'arbitrage international. Ce Code comprenait un livre IV consacré à l'arbitrage à l'intérieur duquel un titre V traitait de l'arbitrage international (art. 1492 à 1497 C. pr. civ.) et un titre VI de « la reconnaissance, l'exécution forcée et les voies de recours à l'égard des sentences arbitrales rendues à l'étranger ou en matière d'arbitrage international » (art. 1498 à 1507).

Une réforme est intervenue par un décret du 13 janvier 2011 codifié aux articles 1442 à 1527 du Code de procédure civile. Le livre IV du C. pr. civ. est toujours consacré à l'arbitrage et les articles 1504 à 1527 concernent l'arbitrage international.

Ces règles sont complétées par des apports jurisprudentiels importants.

II - Les sources internationales

A - Les conventions internationales

Elles ont surtout pour objet de résoudre la question de l'efficacité des sentences rendues par les arbitres. On peut notamment citer :

– le protocole de Genève du 24 septembre 1923 relatif aux clauses d'arbitrage. Il a entraîné la réforme française de 1925 validant la clause compromissoire en matière commerciale. Il avait pour objectif de permettre la reconnaissance par les États de la validité de la clause compromissoire et du compromis d'arbitrage dans les contrats du commerce international ;

– la Convention de Genève du 26 septembre 1927 sur l'exécution des sentences arbitrales étrangères. Elle avait pour objet de permettre la reconnaissance des sentences arbitrales rendues dans un État donné dans les autres États contractants ;

– l'importante Convention de New York du 10 juin 1958 pour la reconnaissance et l'exécution des sentences arbitrales étrangères. Elle était destinée à remplacer le protocole et la Convention de Genève. Son objectif principal est d'assurer l'efficacité des sentences arbitrales étrangères ;

– la moins importante Convention européenne sur l'arbitrage international de Genève du 21 avril 1961 qui a eu une portée très limitée ;

– la Convention de Washington du 18 mars 1965 qui a donné naissance au Centre international pour le règlement des différends relatifs aux investissements (CIRDI) qui a une grande importance : il s'occupe des litiges opposant un État à un investisseur ressortissant d'un autre État concernant les investissements effectués dans le premier par le second ;

– en Afrique, le traité OHADA du 17 octobre 1993 crée une Cour commune de justice et d'arbitrage.

B - Les autres sources

La CNUDCI a élaboré le 21 juin 1985 une loi type sur l'arbitrage international devant servir de modèle pour la rédaction des lois nationales.

Des conventions types d'arbitrage sont également proposées aux parties par des institutions d'arbitrage.

§ 3 – L'arbitrabilité du litige

• Il s'agit de savoir si un litige peut être tranché par la voie de l'arbitrage et ne doit pas relever des juridictions étatiques. Même si les parties au contrat international ont un espace de liberté plus important et l'arbitrabilité du litige est largement admise, il n'existe pas d'arbitrabilité générale des conflits.

Cette question sera résolue de façon différente selon qu'elle l'est par un arbitre ou un juge étatique. L'arbitre devrait avoir une relative liberté pour admettre ou non l'arbitrabilité du litige. Quant au juge étatique, il devrait essentiellement se fonder sur la loi du for pour apprécier cette arbitrabilité.

• En droit français de l'arbitrage international, en principe, le caractère arbitrable d'un litige dépend de la matière considérée : on ne peut compromettre que sur les droits dont on a la libre disposition (art. 2059 C. civ.) d'où exclusion de l'arbitrage lorsque les droits concernés ne sont pas disponibles – état et capacité des personnes, droits de la famille – même si cette exclusion doit être nuancée. Cette hypothèse n'est pas fréquente dans le commerce international.

Progressivement, la jurisprudence a délimité les domaines dans lesquels un arbitrage est possible en droit du commerce international.

Dans ce domaine, sont notamment admis dans certaines limites :

– **L'arbitrage en droit de la consommation** (Civ. 1re, 21 mai 1997, *Bull. civ. I*, n° 159). Même si la loi n° 2005-67 du 28 janvier 2005 (*JO* du 1er févr. 2005, p. 1648) et la nouvelle rédaction de l'article 2061 du Code civil peuvent conduire à renforcer la suspicion sur les clauses compromissoires insérées dans les contrats de consommation, un arrêt décide de cette validité dès lors que le contrat de consommation est international (Civ. 1re, 30 mars 2004, *Bull. civ. I*, n° 97) ; Récemment, la loi n° 2014-344 du 17 mars 2014 relative à la consommation a manifesté une suspicion vis-à-vis de l'arbitrage en disposant qu' « est réputée non écrite toute clause ayant pour objet ou pour effet d'interdire à un consommateur de participer à une action de groupe » (C. consom., art. L. 423-25). Cette interdiction ne devrait concerner que l'arbitrage interne et non l'arbitrage international.

– **L'arbitrage en droit de la concurrence :** dans son célèbre arrêt *Mitsubishi* du 2 juillet 1985, la Cour suprême des États-Unis a reconnu l'arbitrabilité des litiges de droit antitrust (*Rev. arb.* 1986, p. 273). En France, la Cour de Paris a décidé de l'arbitrabilité des litiges de droit communautaire de la concurrence. En effet, l'arbitre ne peut prononcer des sanctions (injonctions ou amendes) pour les entreprises mais il peut « tirer les conséquences civiles d'un comportement jugé illicite au regard des règles d'ordre public pouvant être directement appliquées aux relations des parties en cause » (Paris, 19 mai 1993, *Labinal, Rev. arb.* 1993, p. 645, note C. Jarrosson ; Paris, 14 oct. 1993, *Aplix, Rev. arb.* 1994, p. 164, note C. Jarroson). Il a même été admis la possibilité pour les parties de recourir à l'arbitrage dans le cas de rupture brutale des relations commerciales établies. (Civ 1re, 8 juill. 2010, n° 09-67.013 ; Paris, pôle 1, 18 mars 2014, n° RG 12/13601 et Paris, pôle 1, ch. 1, 1er juill. 2014, n° RG 13/09208, *RLDA* mai 2015, p. 60, n° 6, obs. J. Mestre et A.-S. Mestre-Chami). Il convient de préciser toutefois que le litige opposant le ministre de l'Économie à un opérateur privé, sur le fondement de la rupture brutale des relations commerciales établies, est, d'une part, objectivement inarbitrable et d'autre part, extérieur au champ de la clause compromissoire (Civ. 1re, 6 juill. 2016, n° 15-21.811, *D.* 2016, 1556, *ibid.*1910, note J.-C. Roda et 2034, obs. L. d'Avout, 2593, obs. T. Clay).

Comme toutes les branches du droit, le droit de la concurrence s'internationalise et il n'aurait pas été logique de laisser l'arbitrage à l'écart de ce droit qui fait partie du droit économique.

– **L'arbitrage en droit de la propriété intellectuelle** : il est admis en ce qui concerne les contrefaçons, les contrats d'exploitation et en général, depuis la loi n° 2011-525 du 17 mai 2011 de simplification et d'amélioration de la qualité du droit, même s'il reste en principe interdit en ce qui concerne la validité des droits. Récemment, la Cour de cassation a admis que la question de la validité d'un brevet puisse être tranchée par voie d'arbitrage, dès lors que la demande est faite de manière incidence à la demande principale (Civ. 1re, 12 juin 2013, *Cah. arb.* 2014, 73, obs. I. Léger).

– **L'arbitrage en droit des procédures collectives :** si les décisions relatives à l'ouverture de la procédure collective, à la portée du dessaisissement du débiteur, aux nullités de la période suspecte ou même aux sanctions pouvant être prononcées à l'encontre des dirigeants sont exclues du domaine de l'arbitrage, l'ouverture d'une procédure collective ne rend pas en elle-même un litige inarbitrable. Les pouvoirs de l'arbitre sont cependant considérablement réduits par le droit des entreprises en difficulté. Une distinction doit donc être effectuée entre les litiges purement contractuels qui peuvent être tranchés par les arbitres et les autres litiges. Il ne faut pas que l'arbitrage porte atteinte aux principes fondamentaux du droit des procédures collectives. Un arrêt récent de la Cour de cassation sème le trouble en décidant que la clause compromissoire s'impose au liquidateur qui a opté pour la poursuite du contrat qui la contient (Civ. 1re, 1er avr. 2015, n° 14-14.552). Même s'il faut attendre un autre arrêt pour se prononcer définitivement, il serait dommage que la Cour conditionne la pleine efficacité de la force obligatoire de la clause d'arbitrage à la décision du liquidateur de poursuivre l'exécution du contrat la stipulant.

– **L'arbitrage en droit du travail : il reste exclu du contrat de travail international** même si la position de la chambre sociale a un peu évolué. En effet, elle décide que la clause compromissoire insérée dans un contrat international de travail est valable, mais « n'est pas opposable au salarié qui a saisi régulièrement la juridiction compétente en vertu des règles applicables, peu important la loi régissant le contrat de travail » (Soc., 16 févr. 1999, *Bull. civ. V*, n° 78 ; Soc., 4 mai 1999, *Bull. civ. V*, n° 191 ; Soc., 28 juin 2005, *Bull. civ. V*, n° 216). Ce dernier peut donc soit confier la résolution du litige au tribunal arbitral convenu, soit saisir le Conseil des prud'hommes compétent en France.

– **L'arbitrage en droit rural :** la loi n° 2014-1170 du 13 octobre 2014 d'avenir pour l'agriculture, l'alimentation et la forêt insère une section « Règlement des litiges » dans la partie législative du Code rural et de la pêche maritime, pour encourager, lorsque la médiation a échoué, le recours à l'arbitrage, tant pour les contrats ayant pour objet la vente de produits agricoles ou alimentaires (art. L. 631-28 C. rur.) que pour les accords interprofessionnels relatifs à la cession des produits agricoles destinés à la revente ou à la transformation pour lesquels l'arbitrage est « recommandé » (art. L. 639-29 C. rur.). Le domaine du droit rural n'échappe donc pas à l'arbitrage lorsque les relations sont professionnelles.

– **L'arbitrage dans les rapports professionnels entre avocats :** si pendant longtemps en droit français, les rapports professionnels entre avocats relevaient d'une procédure qualifiée à tort « d'arbitrage » devant le bâtonnier, désormais, c'est le droit commun qui s'applique depuis un arrêt du 9 juillet 2014 décidant que la clause compromissoire engage ceux qui la signent, à propos d'un litige entre un avocat et son cabinet anglais, le premier ayant saisi son bâtonnier alors que le second avait opposé la clause prévoyant un arbitrage à Londres (Civ. 1re, 9 juill. 2014, n° 13-13.598, *D.* 2015. 2541, obs. T. Clay ; *Procédures* 2014. 268, note L. Weiller ; *JCP* 2014. 1093, n° 6, obs G. Pillet).

– Une question se pose en ce qui concerne **l'arbitrabilité des litiges mettant en cause l'État et les organismes publics** (v. sur l'ensemble de la question, J.-M. Jacquet, Ph. Delebecque, S. Corneloup, préc., n° 1088).

L'article 2060 du Code civil s'y oppose. Cette opposition a deux inconvénients dans le commerce international, l'un contre l'État ou ses émanations, l'autre en sa faveur. Soit l'interdiction est respectée et ni l'État ni les personnes publiques ne peuvent valablement être parties à un arbitrage pourtant exigé par le cocontractant étranger préalablement à la passation d'un marché. Soit, elle n'est pas respectée et ensuite l'État ou les personnes publiques dépendant de lui se retrancheront derrière elle pour échapper, en toute mauvaise foi, à l'arbitrage convenu. Depuis un arrêt de la Cour de cassation du 2 mai 1966, cette prohibition est limitée à l'ordre interne et ne s'applique pas au commerce international (Civ. 1re, 2 mai 1966, *Galakis* préc.). Cette solution qui n'est pas reprise par le Conseil d'État (avis du 6 mars 1986, *Eurodisneyland*, *Rev. arb.* 1992, p. 397) est pourtant considérée comme valable non seulement pour l'État français, mais pour tout État.

Il convient de préciser qu'une décision remarquée, probablement une des plus importantes rendue récemment en matière d'arbitrage international, consacre dans l'ordre judiciaire comme dans l'ordre administratif l'arbitrabilité des contrats administratifs internationaux (T. confl., 13 mai 2010, n° 3754, *INSERM c/ Fondation Letten F. Sausgtad*). Cette décision n'a pourtant pas mis fin aux divergences de conception entre les juridictions de l'ordre judiciaire et celles de l'ordre administratif en ce qui concerne l'arbitrage international relatif à un contrat administratif. Ainsi, dans la même affaire, *Ryanair*, la Cour de cassation (Civ. 1re, 8 juill. 2015, n° 13-25.846, *D.* 2015, 1547, 2031, obs. S. Bollée et 2588 obs. T. Clay) et le Conseil d'État (CE 19 avr. 2013, n° 352750 et n° 362020, *D.* 2013, obs. M.-C. de Montecler, 1445, note P. Cassia, 2293, obs. S. Bollée, et 2936, obs. T. Clay) se sont déclarés également compétents à propos de l'*exequatur* d'une seule et même sentence arbitrale internationale rendue en Angleterre, concernant un contrat administratif. Dans la même affaire, la cour de Paris, statuant sur appel d'une ordonnance d'*exequatur*, a saisi de nouveau le Tribunal des conflits (Paris, 8 nov. 2016, n° 14/04770), alors que la cour administrative d'appel de Bordeaux a décidé que la juridiction administrative n'est pas compétente (CAA Bordeaux, 12 juill. 2016, 1re et 2e ch., SMAC décidant que lorsque la clause d'arbitrage international figurant dans un contrat administratif conclu entre un établissement public français et une société étrangère est licite, le juge administratif doit décliner sa compétence). Un précédent arrêt de 2013 avait ajouté que lorsqu'une sentence est rendue en France à propos d'un litige relatif à un marché public entre une personne étrangère et une personne publique française, le Conseil d'État est la juridiction compétence en cas de recours contre la sentence, cette compétence disparaissant lorsque cette sentence a été rendue à l'étranger (CE, 19 avr. 2013, *D.* 2013. 1069, obs. M.-C. de Montecler et 1445, note P. Cassia ; *JCP* 2013. 784, obs. J. Oertscheidt ; *Rev. arb.* 2013. 761, note M. Laazouzi).

La situation est donc surréaliste comme le montre des décisions plus récentes :

• Dans un arrêt en date du 11 avril 2016, le Tribunal des conflits maintient sa jurisprudence *INSERM* (T. confl., 11 avr. 2006, n° 4043, *D.* 2016, 2035, obs. S. Bollée, *AJDA* 2016. 750 ; *JCP* 2016. 900, obs. C. Seraglini). Il en ressort que les juridictions judiciaires ont une compétence de principe en matière de recours en annulation des sentences rendues en droit administratif, même si les juridictions administratives conservent une compétence résiduelle lorsque le contrat ayant donné lieu à l'arbitrage relève d'un régime administratif d'ordre public (dans le même sens, T. confl., 24 avr. 2017, n° 4075, *Ryanair*).

• Dans un autre arrêt du 9 novembre 2016, le Conseil d'État exerce un contrôle d'une sentence arbitrale prononcée en matière de contrats administratifs internationaux (CE, ass. 9 nov. 2016, n° 388806, *Fosmax LNG*, *D.* 2016, 2343, obs. J.-M. Pastor, *JCP* 2016. 1250, obs. F. Tesson. V. déjà un arrêt du 23 décembre 2015, n° 376018, *Broadband Pacifique* dans lequel le Conseil d'État décide d'annuler en appel une sentence arbitrale au motif que le différend était inarbitrable. Il s'agissait d'un litige se rapportant à la légalité et aux conséquences préjudiciables d'une décision administrative prise par l'administrateur supérieur des îles Wallis-et-Futuna, relativement à l'exploitation, par un opérateur privé, d'un réseau de communications électroniques). Faut-il en conclure que sont inarbitrables les litiges relatifs aux contrats administratifs internationaux ?

– **L'arbitrage d'investissement** semble soulever une difficulté au sein de l'UE. Un arrêt de la Cour de justice de l'Union européenne a en effet décidé que les articles 267 et 344 du Traité sur le fonctionnement de l'Union européenne (TFUE) s'opposent à la disposition d'un traité bilatéral d'investissement conclu entre les Pays-Bas et la République fédérale tchèque et slovaque, permettant à un investisseur de l'un de ces États d'engager une procédure arbitrale contre l'autre État, en cas de litiges relatifs aux investissements (CJUE, 6 mars 2018, aff. C-284/16, *Achmea*, *D.* 2018. 560, Pan. 1934, obs. S. Bollée, *D.* 2018. 2005, note V. Korom ; *AJDA* 2018. 1026, chron. P. Bonneville, E. Broussy, H. Cassagnabère et C. Ganser ; *Rev. arb.* 2018. 424, obs. S. Lemaire ; *JDI* 2018. 903, note Y. Nouvel). Est-ce la fin de l'arbitrage d'investissement au sein de l'UE ?

Section 2 – Déroulement

§ 1 – La convention d'arbitrage

Elle permet aux parties d'évincer la compétence des juridictions étatiques et de recourir à l'arbitrage, soit après la naissance du litige, par un compromis d'arbitrage, soit surtout avant cette naissance par l'intermédiaire d'une clause compromissoire. L'article 1442 al. 1 C. pr. civ. dispose désormais que la « convention d'arbitrage prend la forme d'une clause compromissoire ou d'un compromis ». Le nouveau texte unifie le régime juridique de la clause compromissoire et du compromis.

La distinction entre compromis d'arbitrage et clause compromissoire s'efface de toute façon dans l'arbitrage international en ce qui concerne les règles juridiques applicables.

La clause compromissoire est très fréquente dans le commerce international. Son régime a été allégé en droit français par l'article 126 de la loi n° 2001-420 du 15 mai 2001 sur les nouvelles régulations économiques (modifiant l'art. 2061 C. civ.). Il vient de nouveau d'être modifié par la loi n° 2016-1547 du 18 novembre 2016 de modernisation de la justice du XXIe siècle (v. p. 66).

I – Contenu de la clause

Les parties jouissent d'une grande liberté. La clause compromissoire peut apporter de nombreuses précisions notamment :

– la désignation directe ou indirecte des arbitres (art. 1508 C. pr. civ.). À défaut, conformément à l'article 1505, une des parties peut, sauf clause contraire, saisir le président du TGI de Paris, à condition que l'arbitrage se déroule en France ou que les parties sont convenues de soumettre l'arbitrage à la loi de procédure française ou que les parties ont expressément donné compétence aux juridictions étatiques françaises pour connaître des différends relatifs à la procédure arbitrale ou que l'une des parties est exposée à un risque de déni de justice. Dans ce cas, l'article 1506 renvoie à l'article 1460 précisant que le président du TGI de Paris est saisi comme en matière de référé. Sa compétence est exclusive, sauf accord contraire des parties, par exemple en faveur de la désignation d'un arbitre par le président du tribunal de commerce statuant en référé (Civ. 1re, 10 mai 1995, *Bull. civ. I*, n° 191) ou même d'un centre d'arbitrage. Son ordonnance est revêtue de l'autorité de la chose jugée et n'est en principe pas susceptible de recours s'il accepte d'effectuer la désignation demandée. Cependant, la jurisprudence avant la réforme admettait un recours en nullité lorsque l'ordonnance « est affectée d'un vice grossier découlant de la violation d'un principe fondamental ou d'ordre public » (Civ. 2e, 27 juin 1984, *RTD civ.* 1984, p. 775, obs. R. Perrot). La jurisprudence interprétait de manière extensive l'article 1493 ancien du Code de procédure civile et allait largement au-delà du simple fait que la « constitution du tribunal arbitral se heurte à une difficulté ». Elle estimait que le président du TGI – le juge d'appui – peut intervenir, en cas de situation conflictuelle, pour résoudre la plupart des difficultés qui concernent non seulement la constitution initiale du tribunal arbitral, mais aussi son fonctionnement, même si le pouvoir du président du TGI est limité notamment par le pouvoir juridictionnel des arbitres et le respect des prérogatives de l'organisme d'arbitrage en cas d'arbitrage institutionnel ;

– la méthode de traitement des conflits. L'arbitre ou le tribunal arbitral peut statuer en amiable composition c'est-à-dire en appliquant un droit avec la possibilité d'en corriger les conclusions et un pouvoir modérateur (art. 1512 C. pr. civ.), ou en droit c'est-à-dire en appliquant le droit comme le ferait un juge étatique. Dans tous les cas, l'arbitrage tiendra compte des usages du commerce (art. 1511 C. pr. civ.) ;

– la fixation du siège de l'arbitrage ;

– la langue de l'arbitrage ;

– le délai global dans lequel les arbitres doivent remplir leur mission. Elles peuvent le faire directement ou par référence à une loi ou un règlement d'arbitrage. Si les parties ont prévu un délai, l'arbitre ne peut de lui-même le proroger, la sentence rendue hors délai peut être annulée ou se voir refuser l'*exequatur*. Le droit français de l'arbitrage interne (art. 1463) et le règlement d'arbitrage de la CCI (art. 30-1) prévoient un délai de 6 mois alors que le règlement d'arbitrage de la CNUDCI opte pour un délai de quarante-cinq jours (art. 23). Le droit français de l'arbitrage international n'en prévoit pas. Convient-il de considérer que les arbitres n'ont pas de délais (dans ce sens Paris, 15 juin 1994, *Rev. arb.* 1995, p. 88, 1re esp., note E. Gaillard). Les arbitres devraient dans ce cas se prononcer dans un délai raisonnable. La Cour de cassation a décidé que les arbitres qui laissent expirer le délai d'arbitrage engagent leur responsabilité (Civ. 1re, 6 déc. 2005, n° 03-13.116) ;

– la détermination du droit applicable à la procédure (art. 1509) et au fond du litige (art. 1511). À défaut de prévision des parties, ce sont les arbitres qui se prononcent. S'agissant de la loi applicable au fond, contrairement au juge étatique, n'ayant pas de *for*, l'arbitrage ayant un caractère international, l'arbitre ne dispose pas de règles de conflit prédéterminées mais d'une grande liberté. Elle lui permet d'utiliser la méthode directe consistant à déterminer le droit applicable sans passer par l'intermédiaire d'un système de conflits de lois, de recourir aux principes généraux du droit, à l'application cumulative des systèmes de conflits de lois intéressés au litige ou d'appliquer la *lex mercatoria*. Il doit simplement trancher le litige conformément aux règles de droit qu'il estime appropriées (art. 1496). Cette grande liberté – limitée toutefois par l'ordre public international et les lois de police – ne lui interdit pas d'appliquer des règles proches de celles du juge étatique.

II - Caractéristiques de la clause

Elle a deux traits essentiels :

• Elle est indépendante par rapport au contrat principal (Civ. 1re, 7 mai 1963, *Gosset*, préc. ; Civ. 1re, 6 déc. 1988, *Navimpex*, *Rev. arb.* 1989, p. 641, note B. Goldman ; Civ. 1re, 20 déc. 1993, *Dalico*, *Rev. crit. DIP* 1994, p. 663, note P. Mayer ; Civ. 1re, 17 janv. 2006, n° 04-12.781, *Bull. civ. I* n° 9, p. 9). L'article 1447 du C. pr. civ., applicable à l'arbitrage international par renvoi de l'article 1506 dispose « la convention d'arbitrage est indépendante du contrat auquel elle se rapporte. Elle n'est pas affectée par l'inefficacité de celui-ci ». Cette solution est identique à celle prévue par l'article 21 §2 de la loi type de la CNUDCI sur l'arbitrage commercial international et figure dans le règlement d'arbitrage de la CCI.

Ainsi :

– les événements susceptibles d'affecter l'existence de la convention principale (nullité, résolution, résiliation) n'ont aucune incidence sur l'existence de la clause compromissoire. La Cour de cassation ajoute à ces événements l'inexistence du contrat principal (Civ. 1re, 25 oct. 2005, *D.* 2005. Pan. 3052, note T. Clay) ou l'absence de preuve de son existence (Civ. 1re, 14 mai 2014, n° 13-15.827, *Hautbois*, *D.* 2014. 2541, obs. T. Clay) ;

– la convention d'arbitrage peut être soumise par les parties à une loi différente de celle appelée à régir le contrat principal.

La seule limite à cette indépendance est l'existence en la forme du contrat comportant la clause compromissoire.

Ce principe d'indépendance de la clause compromissoire est largement affirmé en droit comparé et par la pratique arbitrale. S'agit-il pour autant d'une « règle transnationale de l'arbitrage commercial international » ?

• Elle est autonome par rapport à toute loi étatique (Civ. 1re, 4 juill. 1972, *Hecht*, préc.)

Cette autonomie est qualifiée de « règle matérielle du droit international de l'arbitrage » (Civ. 1re, 20 déc. 1993, *Dalico* préc. ; Civ. 1re, 30 mars 2004, *Bull. civ. I*, n° 95). Elle entraîne la mise à l'écart de la méthode conflictuelle (Civ. 1re, 6 févr. 2001, *Bull. civ. I*, n° 22) et réduit considérablement le contrôle de validité.

La jurisprudence rappelle qu'en « vertu d'une règle matérielle du droit de l'arbitrage international, applicable à un arbitrage dont le siège est situé en France, la clause compromissoire est juridiquement indépendante du contrat principal qui la contient ; dès lors son existence et son efficacité s'apprécient, sous réserve de l'ordre public international, d'après la commune volonté des parties, sans qu'il soit nécessaire de se référer à une loi étatique… La référence à une loi étatique est indifférente pour trancher la question de l'existence et de la validité de la convention d'arbitrage » (Paris, 11 févr. 2014, n° 12-19.130, *Pezzullo Molini Partivici Mangimifici Spa*, *D.* 2014. 2541, obs. T. Clay ; v. déjà Civ. 1re, 20 déc. 1993, *Dalico*, préc.).

On peut ajouter ici qu'en application de cette autonomie, la Cour de cassation a consacré, en matière d'arbitrage international, le caractère solidaire de l'obligation des parties au paiement des honoraires des arbitres (Civ. 1re, 1er févr. 2017, n° 15-25.687, *JCP* 2017. 339, obs. S. Bollée). Il s'agirait là d'une nouvelle règle matérielle internationale.

III – Validité et efficacité de la clause

En application des principes de l'indépendance et de l'autonomie, le seul contrôle exercé sur la clause compromissoire est celui de son « existence et de son efficacité ». Cette formule englobant la forme et le fond.

A – La forme de la clause : consensualisme

En principe, la forme de la clause est libre même si en pratique, dans le commerce international, elle sera souvent formulée par écrit.

La convention d'arbitrage international n'est soumise à aucune condition de forme (art. 1507 C. pr. civ.). Elle peut (et non doit) directement ou par référence à un règlement d'arbitrage ou à des règles de procédure, désigner le ou les arbitres ou même prévoir les modalités de désignation (art. 1508 C. pr. civ.). Ainsi, les clauses dites blanches sont possibles, les parties ayant la possibilité de ne pas désigner le ou les arbitres.

La question s'est posée à propos de la forme de la clause compromissoire par référence, c'est-à-dire celle qui n'est pas directement incluse dans le contrat en cause lui-même, mais dans un document annexe (par exemple des conditions générales) auquel le contrat fait référence. Cette forme est également libre, la Cour de cassation ayant jugé « qu'en matière d'arbitrage international, la clause compromissoire par référence à un document qui la stipule est valable lorsque la partie à laquelle on l'oppose en a eu connaissance au moment de la conclusion du contrat et qu'elle a, fût-ce par son silence, accepté cette référence » (Civ. 1re, 3 juin 1997, *Prodexport*, *Rev. crit. DIP* 1999, p. 92, note P. Mayer).

B – La validité quant au fond

En principe, « sous réserve des règles impératives du droit français et de l'ordre public international » (Civ. 1re, 20 déc. 1993, *Dalico*, préc.), l'existence et l'efficacité de la clause compromissoire s'apprécient d'après la commune volonté des parties sans qu'il soit nécessaire de se référer à une loi étatique.

Des décisions récentes ont renforcé cette validité en décidant, en premier lieu, que sont sans incidence sur la validité de la clause d'arbitrage le conflit entre une des parties et le centre d'arbitrage (Paris, 8 avr. 2014, n° 12/20478, *Nykcool*) ou les irrégularités affectant les modalités de désignation de l'arbitre (Civ. 1re, 9 juill. 2014, n° 13-13.598, préc). En deuxième lieu, dans deux arrêts rendus le même jour, la Cour de cassation confirme à nouveau que le caractère manifestement nul ou inapplicable des clauses d'arbitrage doit être interprété restrictivement, renforçant la validité de la convention d'arbitrage (Civ. 1re, 1er avr. 2015, n° 14-11.587 et 14-13.684). Enfin, un nouvel arrêt s'inscrit dans la même lignée (Com. 4 juill. 2018, n° 17-13067, intervenu en matière d'affacturage et décidant que la clause d'arbitrage par référence n'est pas manifestement inopposable au *factor*, subrogé dans les droits de son adhérent contre le débiteur cédé. Elle n'est pas qualifiée d'inopposable alors même que l'action de celui-ci est en responsabilité délictuelle dès lors que les factures relatives au contrat de vente ont été transférées en exécution du contrat d'affacturage et que l'action de la société d'affacturage a un lien avec ces ventes).

Même lorsque l'article 2061 du Code civil posait le principe de l'interdiction de la clause compromissoire sauf dans les cas prévus par la loi (par exemple en matière commerciale), la Cour de cassation décidait que ce principe ne s'appliquait pas dans les contrats internationaux (Civ. 1re, 4 juill. 1972, *Hecht* préc.). La Cour de cassation avait posé le principe de la validité de la clause d'arbitrage international, sans condition de commercialité (Civ. 1re, 5 févr. 1999, *Zanzi*, *Rev. crit. DIP* 1999, p. 546, note D. Bureau).

Dans sa nouvelle rédaction, l'article 2061 pose le principe de la validité de la clause compromissoire dans les contrats conclus à raison d'une activité professionnelle, « sous réserve des dispositions législatives particulières ? ». Cet article s'applique-t-il aux contrats internationaux ? Interrogée sur cette question, la ministre de la Justice a répondu que sous réserve de l'interprétation souveraine des juridictions, le nouveau critère « de l'activité professionnelle » prévu par l'article 2061 (nouveau du Code civil) devait être étendu aux contrats internationaux (Réponse ministérielle n° 3541, *JO Sénat Q*, 31 janv. 2002, p. 314.). La jurisprudence décide de cette validité, y compris dans les contrats internationaux de consommation (Civ. 1re, 30 mars 2004 préc.). Elle va même plus loin désormais. Alors qu'elle avait décidé qu'une clause compromissoire insérée dans un acte de commerce était nulle si l'un des contractants était retraité (Civ. 1re, 29 févr. 2012, n° 11-12.782, *D.* 2012. 689, obs. X. Delpech, 1312, note A.-C. Rouard et 2991, obs. T. Clay ; *JCP* 2012. 310, obs. J. Béguin, 405, note J. Monéger et 843, n° 1, obs. J. Ortscheidt) elle a changé de position et décide désormais que la clause n'est pas manifestement nulle lorsqu'elle figure dans un acte de commerce – une cession de contrôle – alors même qu'elle est activée par un cédant retraité (Civ. 1re, 22 oct. 2014, n° 13-11568, *D.* 2015. 2541, obs. T. Clay).

IV – Effets de la clause compromissoire

Elle a deux effets principaux, l'un positif et l'autre négatif :
– elle fonde la compétence du tribunal arbitral ;
– elle entraîne l'incompétence des juridictions étatiques sous réserve de certaines mesures provisoires ou conservatoires qui relèvent de l'*imperium* du juge étatique. En effet, si l'arbitre peut enjoindre à une partie de produire un document et même assortir son injonction d'une astreinte, s'il peut ordonner d'office toutes les mesures d'instruction qu'il estime utiles comme une expertise, s'il peut demander une provision, certaines mesures conservatoires relèvent de la compétence exclusive du juge étatique, seul titulaire de l'*imperium*, notamment celles qui nécessitent un pouvoir de contraintes.

Encore faut-il que cette incompétence soit invoquée devant le juge lors de l'instance au fond (Civ. 1re, 14 nov. 2000, *Rev. crit. DIP* 2001, p. 172, obs. H. Muir Watt).

La question s'est posée de savoir si la clause, qui concerne les parties contractantes peut être étendue aux tiers. La jurisprudence l'a admis. Par exemple :
– en cas de cession de créance, la clause est transmise au cessionnaire avec la créance, telle que cette créance existe dans les rapports entre le cédant et le débiteur cédé (Civ. 1re, 5 janv. 1999, *Rev. crit. DIP* 1999, p. 536 2e esp., note E. Pataut) et quelle que soit la validité de la transmission des droits substantiels (Civ. 2e, 28 mai 2002, *Cimat*, *D.* 2002. IR. 1956 ; *Rev. crit. DIP* 2002, p. 758, note N. Coipel-Cordonnier ; *Rev. arb.* 2003, p. 397, note D. Cohen). Cette transmission est détachée de toute règle de conflit de lois ;
– dans une chaîne homogène de contrats translatifs, la clause se transmet avec l'action contractuelle, sauf preuve de l'ignorance raisonnable de son existence (Civ. 1re, 6 févr. 2001, préc. ; Civ. 1re, 27 mars 2007, *D.* 2007. 2077, note S. Bollée) ;
– la solution est la même dans une chaîne hétérogène de contrat (Civ. 1re, 27 mars 2007, n° 04-20.842, décidant que « dans une chaîne de contrats translatifs de propriété, la clause compromissoire est transmise de façon automatique en tant qu'accessoire du droit d'action, lui-même accessoire au droit substantiel transmis, sans incidence du caractère homogène ou hétérogène de cette chaîne »).

Le tiers ne peut même plus opposer son ignorance raisonnable de la clause d'arbitrage dans ces cas (Civ. 1re, 17 nov. 2010, n° 09-12.442).

Cette transmission est curieusement désormais détachée de celle des droits substantiels.

– Dans un arrêt de 2011, la Cour de cassation a décidé que la clause d'arbitrage contenue dans le contrat initial s'étend au sous-traitant qui en a eu connaissance lors de la signature de son contrat et qui est directement impliqué dans l'exécution du premier contrat (Civ. 1re, 26 oct. 2011, n° 10-17.708).

Des arrêts plus récents appliquent logiquement ces principes. La Cour d'appel de Paris a rappelé que « la clause compromissoire insérée dans un contrat international a une validité et une efficacité propres qui commandent d'en étendre l'application aux parties directement impliquées dans l'exécution du contrat et dans les litiges qui peuvent en résulter » (Paris, 28 oct. 2014, n° 13/18811, *État libyen*, *D.* 2014. 2541, obs. T. Clay ; v. déjà dans le sens de cette extension, Civ. 1re, 7 nov. 2012, n° 11-25.891, *JCP* 2012. 1354, n° 5, obs. C. Seraglini).

Deux arrêts de la Cour de cassation sont dans le même sens (Civ. 1re. 28 janv. 2015, n° 13-24.626, décidant que la cession de la totalité du capital d'une société qui a conclu un protocole d'accord contenant une clause compromissoire emporte transfert automatique de la clause au cessionnaire ; Civ. 1re, 9 juill. 2014, n° 13-17.402). La doctrine est majoritairement en faveur de cette solution.

§ 2 – La procédure d'arbitrage

I – Le déroulement de la procédure

A – La volonté des parties

La procédure s'effectue en principe conformément à la volonté des parties.

La clause compromissoire peut régler la procédure soit directement, soit par référence à un règlement d'arbitrage.

À défaut de prévision des parties, il appartient aux arbitres de régler la procédure, soit également directement, par référence à un règlement d'arbitrage ou par application d'une loi étatique déterminée (C. pr. civ., art. 1509, al. 2).

B – L'indépendance des arbitres

De nombreuses questions doivent être résolues par les parties et/ou les arbitres et ont déjà été envisagées :

- la mise en place du tribunal arbitral (désignation des arbitres, qualité des arbitres et acceptation de leurs missions par ces derniers),
- le déroulement de l'instance arbitrale.

Il convient cependant d'évoquer plus en détail la qualité des arbitres et plus particulièrement leur indépendance.

L'indépendance des arbitres se manifeste à travers **l'obligation de révélation**. L'arbitre étant sans doute le mieux placé pour savoir et évaluer son degré d'indépendance par rapport aux parties, il est tenu d'une obligation de révélation qui est au centre de l'arbitrage. En France, elle est désormais prévue par l'article 1456 al 2 du C. pr. civ. L'arbitre doit révéler aux parties les éléments qui pourraient faire douter de son indépendance ou de son impartialité, afin de leur permettre le cas échéant de le récuser (v. M. Audit, S. Bollée et P. Caillé, préc., n° 873 s). L'indépendance est remise en cause si la situation est de nature à avoir un effet sur l'indépendance d'esprit ou le jugement de l'arbitre (Civ. 1re, 25 juin 2014, n° 11-16.444). Dans une décision de principe de 2012, l'arrêt *Tesco*, la Cour de cassation a décidé que lorsque les faits reprochés à l'arbitre étaient dérisoires, il fallait montrer en quoi ils portaient atteinte à l'indépendance de l'arbitre (Civ. 1re, 10 oct. 2012, n° 11-20.299 ; dans le même sens : Lyon, 11 mars 2014, n° 13/00447, TGI Paris, ord. réf., 6 mai 2014, n° 14/5360). Comment caractériser ce qu'un auteur a appelé les « liaisons dangereuses » (*cf.* E. Loquin, *RTD com.* 2012. 518) ?

• Trois questions se posent : la forme, le contenu et la sanction de la non-révélation.

– La forme de la révélation est libre. La déclaration d'indépendance est valablement faite lorsqu'une lettre de l'arbitre accompagné de son CV a précisé les points pouvant mettre en cause son indépendance (Paris, 6 mai 2014, n° 12/21230).

– La question la plus importante et la plus controversée est celle du contenu de l'obligation de révélation car les avis divergent. Doivent être révélés, d'après la jurisprudence, tous les événements « de nature à provoquer, dans l'esprit des parties, un doute raisonnable sur les qualités d'impartialité et d'indépendance ». En pratique, n'ont pas besoin d'être révélés : les faits que l'arbitre ignorait. Ici une nuance doit être apportée. Encore faut-il qu'il s'agisse de faits qu'il ne pouvait pas ne pas connaître, par exemple lorsqu'ils concernent le cabinet d'avocats pour lequel il travaille comme associé ou comme *of counsel*. Un arrêt récent apporte des précisions. En l'espèce, les associés de l'arbitre avaient travaillé pour une société mère d'une des parties, ce que l'arbitre ignorait, pour une opération modeste par rapport au CA du cabinet et sans rapport avec le litige. Mais en même temps, le cabinet avait fait de cela un « enjeu de communication ». La Cour d'appel de Paris applique la jurisprudence *Tecnimont* (Civ. 1re, 25 juin 2014, n° 11-26.529, préc.) et infirme l'ordonnance ayant *exequaturé* la sentence en première instance, s'inscrivant ainsi dans une conception rigoureuse de l'indépendance de l'arbitre et du contenu de l'obligation d'indépendance. N'ont pas à être révélés les faits d'ordre scientifique, éditorial ou social. C'est le cas par exemple de la participation à un même colloque (Civ. 1re, 4 juill. 2012, n° 11-19.624, *CSF, D.* 2012. 1898, obs. X. Delpech, 2425, note B. Le Bars et 2991, obs. T. Clay), à une même revue (Paris, 1er juill. 2011, n° 10/10402, *Sobrior* et n° 10/10406, *Emivir, D.* 2011. 3023, obs. T. Clay ; *RTD com.* 2012. 518, obs. E. Loquin) ou même à une même association. Les relations sociales entre l'arbitre et l'avocat d'une partie n'ont pas à être révélées. Un arrêt a décidé que le fait qu'ils entretiennent des relations au sein de plusieurs associations est un élément notoire (Paris, 14 janv. 2014, n° 12/15140, *Cegelec*, préc.). Le fait que deux arbitres appartiennent au Club des juristes et ont participé la veille de l'audience de plaidoirie à un dîner-débat, auquel était invité l'avocat d'une des parties n'a pas à être révélé, la Cour répondant que « l'adhésion commune de deux arbitres à un club, qui réunit des juristes de haut niveau, venus de divers horizons… ne peut être regardée comme étant de nature à provoquer, dans l'esprit des parties, un doute raisonnable sur les qualités d'impartialité et d'indépendance desdits arbitres en ce qu'elle témoigne seulement de leur compétence reconnue ».

Une nuance doit être apportée lorsque la relation pédagogique se double d'une relation financière, comme le montre un arrêt de la Cour de Tunis du 10 décembre 2013 décidant que la participation à des activités pédagogiques n'a pas à être révélée et ne doit pas être une cause d'annulation de la sentence. En revanche, elle sanctionne le fait de ne pas avoir révélé que l'Arbitration Academy était financée par l'un des avocats. C'est la relation pécuniaire qui est ici en cause. C'est bien le retour sur investissement attendu du financement qui pose problème.

Doivent être révélés les faits d'ordre pécuniaire et dans les relations de cet ordre, c'est une conception large de l'obligation de révélation qui l'emporte. Il convient de révéler les relations entre l'arbitre et les parties, l'arbitre et les conseils ou même entre coarbitres. Dans ces relations aussi, il faut avoir une juste mesure et des nuances doivent être apportées. Ainsi, la Cour d'appel de Paris juge que « le fait qu'un arbitre, fut-ce le président du tribunal arbitral, siège dans deux instances parallèles, n'est pas, par lui-même, de nature à faire raisonnablement douter de son indépendance et de son impartialité, à moins que la décision rendue dans l'une des affaires constitue un préjudice défavorable à l'égard d'une partie dans l'autre instance ; ... il n'en va ainsi, toutefois, que si l'appréciation portée par l'arbitre dans la première procédure sur un ensemble indissociable de fait et de droit entraîne logiquement certaines conséquences sur les questions à trancher » (Paris, 9 sept. 2014, n° 13/01333). N'a pas à être révélés par exemple le fait pour un arbitre d'avoir été, 20 ans auparavant, collaborateur de l'avocat d'une des parties, lequel était à l'époque associé du cabinet où il travaillait (Paris, 14 janv. 2014, n° 12/15140, *Cegelec*, préc.).

– La non-révélation peut avoir de graves conséquences : récusation de l'arbitre, si le fait caché est connu lors de l'instance d'arbitrage, la nullité de la sentence arbitrale au titre de la constitution irrégulière du tribunal arbitral s'il est connu après le prononcé de la sentence et la responsabilité de l'arbitre pour préjudice causé à l'une des parties. Il convient d'avoir à l'esprit l'arrêt *Tecnimont* (Civ. 1re, 25 juin 2014, préc.) décidant que « la partie qui, en connaissance de cause, s'abstient d'exercer, dans le délai prévu par le règlement d'arbitrage applicable, son droit de récusation en se fondant sur toute circonstance de nature à mettre en cause l'indépendance ou l'impartialité d'un arbitre, est réputée avoir renoncé à s'en prévaloir devant le juge de l'annulation ».

Aujourd'hui, le critère de la révélation est sur le point d'être dépassé et la question est moins de savoir si les faits litigieux ont été révélés que de se demander si la réaction de la partie qui les invoque a été effectuée dans les temps. Il semble donc que **le devoir de réaction** prolonge voire supplante celui de révélation. Au centre de cette préoccupation se trouve l'article 1466 du Code de procédure civile d'après lequel, lorsqu'une irrégularité de procédure n'est pas soulevée à temps, cela a pour effet renonciation à l'invoquer ensuite. Lorsqu'un règlement d'arbitrage applicable prévoit un délai pour agir en récusation, le juge de l'annulation est lié par un tel délai (Civ. 1re, 25 juin 2014, n° 11-26.529). Ce délai court à compter de la date à laquelle la partie qui forme la demande en récusation a reçu les renseignements ayant altéré sa confiance (Civ. 1re, 19 déc. 2018, n° 16-18.349).

C – Les principes fondamentaux s'appliquant à la procédure

Des principes fondamentaux s'appliquent à toute procédure arbitrale.

• Il s'agit en premier lieu du droit pour l'arbitre de se prononcer sur sa propre compétence : c'est le principe « compétence-compétence », largement admis par la jurisprudence française et les législations étrangères sur l'arbitrage international et désormais codifié à l'article 1448 C. pr. civ. Ce principe a deux aspects. Un effet positif qui est simple : l'arbitre doit statuer sur sa propre compétence lorsqu'elle est contestée au cours de l'arbitrage. Un effet négatif qui est plus controversé : ce pouvoir accordé à l'arbitre exclut celui du juge étatique de se prononcer sur la validité et l'applicabilité de la convention d'arbitrage. Dans un tel cas, le juge ne doit pas se prononcer tant que l'arbitre ne l'a pas fait lui-même d'où l'expression d'effet négatif. Ce second effet est admis en droit français alors que des droits étrangers le refusent. L'article 1448, al. 1er, C. pr. civ. dispose que « lorsqu'un litige relevant de la convention d'arbitrage est porté devant une juridiction de l'État, celle-ci se déclare incompétente, sauf si le tribunal arbitral n'est pas encore saisi et si la convention d'arbitrage est manifestement nulle ou manifestement inapplicable ». La Cour de cassation et la doctrine rappellent de manière constante que le caractère manifestement nul ou inapplicable des clauses d'arbitrage doit être interprété de manière restrictive. Dans deux arrêts rendus le même jour, la Cour de cassation le confirme (Civ. 1re, 1er avr. 2015, n° 14-11.587 et 14-13.684) tout comme dans des arrêts récents (Civ. 1re, 13 juill. 2016, n° 15-19.389 décidant implicitement que l'impossibilité de faire face au coût de l'arbitrage n'a pas pour effet que la clause d'arbitrage est manifestement inapplicable ; Civ. 1re, 6 juill. 2016, n° 15-19.521 ; Civ. 1re, 21 sept. 2016, n° 15-28.941, *D.* 2016, 2595, obs. T. Clay ; *RJDA* 2016, n° 917 ; Civ. 1re, 6 juill. 2016, n° 15-19.521, *Football Club de Sochaux*, *D.* 2016. 2589, obs. T. Clay, *Rev. crit. DIP* 2017, p. 90, note J. Guillaumé ; Civ. 1re, 19 déc. 2018, n° 17-28951, *adde* Paris, ch. 5-8, 30 juin 2015, n° 14/20970).

• Il s'agit ensuite du principe de la contradiction exigée par l'article 1520-4° C. pr. civ. et de ses conséquences telles que relevées par la jurisprudence. D'après un arrêt de la cour de Paris, respecter ce principe suppose « que chaque partie ait été en mesure de faire valoir ses moyens de fait et de droit, de connaître ceux de son adversaire et de les discuter, ensuite qu'aucune écriture et qu'aucun document n'ait été porté à la connaissance des arbitres sans être également communiqué à l'autre partie, enfin qu'aucun moyen, de fait ou de droit, ne soit relevé d'office par le tribunal arbitral sans que les parties aient été invitées à présenter leurs observations » (Paris, 16 janv. 2003, *Rev. arb.* 2004, p. 369, note L. Jaeger).

II – Le dénouement de la procédure

À l'issue de la procédure, l'arbitre rend une décision qui prend la forme d'une sentence. Elle doit en principe être exécutée volontairement, mais il peut arriver qu'une partie refuse de le faire ou exerce des voies de recours

A – La sentence arbitrale internationale ou étrangère

Il s'agit des « actes des arbitres qui tranchent de manière définitive, en tout ou en partie, le litige qui leur est soumis, que ce soit sur la compétence ou sur un moyen de procédure qui les conduit à mettre fin à l'instance » (Paris, 25 mars 1994, *Rev. arb.* 1994, p. 391, note C. Jarrosson).

1. Les conditions

• **Forme**

– aucune forme n'est en principe exigée en matière d'arbitrage international, même si la volonté des parties ou la référence à un règlement d'arbitrage peuvent imposer le respect de certaines formes ;

– la sentence doit en principe être datée, signée par les arbitres et indiquer le lieu où elle a été rendue ;

– la motivation de la sentence n'est pas obligatoire. Ici encore, tout dépend de la volonté des parties ou de la loi applicable à la procédure d'arbitrage ;

– la sentence arbitrale est confidentielle, sauf consentement des parties.

– la sentence arbitrale doit être notifiée une fois qu'elle est rendue. Ici encore tout dépend de la volonté des parties comme le précise l'article 1484 C. pr. civ. qui dispose « elle est notifiée par voie de signification à moins que les parties en disposent autrement ». Une prudence s'impose toutefois dans les formes de cette notification (v. cep.

Paris, pôle 1, 4 juill. 2013, n° 12/08215, refusant de donner effet à une notification de sentence effectuée par courriel par la CCI sur la base d'un accord des parties lui-même conclu par courriel).

• **Fond**

– lorsque l'arbitre est unique, il délibère seul et en toute indépendance ;

– en cas de pluralité d'arbitres, la décision doit nécessairement être précédée d'un délibéré qui est secret et dont la forme est libre (présence physique, visio-conférence, téléphone, télécopie…). La décision peut être prise à l'unanimité. Les parties peuvent prévoir d'autres possibilités ou à défaut les arbitres eux-mêmes. Désormais, l'article 1513 du C. pr. civ. décide en matière d'arbitrage international, préservant la liberté des parties à l'arbitrage, que « la sentence est rendue à la majorité des voix » et à défaut que « le président du tribunal arbitral statue seul ».

2. Les effets

• **Autorité de la chose jugée et dessaisissement des arbitres :** la sentence a autorité de la chose jugée, dès son prononcé, relativement à la contestation tranchée (art. 1484 C. pr. civ.). La sentence dessaisit l'arbitre de la contestation qu'il tranche.

• **Reconnaissance et exécution :** la reconnaissance et l'exécution sont subordonnées à deux conditions (art. 1514 C. pr. civ.), l'une de forme et l'autre de fond. Ils dépendent de :

– la preuve de l'existence de la sentence arbitrale par celui qui s'en prévaut (art. 1514 C. pr. civ.). Cette preuve est apportée par la « production de l'original accompagnée de la convention d'arbitrage ou de copies de ces documents réunissant les conditions requises pour leur authenticité » éventuellement assortie d'une traduction (art. 1515 C. pr. civ.). C'est à la sentence arbitrale elle-même que *l'exequatur* est accordé et non à sa traduction (Civ. 1re, 14 janv. 2015, n° 13-20.350) ;

– l'absence de contrariété manifeste à l'ordre public international (art. 1514 C. pr. civ.).

La compétence est attribuée au tribunal de grande instance, statuant à juge unique, « dans le ressort duquel la sentence a été rendue », si elle a été rendue en France. Dans le cas contraire, aucun texte ne prévoit de compétence territoriale. On doit donc appliquer les exigences d'une bonne administration de la justice. Dans certains cas, les tribunaux administratifs peuvent être compétents.

La reconnaissance peut être obtenue à titre principal ou incident.

L'*exequatur* est nécessaire pour conférer aux sentences force exécutoire et la procédure est non contradictoire. Le contrôle du juge de l'*exequatur* est sommaire.

B – Les voies de recours

En principe, comme les jugements étrangers, les sentences arbitrales internationales et les sentences arbitrales étrangères ne sont pas susceptibles d'un recours direct devant les juridictions françaises (art. 1525 à 1527). Seule la procédure d'*exequatur* (ou de reconnaissance) permet au juge français de se retrouver compétent. Un recours en annulation, qu'il ne faut pas confondre avec un appel, reste autorisé et n'est recevable qu'au lieu où la sentence a été rendue. Quelques précisions doivent être apportées en cas de décisions rendues en France :

• **Recours contre la décision française statuant sur la reconnaissance ou l'exécution de la sentence :**

– la décision qui refuse la reconnaissance et l'exécution de la sentence arbitrale internationale ou de la sentence arbitrale étrangère est toujours susceptible d'appel (art. 1525 C. pr. civ.) ;

– la décision qui accorde la reconnaissance ou l'exécution n'est susceptible d'appel que dans les cas prévus à l'article 1520 du Code de procédure civile, c'est-à-dire l'inexistence, la nullité ou l'expiration de la convention d'arbitrage, le tribunal arbitral irrégulièrement constitué, la violation de sa mission par l'arbitre, le non-respect du principe de la contradiction, et la contrariété à l'ordre public international. C'est à la partie qui invoque la violation par l'arbitre d'un principe, par exemple celui de la contradiction d'en apporter la preuve (Civ. 1re, 5 nov. 2014, n° 13-11.745).

L'appel est de la compétence de la cour d'appel dont relève le juge qui a statué et doit être exercé dans le délai d'un mois à compter de la signification de la décision du juge (art. 1520 al. 2 C. pr. civ.). Ce délai et l'appel ont un effet suspensif.

• **Recours contre la sentence arbitrale internationale rendue en France**

Un recours en annulation peut être directement exercé contre les sentences arbitrales internationales rendues en France (art. 1518), dans les cas prévus par l'article 1520 du Code de procédure civile (Paris, 29 mars 2001, *RTD com*. 2001. 648, obs. E. Loquin). Ce recours est de la compétence de la cour d'appel dans le ressort de laquelle la sentence a été rendue. Ce recours doit être exercé dans le mois de la signification de la sentence déclarée exécutoire (art. 1519 al. 2). Le rejet du recours en annulation confère l'*exequatur* à la sentence arbitrale (art. 1527 al 2).

Le décret du 13 janvier 2011 a apporté plusieurs innovations relatives au recours en annulation :

– les parties peuvent renoncer au recours en annulation. D'après l'article 1522 al 1 « par une convention spéciale, les parties peuvent à tout moment renoncer expressément au recours en annulation ». Les conditions sont strictes mais conformes à ce type de renonciation qui doit être expresse et non équivoque ;

– les parties peuvent convenir d'un mode de notification de la sentence autre que la signification (art. 1519 al. 3) ;

– le recours en annulation n'est pas suspensif même si l'article 1526 alinéa 2 du C. pr. civ. permet au premier président de la CA statuant en référé ou au conseiller de la mise en état d'arrêter ou d'aménager l'exécution de la sentence « si cette exécution est susceptible de léser gravement les droits de l'une des parties ».

Enfin, il convient de préciser, pour terminer, un autre procédé de contrôle de la sentence arbitrale qui est le **recours en révision**. Ce dernier a lieu devant le tribunal arbitral. Il a été consacré récemment par le Code de procédure civile en matière d'arbitrage international. Il s'agit d'une voie de recours visant à obtenir la rétractation d'un jugement ou d'une sentence par la juridiction ou le tribunal arbitral qui l'a rendu. Avant la réforme du 13 janvier 2011, le recours en révision était ouvert dans l'arbitrage interne et exclu dans l'arbitrage international. Toutefois, dans l'arrêt *Fougerolle*, la Cour de cassation avait tenté de corriger cette lacune en maintenant la possibilité de rétractation dans l'arbitrage international en la réintroduisant dans le seul cas de la fraude (Civ. 1re, 25 mai 1992, n° 90-18.210, *JDI* 1992, 974, note E. Loquin, *Rev. crit. DIP* 1992, 699, note B. Oppetit).

Le décret du 13 janvier 2011 ira plus loin en introduisant le recours en révision et non la seule rétractation pour fraude dans l'arbitrage international. En effet, l'article 1502 alinéa 1er dispose « le recours en révision est ouvert contre la sentence arbitrale dans les cas prévus pour les jugements à l'article 595 » du Code de procédure civile. Ce recours s'exerce dans les conditions posées par le code à l'égard des jugements lorsqu'elles sont pertinentes à l'endroit des sentences arbitrales (art. 1502 al 1er, art. 594, 596, 597, 601 à 603 du C. pr. civ.).

Ce recours en révision des sentences arbitrales internationales est, sauf convention contraire des parties, régi par les deux premiers alinéas de l'article 1502 relatif au recours en révision.

Ce recours en révision ne concerne pas uniquement les seules sentences rendues en France, mais l'ensemble des sentences internationales.

Pour aller plus loin

Bibliographie

- M. Pédamon et H. Kenfack, *Droit commercial*, Dalloz, « Précis », 4e éd., 2015, n° 46 et s.
- J.-M. Jacquet, Ph. Delebecque, S. Corneloup, *Droit du commerce international*, Dalloz, 3e éd., 2015
- M. Audit, S. Bollée et P. Callé, *Droit du commerce international et des investissements étrangers*, LGDJ, 2e éd., 2016
- C. Seraglini et J. Ortscheidt, *Droit de l'arbitrage interne et international*, Monchrestien, 2016
- O. Cachard, *Droit du commerce international*, LGDJ, 3e éd., 2018
- J.-B. Racine et F. Siiriainen, *Droit du commerce international*, Dalloz, « Cours », 3e éd., 2018
- B. Mercadal, « Sur le conflit d'intérêts entre l'arbitre et une partie à l'arbitrage », *RJDA* 2015, chron., p. 163
- T. Clay et P. Pinsolle, « De l'autonomie de la convention d'arbitrage à l'autonomie de la sentence arbitrale. Les grands arrêts de la jurisprudence française en matière d'arbitrage international de 1963 à 2007 », *JDI* 2015, p. 7
- Ph. Delebecque, « Les clauses compromissoires dans les contrats maritimes », *DMF* 2016. 158
- E. Loquin, « L´accélération de la procédure d´arbitrage à l´intérieur de l´espace OHADA », *JDI* 2019.343

Sujets d'examen

Dissertations

- La notion de clause compromissoire manifestement inapplicable
- La validité de la clause compromissoire
- L'opposabilité de la clause compromissoire
- Les effets de la clause compromissoire
- La transmission de la clause d'arbitrage
- La clause d'arbitrage et les tiers
- La renonciation à se prévaloir des irrégularités de la procédure arbitrale
- Les voies de recours contre les sentences arbitrales
- L'efficacité de l'arbitrage CCI
- L'efficacité de l'arbitrage OHADA

Deuxième partie

Les opérateurs du commerce international

Le commerce international est l'œuvre de plusieurs acteurs. Certains essaient d'en fixer les règles alors que d'autres y agissent simplement. Les uns sont des opérateurs institutionnels alors les autres sont des opérateurs non institutionnels.

Titre 1
Les opérateurs institutionnels

Ils ont un rôle déterminant dans le commerce international.
Les plus importants sont les organisations internationales et assimilées, même s'il ne faut pas négliger le rôle de l'État et de ses émanations.

Chapitre 1
Les organisations internationales et assimilées

L'essentiel

Une des principales organisations internationales est aujourd'hui l'Organisation mondiale du commerce qui a succédé au GATT. D'autres acteurs jouent également un rôle important, notamment la Conférence des Nations unies sur le commerce et le développement (CNUCED), la Commission des Nations unies pour le Droit du commerce international (CNUDCI) ou même la Chambre de commerce internationale (CCI).

Section 1 – Le *General Agreement on Tariffs and Trade* et l'Organisation mondiale du commerce

§ 1 – Le *General Agreement on Tariffs and Trade* (GATT)

Le GATT ou en français Accord général sur les tarifs douaniers et le commerce a précédé l'Organisation mondiale du commerce. Il n'est pas une organisation internationale mais simplement un accord signé à Genève le 30 octobre 1947 et entré en vigueur le 1er janvier 1948.

Accord à l'origine provisoire (qui a duré jusqu'en 1995), le GATT est une instance administrant le traité. Il tente de régler les différends commerciaux qui surgissent entre les « membres », en réalité les « hautes parties contractantes ». Il a instauré une dynamique qui allait s'exprimer dans différentes négociations entre « États membres ». En principe permanentes, ces négociations s'intensifient lors de « rounds ». De nombreux rounds ont eu lieu, notamment (et concernant exclusivement le domaine tarifaire) Genève (1947), Annecy (1949), Torquay (1951), Genève (1956), Dillon Round (1962). Le Kennedy Round (1963-1973) a été un des plus importants car il comportait le premier Code antidumping et les premières réductions douanières relatives aux produits agricoles. Le Tokyo Round (1973-1979) a permis d'obtenir un abaissement plus important des droits de douane et a élargi la négociation aux restrictions non tarifaires.

Le plus important est l'Uruguay Round (1986-1994). Il a eu des résultats importants sur deux plans :

– le plan normatif. Il a élargi le domaine de la négociation aux services avec le GATS (*General agreement on trade and services*) et à la propriété intellectuelle avec le TRIPS (*Trade related intellectual property rights*). Il prévoit également un accord multilatéral sur les biens qui couvre le domaine traditionnel du GATT ;

– le plan institutionnel. Il permet un accord multilatéral créant l'organisation mondiale du commerce, qualifiée de « cadre institutionnel commun pour la conduite des relations commerciales » (Accord de Marrakech du 15 avr. 1994).

§ 2 – L'Organisation mondiale du commerce (OMC)

Dotée de la personnalité juridique, l'Organisation mondiale du commerce (OMC) est une véritable organisation internationale et fonctionnelle depuis le 1er janvier 1995. Son siège est en Suisse et elle compte 164 membres (au 29 juill. 2016). C'est un « système commercial multilatéral et intégré qui englobe le GATT, les résultats des efforts de libéralisation du commerce entrepris dans le passé et tous les résultats des négociations communes multilatérales du cycle d'Uruguay ».

I – Les structures de l'OMC

Elle a deux principaux organes auxquels il convient d'ajouter un secrétariat, dirigé par un directeur général.

A – La conférence ministérielle

• Elle définit la politique générale de l'organisation et prend toutes les décisions relatives aux accords commerciaux multilatéraux. Elle détient, avec le Conseil général, le pouvoir exclusif d'adopter les interprétations authentiques du droit de l'OMC, celui d'accorder à un État membre une dérogation et même celui de se prononcer sur l'accession de nouveaux États membres.

• Organe plénier, elle se réunit au moins une fois tous les deux ans et est composée des ministres du Commerce de tous les États membres. Chaque État membre a une voix.

• Depuis sa création, l'OMC a connu plusieurs conférences ministérielles :
- Singapour (9-13 déc. 1996) ;
- Genève (18-20 mai 1998) ;
- Seattle (30 nov.-3 déc. 1999) ; une des plus médiatisées avec pour résultat un échec. Elle avait pour objectif d'ouvrir un nouveau cycle de négociations sur la concurrence, l'investissement, les marchés publics, l'environnement ou l'épineuse question des normes sociales ;
- Doha (10-14 nov. 2001) totalement éclipsée par la guerre en Afghanistan. Pendant cette conférence, un des points de désaccords était les subventions à l'agriculture. Des thèmes importants comme les normes sociales, l'environnement, l'investissement et la sécurité intérieure ont été évités. Elle a toutefois permis le lancement d'un cycle de négociations dit du *Millenium Round* sur, notamment, l'agriculture, les médicaments. L'adhésion de la Chine est un de ses éléments importants ;
- Cancun (10-14 sept. 2003) : elle a surtout été marquée par la confirmation de nombreuses divergences entre pays développés et pays en voie de développement, entre les États-Unis et l'Union européenne sur l'agriculture. Elle s'achève sans position commune ;
- Hong Kong (13-18 déc. 2005) ;
- Genève (21-25 juill. 2008) : elle a abouti sur un échec des négociations ;
- Genève (30 nov-2 déc. 2009) ;
- Genève (15-17 déc. 2011) : accession de la Russie ;
- Bali (3-6 déc. 2013) ;

– Nairobi (15-18 déc. 2015) ;
– Buenos Aires, (10-13 déc. 2017).

B – Le conseil général

• Organe permanent composé de délégations des États membres, il se substitue à la conférence ministérielle lorsque celle-ci ne siège pas.

• Il exerce également les fonctions d'organe d'examen des politiques commerciales (OEPC) et d'organe de règlement des différends (ORD).

• Dans certains domaines de compétence existent des conseils spécialisés :
– le conseil du commerce des marchandises ;
– le conseil du commerce des services ;
– le conseil des aspects de droit de propriété intellectuelle relatifs au commerce (conseil des ADPIC).

• Des comités à finalité particulière ont également été institués par l'accord d'origine : le comité du commerce et du développement, le comité des restrictions appliquées à des fins de balance de paiements et le comité du budget, des finances et de l'administration. À côté de ces comités, la Conférence ministérielle a créé des groupes de travail chargés de certaines questions (par exemple les liens entre le commerce et l'investissement) alors que le Conseil général a créé le comité du commerce et de l'environnement et le comité des accords régionaux.

C – Le secrétariat

C'est en principe un organe purement administratif. Il est dirigé par un directeur général nommé par la conférence ministérielle qui détermine ses pouvoirs et attributions. Sa nomination est devenue un enjeu politique important.

II – Le fonctionnement de l'OMC

Pour l'essentiel, les règles du GATT sont maintenues.

A – Les principales règles générales

Le principe de base reste le principe de non-discrimination même s'il comporte des exceptions. D'autres règles sont applicables.

1. Le principe de non-discrimination

Il a deux aspects :

• La clause de la nation la plus favorisée d'après laquelle tout État membre de l'OMC et signataire du GATT qui accorde un avantage à un État membre du GATT doit l'étendre à tous les États membres. Il est institué par l'article 1 du GATT qui dispose que tous « avantages, faveurs privilèges ou immunités accordés par un Membre à un produit originaire ou à destination de tout autre pays seront, immédiatement et sans condition, étendus à tout produit similaire originaire ou à destination du territoire de tous les autres Membres ». Il est relatif aux droits de douane et aux impositions quelle qu'en soit la nature, qui sont perçus à l'importation ou à l'exportation ou à l'occasion de ces dernières.

• La clause du traitement national (ou de l'égalité du traitement) selon laquelle tout État membre doit traiter les produits et services étrangers de la même manière que les nationaux (art. 3 du GATT). Cette clause ne prohibe pas les barrières (taxes ou droits de douane) à l'entrée dans le pays. Une fois franchie, l'égalité du traitement doit être appliquée, par exemple, dès lors qu'une voiture japonaise a franchi les obstacles douaniers, elle doit être traitée comme une voiture française. On ne doit pas lui imposer des taxes intérieures ou des normes différentes.

2. La protection par les droits de douane et leur consolidation

Selon ce principe, les tarifs douaniers doivent être privilégiés comme moyen de protection possible du marché et de la production nationale.

La logique de l'OMC est exclusivement orientée vers une baisse des droits de douane.

Cette protection est complétée par le principe de consolidation des droits de douane. Les parties sont à l'abri des majorations futures car les tarifs douaniers sont consolidés et définitifs.

Ces principes généraux connaissent cependant des tempéraments, dérogations et exceptions.

• **Tempéraments :** ils sont consentis en faveur des accords commerciaux régionaux, par exemple en faveur des pays en voie de développement en permettant notamment l'octroi de préférences à ces pays.

• **Dérogations :** en cas de circonstances exceptionnelles, le Conseil général peut dispenser un État d'une ou de plusieurs de ses obligations au titre au GATT.

• **Les véritables exceptions :** par exemple celle spécifique qui est relative aux films cinématographiques. L'article 4 du GATT autorise des contingents à l'écran en faveur des productions nationales. les articles 20 et 21 complètent ce dispositif en visant les exceptions générales et celles relatives à la sécurité.

3. Le principe de l'interdiction des restrictions quantitatives à l'importation et à l'exportation

Ce principe est posé par l'article 11 du GATT. Sont donc interdites toutes les mesures fixant la valeur et/ou la quantité des produits qui peuvent être importés ou exportés.

Ce principe connaît des tempéraments car ces restrictions sont parfois admises sous certaines conditions.

4. La réglementation du *dumping*

Le *dumping* est le fait d'introduire un produit sur un marché étranger à un prix inférieur à sa valeur normale (art. 6 du GATT complété par l'Accord anti-*dumping*). Cette valeur est celle à laquelle le même produit est offert par le marché national du pays exportateur. Il n'est pas de plein droit condamnable mais lorsqu'il cause un préjudice à un État, ce dernier a la possibilité de mettre en œuvre des mesures anti-*dumping*. Certains, comme les États-Unis d'Amérique ou la Communauté européenne, en ont abusé, ce qui a entraîné une réglementation des mesures anti-*dumping*.

La partie qui s'estime victime d'un *dumping* doit demander l'ouverture d'une enquête pour prouver l'existence du *dumping*, le dommage qu'il a subi et le lien de causalité entre les deux. Si la procédure *antidumping* abouti à un résultat positif, l'État lésé peut par exemple procéder à des surtaxes douanières autorisées (droits anti-*dumping*), augmenter les prix à l'exportation, ou limiter les quantités exportées. Ces mesures doivent être limitées à 5 ans maximum.

Depuis quelques années, la notion de *dumping* a pris dans certains pays un autre sens exprimé par « *dumping* social » ou « *dumping* environnemental »

5. Les subventions

• En principe, les subventions à l'exportation sont interdites. Un nouvel accord est intervenu (Accord sur les subventions et les mesures compensatoires SMC). Ne sont concernées que les subventions spécifiques c'est-à-dire celles qui sont accordées à une entreprise unique ou à un groupe d'entreprises, ou à une branche de production ou groupes de branches de production.

Le nouvel accord opère une distinction entre :

– les subventions prohibées (liste rouge), par exemple les subventions à l'exportation, qui peuvent être directes (rares) ou indirectes et difficiles à mettre en évidence ;

– les subventions pouvant donner lieu à des actions (liste orange) par exemple les subventions à la production qui n'ont qu'un effet limité sur les échanges ;

– les subventions autorisées et non susceptibles d'action (liste verte). Ce troisième groupe est très limité, sauf dans le secteur agricole car actuellement la plupart des subventions agricoles sont considérées comme admises, ce qui génère des conflits très importants au sein de l'OMC.

• En présence d'une subvention les États peuvent :

– adopter des mesures compensatoires qui consistent en droits exigibles ;

– prendre des remèdes multilatéraux qui nécessitent une procédure devant l'organe de règlement des différends.

B – Les principales règles spéciales

Elles concernent principalement le commerce des marchandises (domaine traditionnel) mais aussi les services, les droits de propriété intellectuelle liés au commerce, les investissements liés au commerce. Peuvent également être simplement signalés le textile et l'agriculture.

1. Le commerce de marchandises

Les règles relatives au commerce de marchandises concernent :

• **L'évaluation et l'inspection avant expédition des marchandises :**

– l'Accord sur l'évaluation en douane des marchandises avant expédition admet comme base d'évaluation le prix contractuel figurant sur les factures. Les règles de l'Uruguay Round permettent aux autorités douanières de contester cette évaluation et il appartient aux importateurs d'apporter la preuve de la véracité de ce prix (dans l'ancien système du Tokyo Round, cette contestation était possible dans certains cas limités). À défaut d'une telle preuve, l'Accord prévoit des méthodes d'évaluation ;

– l'Accord sur l'inspection avant expédition s'efforce d'éviter que la nécessaire inspection des marchandises permettant de lutter contre des fraudes diverses n'entraîne des obstacles au commerce.

• **Les obstacles à l'importation de marchandises en provenance de l'étranger :**

– l'Accord sur les obstacles techniques au commerce impose aux États membres un minimum d'obligations. Le fait pour un État d'adopter des lois et règlements fixant des exigences de qualité et de sécurité pour admettre un produit sur son territoire n'est pas en soi prohibé. Toutefois, l'adoption de « règlements techniques » (dispositions obligatoires) doit entraîner l'obligation de les appliquer en respectant les principes de la clause de la nation la plus favorisée, le principe du traitement national, le principe de proportionnalité. Ils doivent en outre être fondés sur des données scientifiques et techniques et dans la mesure du possible se référer à des normes internationales ;

– l'Accord sur les procédures de licences d'exploitation essaie de limiter les inconvénients de telles exigences qui ne sont pas interdites en soi.

2. Le commerce de service : le GATS

• Le *General Agreement on Trade and Services* (GATS) ou en français Accord général sur le commerce des services (AGCS) opère une transposition des règles du GATT au domaine des services auxquelles s'ajoutent des règles spécifiques. Il concerne la totalité des services, exception faite des services gouvernementaux.

• Le GATS définit les quatre formes du commerce de services en fonction de leur mode de fourniture :

– services traversant eux-mêmes les frontières entre deux ou plusieurs pays, par exemple les télécommunications ;

– services offerts à l'intérieur d'un pays à l'intention de consommateurs étrangers, par exemple le tourisme ;

– services assurés dans un pays étranger par l'intermédiaire d'une présence commerciale sur un territoire étranger, une filiale ou une succursale, par exemple une banque ;

– services impliquant la présence d'une personne physique à l'étranger.

• Le GATS fonctionne sur le même modèle et les mêmes principes que le GATT (par exemple la clause de la nation la plus favorisée).

3. Les droits de propriété intellectuelle liés au commerce

• L'accord sur les droits de propriété intellectuelle liés au commerce (ADPIC) ou *Trade-Related Intellectual Property Rights* (TRIPS) se fonde essentiellement sur les Conventions de l'OMPI mais va au-delà. Il s'applique notamment aux :

– droits d'auteur et droits connexes (droits des artistes interprètes, des producteurs d'enregistrements sonores et des organismes de radiodiffusion) ;

– marques commerciales ;

– indications géographiques y compris les appellations d'origine ;

– dessins industriels ;

– brevets ;

– schémas de configuration de circuits intégrés et renseignements non divulgués.

• Les bénéficiaires de cet accord sont les ressortissants des États membres de l'OMC. Il est donc doté à leur égard d'un effet direct.

• Il prévoit par exemple :

– la durée minimale de protection des droits d'auteur est fixée à 50 ans ;

– les programmes d'ordinateur doivent être protégés comme une œuvre littéraire ;

– la nécessité de la lutte contre la contrefaçon.

4. Les investissements liés au commerce

Cet accord exclusivement lié au commerce (exclusion des mesures générales sur les investissements internationaux) transpose certains des principes du GATT aux investissements liés au commerce, par exemple le principe de non-discrimination ou de l'interdiction des restrictions quantitatives.

Les points de friction au sein de l'OMC qui sont autant de faiblesse de sa réglementation concernent l'agriculture, l'environnement, les normes de travail ou encore la sécurité des produits.

III – Le règlement des différends

C'est la principale innovation de l'OMC par rapport au GATT. La procédure est plus formelle et encadrée dans des délais précis. Dans la majorité des cas, un différend naît lorsqu'un État adopte une mesure commerciale (ou d'autre nature) qui est considérée par un ou plusieurs autres membres de l'OMC comme un manquement aux obligations ou une violation au Code commercial de l'OMC.

A – Le mécanisme de règlement des différends

L'organe de règlement des différends (ORD) est compétent pour connaître tous les litiges nés des accords administrés par l'OMC. Il est seul compétent pour établir les « groupes spéciaux » composés d'experts chargés d'examiner l'affaire, et pour adopter et rejeter les conclusions des groupes spéciaux ou les résultats de la procédure d'appel. Il surveille la mise en œuvre des recommandations. Il autorise des mesures de rétorsion si nécessaire.

Le règlement des litiges se fait en trois principales étapes :

1. Première étape : les consultations (jusqu'à 60 jours)

Les parties en différend négocient entre elles pour essayer de parvenir à une entente. Si les discussions n'aboutissent pas, elles peuvent aussi demander au directeur général de l'OMC d'intervenir comme médiateur ou de toute autre manière.

2. Deuxième étape : le groupe spécial

Si les consultations n'aboutissent pas, l'État plaignant peut demander la formation d'un groupe spécial établi par l'organe de règlement des différends. Le délai prévu pour cet établissement est de 45 jours et le groupe a 6 mois pour achever ses travaux. Le pays mis en cause peut empêcher cet établissement une première fois, mais il ne le peut plus lors d'une deuxième réunion.

Le groupe spécial a officiellement pour tâche d'aider l'organe de règlement des différends à énoncer ses décisions ou recommandations. Son rapport ne peut être rejeté que par consensus à l'organe de règlement des différends.

En principe, son rapport doit être communiqué aux parties dans un délai de six mois, sauf dans le cas d'un produit périssable où ce délai est ramené à trois mois. Les principales étapes du travail du groupe spécial sont contenues dans un mémorandum d'accord. Il s'agit :

– avant la première réunion : l'exposé écrit des arguments au groupe spécial ;

– première réunion : les arguments du pays plaignant et de celui ou ceux mis en cause ;

– les réfutations : les pays concernés présentent les réfutations écrites et des arguments oraux à la deuxième réunion du groupe spécial ;

– recours possible à des experts ;

– avant-projet de rapport remis aux deux parties, sans les constatations et conclusions ;

– rapport intérimaire comprenant les constatations et conclusions remis aux parties. Elles ont un délai d'une semaine pour demander un réexamen ;

– réexamen : il ne doit pas dépasser deux semaines ;

– rapport final : il est transmis aux parties et trois semaines plus tard, il est communiqué à tous les membres ;

– enfin, le rapport devient une décision ou une recommandation de l'organe de règlement des différends, sauf s'il y a consensus pour le rejeter.

3. L'appel

Chaque partie peut faire appel de la décision du groupe spécial et parfois les deux parties font appel. Il doit être fondé sur des questions de droit. Il est jugé par trois des sept membres d'un organe d'appel permanent constitué par l'organe de règlement des différends.

La durée de la procédure ne doit pas dépasser en principe 60 jours et en aucun cas 90 jours.

Une fois que l'appel a abouti à la confirmation, à l'infirmation ou à la modification des conclusions juridiques du groupe de travail, l'organe de règlement des différends doit accepter ou rejeter le rapport de l'organe d'appel dans un délai de 30 jours. Seul le consensus permet le rejet.

À la fin de la procédure, l'État condamné doit réparer sa « faute » ou offrir une compensation. À défaut, il s'expose à des sanctions par exemple la suspension par l'État victime vis-à-vis de l'autre de l'application des concessions ou d'autres obligations, ces mesures doivent être autorisées par l'organe de règlement des différends et être limitées. Les délais ne sont pas toujours respectés.

B – Les questions de procédure

Même si l'organe de règlement des différends n'est pas un véritable tribunal au sens classique, les questions de procédure y prennent une plus grande importance et concernent essentiellement :

- **Les parties à la procédure**

La procédure de règlement des litiges ne concerne en principe que les États. Si les personnes privées peuvent y participer en tant que conseillers juridiques privés des États, leur participation en tant que tiers est discutée.

- **L'intérêt à agir**

Pour agir, il n'est pas nécessaire d'avoir subi un préjudice commercial. Il suffit d'avoir un intérêt potentiel.

- **La charge de la preuve**

En principe, il incombe au plaignant de prouver la violation de l'accord allégué et au défendeur de réfuter soit par la preuve contraire, soit par la preuve qu'il bénéficie d'une exception.

- **« Les droits de la défense »**

Les actes menés au cours de la procédure n'étant pas véritablement contentieux, il n'est pas opportun de parler de « droits de la défense ». Toutefois, l'organe de règlement des différends demande des renseignements. Il peut arriver que les informations demandées soient défavorables pour la défense d'un État ou confidentielles et qu'il refuse de les communiquer. Ce refus ne donne pas systématiquement lieu à des déductions défavorables.

C – Quelques affaires

En 2015, après 20 ans, le système de règlement de l'OMC avait connu plus 496 différends.

• L'affaire opposant les États-Unis d'Amérique au Venezuela (règles qui entraînent une discrimination à l'encontre des importations d'essence, rapport d'appel adopté le 20 mai 1996).

Le 23 janvier 1995, le Venezuela (et plus tard le Brésil) a porté plainte contre les États-Unis d'Amérique, lui reprochant d'appliquer des règles entraînant une discrimination à l'encontre des importations d'essence. D'après les plaignants, les États-Unis appliquaient à l'essence importée des règles plus rigoureuses concernant les particularités chimiques que celles qui régissaient l'essence raffinée dans le pays. Ces règles étaient inéquitables, l'essence d'origine américaine n'étant pas assujettie aux mêmes normes. Elles étaient par conséquent contraires au principe du traitement national.

Le rapport final du groupe spécial chargé de l'affaire a donné raison aux plaignants. Les États-Unis ont fait appel. La décision a été confirmée par le rapport de l'organe d'appel adopté le 20 mai 1996. Les États-Unis ont proposé d'apporter des modifications à leurs règles.

• L'affaire des bananes opposant les États-Unis d'Amérique et la Communauté européenne (régime applicable à l'importation, à la vente et à la distribution de bananes, rapport d'appel adopté le 25 septembre 1997).

Les États-Unis d'Amérique (et les pays d'Amérique latine) ont porté plainte contre l'Union européenne à propos du régime appliqué à l'importation, à la vente et à la distribution de bananes. Ce régime comprend deux quotas à l'importation, l'un pour les pays liés à l'Union par la Convention de Lomé et l'autre pour les pays latino-américains, le premier étant plus généreux que le second.

Le groupe spécial chargé de l'affaire a donné raison aux plaignants et l'ORD a dans l'ensemble suivi ses constatations. L'Union européenne a refusé de supprimer les avantages offerts aux pays ACP et des négociations ont été ouvertes pour trouver une solution satisfaisante.

• L'affaire de la viande aux hormones opposant les États-Unis d'Amérique, le Canada et la communauté européenne (mesures concernant les viandes et les produits carnés – hormones, rapport d'appel adopté le 13 févr. 1998).

• L'affaire entre les États-Unis et l'Inde à propos des restrictions quantitatives appliquées par l'Inde sur des produits divers justifiées par des mesures prises pour favoriser le redressement de la balance des paiements (rapport d'appel adopté le 12 août 1999). Cette affaire illustre les rapports entre l'OMC et d'autres organisations internationales, en l'espèce, le FMI.

• Les affaires « États-Unis – Certaines prescriptions en matière d'étiquetage indiquant le pays d'origine (EPO) ». L'organe d'appel de l'ORD a rendu le 29 juin 2012 ses rapports sur cette affaire.

• L'affaire entre le Guatemala et le Pérou au sujet de l'agriculture – Droits supplémentaires sur l'importation de certains produits. Rapport de l'organe d'appel de l'ORD adopté le 31 juillet 2015.

• L'affaire entre les États-Unis et l'UE à propos de leur soutien respectif à leurs constructeurs aéronautiques sur le commerce des aéronefs civils de grande capacité : « Mesures affectant le commerce des aéronefs civils gros porteur ». Cette affaire à plusieurs ramifications n'est pas entièrement terminée.

Section 2 – Les autres organisations internationales

§ 1 – Les organisations à vocation universelle

Plusieurs domaines peuvent être envisagés : commerce international en général et contrats du commerce international, finances, transport, propriété intellectuelle, travail. Ne seront envisagées que les principales organisations, laissant de côté par l'exemple l'Organisation des pays exportateurs de pétrole (OPEP) alors que le pétrole peut avoir un rôle important dans le commerce international.

I – Commerce international en général et contrats du commerce international

A – La Conférence des Nations unies sur le commerce et le développement (CNUCED)

Organe subsidiaire des Nations unies créé à la suite de la conférence de Genève de 1964, la CNUCED a pour objectif d'établir un régime général de commerce international intégrant les intérêts des pays en développement. Elle compte 194 membres (site Internet www.unctad.org).

C'est l'organe central du système des Nations unies pour le traitement intégré des problèmes de développement et les questions étroitement liées concernant le commerce, le financement, la technologie, l'investissement ou le développement durable.

Ses principales réalisations sont :

– le système généralisé de préférence (1971) qui a pour base d'accorder aux pays en développement des préférences tarifaires sans réciprocité. Ex. : Accord CEE (UE) et ACP (Afrique, Caraïbes, Pacifique) ;

– le système global de préférences commerciales entre pays en développement (1989) ;

– l'ensemble de principes et de règles équitables convenus au niveau multilatéral pour le contrôle des pratiques commerciales restrictives (1980) ;

– les accords internationaux notamment sur le cacao, le sucre, le caoutchouc naturel, les bois tropicaux, l'huile d'olive ou le blé.

Les résultats de la CNUCED sont parfois décevants sur le plan juridique car les codes élaborés n'ont aucune valeur obligatoire, par exemple le code de conduite sur les pratiques restrictives de 1980.

Ses rapports annuels font toutefois autorité :
– le rapport sur le commerce et le développement ;
– le rapport sur l'investissement dans le monde ;
– le rapport sur les pays les moins avancés.

B – La Commission des Nations unies pour le droit du commerce international (CNUDCI)

Créée par une résolution de l'Assemblée générale des Nations unies du 17 décembre 1966, la CNUDCI est le principal organe juridique des Nations unies dans le domaine du droit du commerce international. Elle se compose des représentants de 60 États membres élus par l'AG des Nations unies pour un mandat de 6 ans (site Internet www.uncitral.org).

Elle a pour objectif l'unification progressive des règles matérielles du droit du commerce international. Même si elle n'a pas le pouvoir d'imposer les normes qu'elle élabore, ses travaux jouissent d'une réelle autorité.

Elle a un rôle important et a participé à l'élaboration de nombreux textes juridiques dont le plus connu – le texte star – est la Convention des Nations unies sur les contrats de vente internationale de marchandises dite Convention de Vienne du 11 avril 1980, entrée en vigueur le 1er janvier 1988 (v. p. 145). Peuvent être notamment citées :

– la Convention de New York du 14 juin 1974 sur la prescription en matière de vente internationale de marchandises (modifiée en 1980) et entrée en vigueur le 1er août 1988 (137 États au 15 déc. 2005) ;

– la Convention des Nations unies sur le transport de marchandises par mer de 1978 (règles de Hambourg) entrée en vigueur le 1er novembre 1992 ;

– la loi type sur l'arbitrage commercial international de 1985 (amendée en 2006) ;

– la loi type sur les virements internationaux de 1992 ;

– la Convention des Nations unies sur le contrat de transport international de marchandises effectué entièrement ou partiellement par mer (règles de Rotterdam) de 2008 (non encore entrée en vigueur) ;

– la loi type sur la passation des marchés de biens, de travaux et de services de 1994 et le guide pour son incorporation dans les droits internes ;

– la loi type sur le commerce électronique de 1996 ;

– la loi type sur l'insolvabilité internationale de 1997 et le guide pour son incorporation dans les droits internes ;

– la loi type sur les signatures électroniques de 2001 ;

– la loi type sur la conciliation commerciale internationale (2002).

C – L'institut international pour l'unification du droit privé (Unidroit)

Créé à Rome en 1926 à l'initiative du gouvernement italien et du conseil de la Société des Nations, l'institut international pour l'unification du droit privé œuvre pour l'unification et l'harmonisation des règles de droit privé dans le domaine économique (63 membres en 2014, site Internet www.unidroit.org). C'est un institut très actif dont l'activité est intense dans le domaine du droit du commerce international.

Il a été associé aux travaux de la CNUDCI ayant abouti à la Convention de Vienne du 11 avril 1980.

Il est à l'origine des Conventions d'Ottawa sur l'affacturage international et sur le crédit-bail international de 1988 (v. p. 201), des *Principes relatifs aux contrats du commerce international* en 1994, nouvelle édition 2016 (v. p. 15), ou encore du *Guide sur les accords internationaux de franchise principale* (édition française 2000).

D – La commission pour le droit européen des contrats

Connue sous le nom de son président M. Ole Lando, elle a publié en plusieurs phases « Les Principes du droit européen des contrats » (v. p. 18).

E – La conférence de La Haye de droit international privé

Même si elle n'est devenue organisation intergouvernementale qu'en 1951, elle a été réunie pour la première fois en 1896 (site Internet www.hcch.net).

Son objectif est d'œuvrer à l'unification internationale en droit international privé. Dans ce cadre, ses principales réalisations sont relatives au droit international privé de la famille. Toutefois, dans le domaine du commerce international, une de ses principales réalisations est la Convention de La Haye du 15 juin 1955 sur la loi applicable aux ventes à caractère international d'objets mobiliers corporels.

F – La Chambre de commerce internationale (CCI)

Elle symbolise les origines du commerce international. Elle n'est pas une organisation internationale mais une institution privée constituée d'acteurs privés du commerce international.

Créée en 1919 à l'initiative d'un homme d'affaires américain, la CCI est une association de droit privé (loi 1901) ayant son siège à Paris (site Internet www.iccwbo.org)

Elle a un rôle fondamental dans le domaine du commerce international. Ce rôle a principalement trois aspects :

• **l'aspect consultatif :** la CCI a nombreux contacts avec l'OCDE et l'Union européenne et participe à l'élaboration de nombreuses conventions ;

• **l'aspect normatif :** c'est un des plus importants. Elle œuvre ainsi directement à l'élaboration des règles matérielles du commerce international. On peut citer notamment :

– les *international commercial terms* (v. p. 159),
– les règles et usances uniformes sur le crédit documentaire (v. p. 190),
– les règles uniformes sur les garanties autonomes (v. p. 197) ;

• **l'aspect quasi judiciaire :** la Cour internationale d'arbitrage de la CCI joue un rôle très important. Elle possède également un Centre international d'expertise.

II – Finances

A – Le Fonds monétaire international (FMI)

Issu des accords de Bretton Woods de 1944, institution spécialisée des États-Unis, le FMI avait pour fonction d'éviter les crises monétaires en organisant un système de parité fixe des monnaies avec pour base le dollar. En 2019, il compte 189 membres, contre 45 en 1945 (site Internet www.imf.org).

Aux termes de l'article 1er de son statut, le FMI a six missions :

– assurer la promotion de la coopération monétaire internationale au moyen d'une institution permanente qui fournit un mécanisme de consultation et de collaboration concernant les problèmes monétaires internationaux ;

– faciliter l'expansion et l'accroissement du commerce international ;

– œuvrer à la promotion de la stabilité des changes ;

– aider à l'établissement d'un système multilatéral de règlement des transactions courantes entre les États membres et à éliminer les restrictions de change qui nuisent au commerce international ;

– mettre à la disposition des États membres des ressources du Fonds, moyennant des garanties adéquates, pour leur permettre de corriger les déséquilibres de leurs balances de paiement sans avoir besoin de recourir à des mesures préjudiciables à la prospérité nationale ou internationale ;

– abréger la durée et réduire l'ampleur des déséquilibres des balances de paiement des États membres.

Il a essentiellement une mission de surveillance économique et financière et une mission d'assistance dans plusieurs domaines essentiellement financiers. Ses résultats sont contrastés, notamment dans les pays en voie de développement.

Le droit de tirage spécial (DTS) est une de ses créations les plus utilisées. Il a été institué en 1969 et est un instrument de réserve international indexé sur un panier de monnaie dont le cours est fixé quotidiennement. Les États membres peuvent utiliser ces DTS comme monnaie internationale de réserve.

B – La Banque internationale pour la reconstruction et le développement (BIRD) ou Banque mondiale

Créée en même temps que le fonds monétaire international, elle avait pour objectif complémentaire d'aider les États membres rencontrant des difficultés structurelles et conjoncturelles. En 2019 elle compte 189 membres (site Internet www.worldbank.org).

La BIRD est la principale institution de financement des pays en voie de développement.

On peut citer comme ayant le même objectif et également liés aux Nations unies :

– l'organisation des Nations unies pour le développement industriel (ONUDI) ;

– le programme des Nations unies pour le développement (PNUD).

III – Transport international

Les principales organisations sont :

A – Transport maritime

Institution spécialisée de l'ONU qui compte en 2019 174 membres et 3 États associés (site Internet www.imo.org), l'organisation maritime internationale (OMI) a permis l'élaboration de plusieurs conventions internationales notamment :

– la Convention de 1969 et 1971 sur la responsabilité du propriétaire de navire en cas de pollution par les hydrocarbures ;

– la Convention de 1974 relative au transport par mer des passagers et de leurs bagages.

B – Transport terrestre

• **Dans le domaine du transport routier,** on peut citer l'Union internationale des transports routiers (IRU) fondée le 23 mars 1948 qui compte 170 membres répartis sur les cinq continents (site Internet www.iru.org). Il s'agit essentiellement d'un regroupement de fédérations nationales des transports routiers.

• **Dans le domaine du transport ferroviaire,** l'Organisation intergouvernementale pour les transports inter-ferroviaires (OTIF) existe depuis le 1er mai 1985 et compte 50 membres et un État associé (site Internet www.otif.org). Elle est assistée par l'office central des transports internationaux ferroviaires. Elle gère la Convention internationale sur le transport de marchandises par chemin de fer dite Convention de Berne du 14 octobre 1890.

C - Transport aérien

Créé par le traité de Chicago (1944) et institution spécialisée des Nations unies, l'Organisation de l'aviation civile internationale (OACI) compte 193 membres (site Internet www.icao.int). Elle veille à l'application correcte du régime de la navigation et du transport aérien établi par la Convention de Chicago et ses deux annexes.

IV - Propriété intellectuelle

Existant depuis 1967 et institution spécialisée des Nations unies depuis 1974, l'organisation mondiale de la propriété intellectuelle (OMPI) a pour objectif la promotion de la propriété intellectuelle dans le monde. Son action est importante dans le domaine de l'information et de la coopération. Elle compte 192 membres (site Internet www.wipo.int).

Elle a été mise en œuvre pour administrer des conventions très anciennes qui ont précédé sa création notamment le traité d'Union de Paris de 1883 pour la protection de la propriété industrielle, l'Arrangement de Madrid de 1891 pour l'enregistrement international des marques ou encore la Convention de Berne de 1886 pour la protection des œuvres littéraires et artistiques.

Elle encourage et effectue diverses études par exemple le Guide du franchisage (publication OMPI n° 480 F-1994).

Elle a mis en place en 1994 un centre d'arbitrage pour les litiges de propriété intellectuelle.

V - Travail

Créée en 1919, l'Organisation internationale du travail (OIT) est un organisme survivant de la Société des Nations érigé en institution spécialisée des Nations unies. L'OIT compte 187 États membres. Elle a pour objectif l'amélioration des conditions de travail et le développement des règles internationales du travail (site Internet www.ilo.org).

§ 2 - Les organisations à vocation régionale

Elles sont multiples. Par ordre croissant d'intégration, les principales peuvent être regroupées en 3 grands groupes :

• **les zones de libre-échange :** ce sont les formes d'intégration les plus élémentaires. Elles n'ont pas de politique commerciale commune, ni de tarifs communs à l'égard des pays tiers. Leur unique objectif est l'élimination des restrictions tarifaires et non tarifaires à des flux commerciaux mutuels.

• **les unions douanières :** elles constituent la forme d'intégration intermédiaire entre les zones de libre-échange (dont elles remplissent au minimum les objectifs) et les marchés communs et unions économiques dont elles sont l'aboutissement logique.

• **les marchés communs :** l'aboutissement de l'intégration est le Marché commun qui a pour objectif la suppression de toutes restrictions de circulation des personnes, des biens ou des capitaux (exemple dans la zone Caraïbe : le CARICOM, Marché commun des Caraïbes).

Seules les principales organisations seront présentées ici en fonction de leur aire géographique.

I - L'Afrique

L'organisation pour l'harmonisation en Afrique du droit des affaires (OHADA) a été créée par le traité de Port-Louis (Île Maurice) signé le 17 octobre 1993 et ratifié par 17 pays d'Afrique notamment Bénin, Burkina-Faso, Cameroun, Centrafrique, Comores, Congo, Côte d'Ivoire, Gabon, Guinée, Guinée-Bissau, Guinée équatoriale, Mali, Niger, R. D. Congo, Sénégal, Tchad, Togo.

Sur le plan institutionnel, l'OHADA est une organisation internationale dotée d'un Conseil des ministres et d'un secrétariat permanent. Son siège est fixé à Yaoundé (Cameroun).

L'objectif prioritaire est d'harmoniser le droit des affaires des États signataires. Elle vise également à assurer un règlement efficace des litiges nés de l'application des actes uniformes. Pour atteindre cet objectif, elle a institué une Cour commune de justice et d'arbitrage qui est l'instance suprême à la place des cours suprêmes nationales. Son siège est à Abidjan (Côte d'Ivoire)

Ses actes uniformes sont directement applicables dans les États membres. Ils sont relatifs :

– au droit commercial général (révisé le 15 décembre 2010, entrée en vigueur 15 mai 2011) ;

– au droit des sociétés commerciales et du groupement d'intérêt économique (révisé le 30 janvier 2014, entrée en vigueur le 5 mai 2014) ;

– aux procédures collectives d'apurement du passif (adopté le 10 septembre 2015, entrée en vigueur le 24 décembre 2015) ;

– aux sûretés (révisé 15 décembre 2010, entrée en vigueur 16 mai 2011) ;

– aux procédures simplifiées de recouvrement et voies d'exécution (adopté le 10 avril 1998, entrée en vigueur le 16 juillet 1998) ;

– au droit de l'arbitrage (révisé le 23 novembre 2017 et entrée en vigueur le 23 février 2018) ;

– à la médiation (adopté le 23 novembre 2017 et entrée en vigueur le 23 février 2018) ;

– aux contrats de transport de marchandises par route (adopté le 22 mars 2003 et entrée en vigueur le 1er janvier 2004) ;

– au droit des sociétés coopératives ;

– au droit comptable et à l'information financière (adopté le 26 janvier 2017 et entrée en vigueur le 15 février 2017 en substitution de l'acte uniforme du 24 mars 2000 portant organisation et harmonisation des comptabilités d'entreprises).

La spécificité de l'OHADA est qu'elle a commencé par l'harmonisation du droit avant l'union économique alors que très souvent c'est l'inverse qui est réalisé.

On peut citer également la Communauté des États de l'Afrique de l'Ouest (CEDEAO) ou la Communauté économique des États de l'Afrique centrale (CEEAC) qui ont chacune des ambitions de promouvoir la coopération et l'intégration dans le domaine économique et social.

L'OHADA est considérée comme une très belle réussite dans le domaine du commerce international.

II – L'Amérique

• **Amérique du Nord** : l'Accord de libre-échange nord-américain (ALENA) a été signé le 17 février 1992 et est entré en vigueur le 1er janvier 1994 entre le Canada, les USA et le Mexique. Il vise à supprimer les obstacles aux échanges économiques entre ces trois pays en établissant une zone de libre-échange. Des discussions étaient en cours pour la création en 2005 d'une zone de libre-échange des Amériques (ZLEA) entre les 34 pays du continent américain (environ 800 millions de consommateurs potentiels). Ce projet ne semble pas pouvoir aboutir dans des délais raisonnables. L'avenir de l'ALENA lui-même ne semble pas assuré depuis l'élection du nouveau Président américain.

• **Amérique du Sud** : Le MERCOSUD (Marché commun du cône sud). Le traité signé au Paraguay le 26 mars 1991 engageait l'Argentine, le Brésil, le Paraguay et l'Uruguay sur la voie d'un marché commun. Ce projet a été finalisé au Brésil le 14 décembre 1994 et est entré en vigueur le 1er janvier 1995. Aujourd'hui, le MERCOSUD est une simple zone de libre-échange dont l'existence est menacée par le projet de création de la zone de libre-échange des Amériques.

III – L'Asie

• L'accord du libre-échange asiatique (ALEA) a été signé le 24 octobre 1992 entre le Brunei, l'Indonésie, la Malaisie, les Philippines, Singapour et la Thaïlande.

• L'association des nations de l'Asie du Sud-Est (ASEAN) – regroupe Brunei, la Birmanie, le Cambodge, l'Indonésie, le Laos, la Malaisie, les Philippines, Singapour, la Thaïlande et le Vietnam. Ce grand marché est très disparate.

IV – L'Europe

• **Zone de libre-échange**

L'association européenne de libre-échange (AELE) mise en place par le traité de Stockholm du 4 janvier 1960 entre l'Autriche, la Finlande, l'Islande, le Lichtenstein, la Norvège, la Suisse, la Suède. Aujourd'hui, l'AELE fait partie de l'histoire car un accord de Porto du 2 mai 1992 a créé l'espace économique européen entre les pays de l'AELE – excepté la Suisse – et la CEE. L'Autriche, la Finlande et la Suède sont entrées dans l'Union européenne.

• **Unions douanières**

Exemple le Benelux entre la Belgique, la Hollande et le Luxembourg.

• **Marché commun et union européenne**

La Communauté économique européenne (CEE) a été instituée par le traité de Rome le 25 mars 1957. L'Europe a franchi un palier supplémentaire.

Principales étapes de l'évolution de l'Europe :

– Traité de Paris du 18 avril 1951 créant la Communauté européenne du Charbon et de l'Acier expiré comme prévu le 23 juillet 2002 ;

– Traité de Rome du 25 mars 1957 créant la Communauté européenne de l'énergie atomique (CEEA, Euratom) et la Communauté économique européenne (CEE, Marché commun) ;

– Acte unique européen, signé en 1986 (17 et 28 févr.), entré en vigueur le 1er juillet 1997 et relançant l'intégration européenne ;

– Traité de Maastricht du 7 février 1992 (entré en vigueur le 1er janv. 1993) créant l'Union européenne, transformant la CEE en CE et adoptant la monnaie unique, l'euro qui est vraiment devenu unique dans les pays depuis le 1er janvier 2002 ;

– Traité d'Amsterdam du 2 octobre 1997 (entré en vigueur le 1er mars 1999) renforçant notamment la libre circulation des personnes ;

– Traité de Nice signé le 26 février 2001 (entré en vigueur le 1er févr. 2003) ayant pour objectif de réformer les institutions pour que l'Europe puisse faire face à l'élargissement ;

– Traité de Lisbonne signé le 13 décembre 2007 (entré en vigueur le 1er déc. 2009) et modifiant les traités de Rome et de Maastricht. Ce traité dote l'Union européenne d'un cadre juridique et de moyens nécessaires pour faire face aux enjeux mondiaux ;

– Traité sur la Stabilité, la coordination et la gouvernance (TSCG) au sein de l'Union économique et monétaire signé le 2 mars 2012 par les chefs d'État ou de gouvernement des États membres de l'UE, à l'exception du Royaume-Uni et de la République Tchèque. Il vise à préserver la stabilité de la zone euro. L'objectif est de jeter les bases d'un « gouvernement économique ».

Le Traité est complété par un « pacte pour la croissance et l'emploi » adopté les 28 et 29 juin 2012.

V – La Caraïbe

Il existe un projet de création d'une OHADAC (Organisation pour l'Harmonisation du Droit des Affaires dans la Caraïbe). Comme l'indique son site Internet, ce projet se situe dans la continuité directe du marché commun caribéen et ambitionne, comme l'OHADA, d'aboutir à une « Grande Région Caraïbe » disposant d'un cadre unique et unifié en matière de droit des affaires. Inspiré du succès reconnu du processus OHADA, l'OHADAC est un projet de coopération et d'intégration régionales qui, en rapprochant les États de la Caraïbe et les hommes, sert le développement économique et l'emploi en contribuant au développement des échanges commerciaux. Le projet se veut commun à l'ensemble des États qu'ils soient du CARICOM/CARIFORUM, de Cuba au Surinam et au Guyana, sans exclure le Venezuela. Il a pour objectif d'uniformiser le droit des sociétés, le droit de l'arbitrage, le droit et système comptable, les voies d'exécution, le recouvrement des créances, le droit commercial général, le droit du travail, le droit des transports…

Le 15 mai 2007, en Guadeloupe, s'est tenue la première conférence officielle OHADAC. La mise en place d'un centre OHADAC d'arbitrage et de conciliation dont le siège sera à Pointe à Pitre en Guadeloupe est en cours.

Pour aller plus loin

Bibliographie

- P.-A. Gourion, G. Peyrard et N. Soubeyrand, *Droit du commerce international*, LGDJ, 4e éd, 2008
- H. Ruiz-Fabri, « Le règlement des différends dans le cadre de l'OMC », *JDI* 1997, p. 709
- J.-M. Jacquet, Ph. Delebecque, S. Corneloup, *Droit du commerce international*, *op. cit.*, nº 154
- *Code pratique OHADA : Traité, Actes uniformes et Règlements annotés*, éd. F. Lefebvre, 2016, préf. J.-L. Debré et K. S. Mensah-Attoh
- P.-G. Pougoué (dir.), *Encyclopédie du droit OHADA*, Lamy, 2012

Sujets d'examen

Dissertations

- Le principe de non-discrimination de l'OMC
- La réglementation du dumping dans les accords OMC
- Le traitement des subventions par l'OMC
- Le mécanisme de règlement des différends de l'OMC
- L'apport de la CNUDCI au droit du commerce international
- Le rôle fondamental de la CCI en droit du commerce international

Chapitre 2
L'État et ses émanations

L'essentiel

L'intervention de l'État dans la sphère du commerce international se fait soit directement, soit par l'intermédiaire de ses émanations, ces dernières pouvant être publiques ou même privées.

Section 1 – L'état opérateur de commerce international

Depuis la fin de la seconde guerre mondiale, l'activité de l'État dans le commerce international n'a cessé d'augmenter.

Cette activité soulève des difficultés spécifiques relatives notamment :

– aux engagements pris par l'État dans un contrat conclu avec des partenaires privés : le contrat peut-il être stable ou équilibré alors que l'État a la puissance publique ? ;

– à la participation de l'État dans une procédure de règlement des litiges, par exemple un arbitrage mettant aux prises l'État et des partenaires privés.

Les difficultés les plus importantes sont relatives aux immunités de juridiction et d'exécution qui trouvent leur base en droit international public. On se limitera aux aspects relatifs au commerce international.

§ 1 – L'immunité de juridiction

Elle permet de soustraire les États (et leurs démembrements) à la compétence des tribunaux d'un État étranger, sauf renonciation. Elle n'a pas un caractère absolu.

Il convient de signaler la Convention des Nations unies du 17 janvier 2005 sur les immunités juridictionnelles des États et de leurs biens. Elle entrera en vigueur après le dépôt du trentième instrument de ratification. La France l'a ratifié le 12 août 2011 (ratification autorisée par la loi n° 2011-734 du 28 juin 2011). En juillet 2017, la convention compte 28 États signataires et 21 États parties.

C'est un texte d'importance qui codifie le régime des immunités tant de juridiction que d'exécution, essayant de traduire les principes modernes relatifs aux immunités, dans le sens de la réduction de ces dernières.

Après avoir rappelé le principe de l'immunité de juridiction des États, la Convention indique dans une troisième partie les procédures dans lesquelles les États ne peuvent en principe pas invoquer l'immunité. Il s'agit notamment de celles relatives :

– aux contrats et transactions de caractère commercial conclus avec une personne physique ou morale étrangère (art. 10). Ce caractère commercial est apprécié en tenant compte de la nature du contrat ou de la transaction, mais aussi du but des parties (art. 2-2) ;

– aux contrats de travail conclus avec une personne physique pour un travail accompli, en totalité ou en partie, sur le territoire de l'autre État, sauf exception (art. 11) ;

– aux actions en réparation des atteintes à l'intégrité physique d'une personne ou des dommages aux biens causés par un acte ou une omission préjudiciable à l'État (art. 12) ;

– aux actions en matière de propriété, de possession et d'usage de biens immobiliers ou mobiliers situés sur le territoire de l'État du *for* (art. 13) ;

– aux actions concernant une propriété intellectuelle et industrielle bénéficiant d'une protection juridique dans l'État du *for* (art. 14) ;

– à la participation à des sociétés ou à d'autres groupements enregistrés ou constitués selon la loi de l'État du *for* et comprenant des parties autres que les États ou organisations internationales (art. 15) ;

– à l'exploitation des navires utilisés autrement qu'à des fins de service public non commercial (art. 16).

Cette convention va-t-elle grossir le nombre de celles qui n'ont jamais pu entrer en vigueur ? En attendant, un arrêt de la Cour EDH la considère applicable « au titre du droit international coutumier » dès lors qu'elle en serait le reflet (CEDH 29 juin 2011, n° 34869, *Sabeh El leil c/ France*, § 54 s ; *D.* 2011. 1831). La Cour de cassation se prononce dans le même sens (Civ. 1re, 28 mars 2013, *Soc. NML Capital c/ République argentine*, 3 arrêts, *Rev. crit. DIP* 2013. 671, note H. Muir Watt ; *JDI* 2013, comm. 10, rapport A. Maitrepierre, note G. Cuniberti).

I – Les conditions de l'immunité de juridiction de l'État

A – La qualité de l'auteur de l'acte

Elle s'applique en principe aux :

– États étrangers ;

– démembrements organiques de l'État étranger (par exemple les services publics) qu'ils soient ou non dotés de personnalité juridique propre. S'ils le sont, ils en bénéficient s'ils ont agi sur ordre et pour le compte de l'État étranger (Civ. 1re, 19 mai 1976, *Rev. crit. DIP* 1977, p. 359, note H. Batiffol).

B – La nature de l'acte concerné

Ce critère est fondamental : l'immunité de juridiction est accordée chaque fois que l'État a agi en tant que souverain. L'intervention croissante de l'État dans le commerce international nécessite quelques précisions.

Bénéficient de l'immunité de juridiction, les actes accomplis par l'État ou ses démembrements lorsqu'ils :

– sont qualifiés d'actes de puissance publique, par exemple une réquisition, expropriation ou nationalisation (Civ. 1re, 20 oct. 1987, *Rev. crit. DIP* 1988, p. 727, note P. Mayer) ou à défaut en présence de dispositions exorbitantes de droit commun (Civ., 2 mars 1966, *JCP* 1966. II. 14831, note M. Ancel). Ce critère objectif n'est pas celui qui soulève le plus de difficulté ;

– ont une finalité de service public, même si l'utilisation d'un contrat de droit privé n'exclut pas le bénéfice de l'immunité. Ainsi, la Cour de cassation décide que même si le transport ferroviaire était qualifié par la loi iranienne d'acte de commerce, la société iranienne de gaz accomplissait pour le compte de l'État iranien une mission de service public (Civ. 1re, 2 mai 1990, *Rev. crit. DIP* 1991, p. 140, 1re esp., note P. Bourel). Ce critère finaliste n'est pas facile à appréhender.

La jurisprudence n'a toutefois pas adopté une position très ferme.

Des arrêts ont exclu de l'immunité des activités de nature commerciale par exemple l'aval donné par une banque pour le compte d'un État étranger (Civ. 1re, 18 nov. 1986, *Rev. crit. DIP* 1987, p. 773, note H. Muir Watt).

Des arrêts de la Cour de cassation ont apporté d'utiles précisions.

D'une part, un arrêt d'une chambre mixte a semblé substituer aux deux critères ci-dessus cités le rattachement de l'acte litigieux à l'exercice de la souveraineté de l'État (Ch. mixte, 20 juin 2003, *École saoudienne de Paris*, *Bull. ch. mixte*, n° 4). La chambre mixte précise que « les États étrangers et les organismes qui en découlent ne bénéficient de l'immunité de juridiction qu'autant que l'acte qui donne lieu au litige participe par sa nature et sa finalité à l'exercice de la souveraineté de cet État et n'est donc pas un acte de gestion ». Son véritable apport semblait être un changement de méthode par rapport à la jurisprudence antérieure, la chambre mixte examinant exclusivement l'acte litigieux. Il ressort de cet arrêt un rétrécissement du domaine de l'immunité de juridiction.

D'autre part, un arrêt de la chambre criminelle a au contraire semblé accroître ce domaine (Crim. 23 nov. 2004, *Bull. crim.* n° 292 ; *D.* 2005. Pan. 1197, obs. H. Chanteloup). Il a appliqué l'immunité de juridiction des États étrangers pour s'opposer aux poursuites de l'organisme maritime « Malta Maritime Authority » (émanation de l'État maltais qui avait délivré le certificat de navigabilité du fameux navire *Erika*, auteur de la pollution des côtes françaises en déc. 1999) aux motifs « que la coutume internationale, qui s'oppose à la poursuite des États devant les juridictions pénales d'un État étranger, s'étend aux organismes et entités qui constituent l'émanation de l'État, ainsi qu'à leurs agents, en raison d'actes qui, comme en l'espèce, relève de la souveraineté de l'État concerné ».

La Convention du 17 janvier 2005 précité a confirmé l'exclusion des activités commerciales (art. 10) et ne prend pas position sur le critère de détermination de ce caractère commercial. Elle prévoit qu'il faut « en premier lieu » tenir compte de la nature de l'acte mais elle ajoute qu'il faudrait aussi, dans certaines conditions, prendre en considération le but poursuivi si les parties « en sont convenues, ou si, dans la pratique de l'État du *for*, ce but est pertinent pour déterminer la nature non commerciale du contrat ou de la transaction » (art. 2 § 2).

Aujourd'hui, la position de rétrécissement semble l'avoir l'emporté. Dans un arrêt de 2008, la première chambre civile de la Cour de cassation reprend la formule traditionnellement utilisée (V. par exemple Civ. 1re, 25 févr. 1969), modernisée par l'arrêt de la chambre mixte du 20 juin 2003 précité et décide d'exclure du domaine de l'immunité de juridiction un contentieux relatif à la matière réelle immobilière ne répondant pas au critère ci-dessus (Civ. 1re, 19 nov. 2008, n° 07-10.570, *Bull. civ. I*, *JCP* 2009. II. 10002, obs. L. d'Avout et L. Perreau-Saussine). Un arrêt récent confirme cette position de rétrécissement en excluant les actes relatifs aux conditions et à l'exécution du contrat de travail n'imputant aux salariés du consulat aucune responsabilité particulière dans l'exercice du service public ni prérogative de puissance publique (Soc. 21 janv. 2016, n° 14-22.698 et 14-22.702, *Rev. crit. DIP* 2017, p. 64, obs. A. Jeauneau).

La CJUE va dans le même sens. Elle décide, à propos d'un litige consécutif à la rupture d'un contrat de travail, que l'immunité ne s'oppose pas à l'action en justice du salarié fondé sur le règlement Bruxelles I, lorsque les fonctions exercées par ce travailleur ne relèvent pas de l'exercice de la puissance publique ou lorsque l'action judiciaire ne risque pas d'interférer avec les intérêts de l'État en matière de sécurité (CJUE, 19 juill. 2012, aff. C-154/11, *Mahandia*, *Rev. crit. DIP* 2013. 217, note E. Pataut).

Enfin, il ressort de l'analyse de la jurisprudence qu'elle recourt alternativement et même cumulativement aux critères objectif (formaliste) et finaliste ci-dessus présentés.

II – Les effets de l'immunité de juridiction

• Lorsque les conditions sont réunies, en principe, l'immunité de juridiction entraîne une fin de non-recevoir (Civ. 1re, 20 oct. 1987, préc.).

• Le juge devrait normalement être obligé de la soulever d'office même si la jurisprudence récente ne s'oriente pas vers cette solution. Elle décide que les immunités doivent être invoquées par l'État étranger « qui s'y prétend fondé » (Civ. 1re, 12 oct. 1999, *JDI* 2000. 1036, note M. Cosnard).

• L'État peut renoncer au bénéfice de l'immunité de juridiction. Cette renonciation doit être certaine c'est-à-dire non équivoque. Elle peut être expresse ou même tacite, cette dernière hypothèse pouvant soulever des difficultés, par exemple en cas d'acceptation par un État étranger d'une clause attributive de juridiction comme l'illustre un arrêt de la cour de Paris dans lequel la présence d'une telle clause peut avoir pour conséquence la renonciation à l'immunité de juridiction (Paris, 14e ch. A, 8 janv. 2003, *D.* 2003. IR. 530). Le même effet est attribué à la clause d'arbitrage. La Cour de cassation donne à cette dernière une grande intensité en considérant qu'elle entraîne en plus, pour son signataire, renonciation à la possibilité d'opposer son immunité de juridiction devant le juge de l'*exequatur* (Civ. 1re, 18 nov. 1986, *SEEE*, *Bull. civ. I*, n° 266). Une simple comparution volontaire de l'État qui se défend au fond sans invoquer cette immunité est également considérée comme une renonciation à son bénéfice.

La Convention du 17 janvier 2005 précitée donne également une grande portée à la clause d'arbitrage qui exclut en principe l'immunité de juridiction (art. 17).

La renonciation à l'immunité de juridiction n'entraîne aucune conséquence sur l'immunité d'exécution.

§ 2 – L'immunité d'exécution

Elle met son bénéficiaire à l'abri de toute mesure d'exécution ou même simplement conservatoire sur les biens qu'il possède à l'étranger. Elle n'est pas non plus absolue.

Critère :

• Le critère essentiel est ici la nature des biens ou des fonds menacés de poursuites.

• Le principe demeure d'accorder l'immunité d'exécution à l'État étranger (Civ. 1re, 14 mars 1984, *Eurodiff*, *GADIP* n° 65).

• La jurisprudence a limité considérablement la portée d'un tel principe. Elle l'écarte dans le cas où :

– le débiteur est l'État étranger, lorsque le bien saisi a été affecté à l'activité économique ou commerciale de droit privé donnant lieu à la demande en justice (Civ. 1re, 14 mars 1984, *Eurodiff*, préc.) ;

– le débiteur est un organisme distinct de l'État, lorsque les biens font partie d'un patrimoine affecté à une activité principale relevant du droit privé (Civ. 1re, 1er oct. 1985, *Sonatrach*, *GADIP* n° 66).

La saisie ne peut être effectuée que par les créanciers de cet organisme.

• Situation particulière du débiteur qui est une organisation internationale. C'est dans son accord de siège qu'il faut vérifier l'étendue des deux immunités de juridiction et d'exécution. S'il ne prévoit aucune exception à l'immunité, alors elle est absolue, sans distinction de l'affectation des biens (Civ. 1re, 28 oct. 2003, *Union latine c/ Madame Refievna*, *Rev. crit. DIP* 2004. 773, note S. Clavel, qui accorde le bénéfice de l'immunité d'exécution à l'occasion de saisies attributions pratiquées par une salariée de l'organisation internationale ayant obtenu la condamnation de cette dernière à des dommages-intérêts pour licenciement abusif).

• Une renonciation à l'immunité d'exécution est également possible. Cette renonciation doit être certaine. Étant donné la gravité des mesures de contraintes et surtout des saisies, elle doit être en pratique quasiment expresse et la volonté des parties est rigoureusement interprétée. S'il est admis sans discussion que la renonciation à l'immunité de juridiction ne vaut pas renonciation à l'immunité d'exécution, la jurisprudence n'est pas toujours uniforme sur l'interprétation des clauses de renonciation. Une divergence semblait exister entre les juges du fond qui optent pour une interprétation stricte et la Cour de cassation un peu moins stricte. Ainsi, cette dernière avait décidé que l'engagement d'un État d'exécuter une sentence arbitrale valait renonciation à l'immunité d'exécution alors que dans la même hypothèse, la cour d'appel de Paris a admis l'inverse (Civ. 1re, 6 juill. 2000, Paris, 10 août 2000, *RTD com.*, 2001, p. 410, obs. E. Loquin).

Des arrêts de la Cour ont apporté d'utiles précisions sur cette question. D'abord, dans un arrêt de 2011, elle a opté pour une interprétation (trop) restrictive d'une clause de renonciation à l'immunité d'exécution pour sauver de la débâcle un État étranger ayant décidé de ne pas payer ses créanciers (Civ. 1re, 28 sept. 2011, no 09-72.057, *Bull. civ. I*, n° 153). Il a décidé que « selon le droit international coutumier, les missions diplomatiques des États étrangers bénéficient, pour le fonctionnement de la représentation de l'État accréditaire et les besoins de sa mission de souveraineté, d'une immunité d'exécution autonome à laquelle il ne peut être renoncé que de façon expresse et spéciale ; que cette immunité s'étend, notamment, aux fonds déposés sur les comptes bancaires de l'ambassade ou de la mission diplomatique ; que la cour d'appel en a exactement déduit que, l'exécution forcée et les mesures conservatoires n'étant pas applicables aux personnes bénéficiant d'une immunité d'exécution en application de l'article 1er, alinéa 3, de la loi du 9 juillet 1991, il devait être donné mainlevée de la saisie-conservatoire dès lors que les fonds de la mission diplomatique argentine bénéficiaient de cette immunité de sorte que, faute de renonciation particulière et expresse à celle-ci, la renonciation de la République Argentine, à l'égard du créancier, à l'immunité d'exécution des États était inopérante ».

Ensuite, dans trois arrêts de 2013, elle continue dans cette voie de durcissement des conditions de renonciation en décidant que l'État ne peut renoncer à son immunité d'exécution sur des biens utilisés ou destinés à être utilisés à des fins publiques que par contrat écrit, de manière expresse et spéciale, en mentionnant les biens ou la catégorie des biens pour lesquels la renonciation est consentie (Civ. 1re, 28 mars 2013, n° 10-25.938, n° 11-13.323 et n° 11-10.450, *NML*, préc). La même exigence de caractère écrit, exprès et spécial ressort d'un arrêt du 5 mars 2014 (Civ. 1re, 5 mars 2014, n° 12-22.406).

Enfin, la Cour a décidé « que le droit international coutumier n'exige pas une renonciation autre qu'expresse à l'immunité d'exécution... » (Civ. 1re, 13 mai 2015, n° 13-17.751, *Commisimpex I*, *Bull. civ. I*, n° 107 ; *D.* 2015. 1936, obs. I. Gallmeister, note S. Bollée ; *D.* 2015. 2031, obs. L. d'Avout ; *D.* 2015. 2588, obs. T. Clay ; *Rev. crit. DIP* 2015. 652, note H. Muir Watt ; *JCP* 2015. 759, note M. Laazouzi). Elle écarte ainsi toute exigence de renonciation spéciale, ce qui contribue à une conception plutôt large de cette renonciation qui a des conséquences pour les biens des États et comme en l'espèce aux avoirs bancaires de leurs missions diplomatiques. Cet arrêt de revirement semblait ouvrir une nouvelle ère en faveur d'une conception plutôt libérale de la renonciation à l'immunité d'exécution. L'article L. 111-1-3 du Code des procédures civiles d'exécution, issu de la loi Sapin 2 a réintroduit l'exigence d'une renonciation spéciale, provoquant un nouveau revirement en 2018.

Dans l'épilogue de l'affaire *Commisimpex*, la Cour de cassation censure l'arrêt d'appel qui s'était pourtant conformé à sa décision du 13 mai 2015 (Civ. 1re, 10 janv. 2018, n° 16-22.494, *Commisimpex II*, *D.* 2018. 541, note B. Haftel, 982, obs. F. Jault-Seseke, 1936, obs. L. d'Avout). La Cour de cassation constate que la loi Sapin 2 réintroduit l'exigence d'une renonciation expresse et spéciale à l'immunité d'exécution.

• À défaut de renonciation, comme pour l'immunité de juridiction, elle entraîne une fin de non-recevoir qui doit être invoquée par l'État qui veut être protégé.

Il convient de développer ici la **loi n° 2016-1691 du 9 décembre 2016 relative à la transparence, à la lutte contre la corruption et à la modernisation de la vie économique** (*JO*, 10 déc. 2016, texte n° 2). Les articles 59 et 60 de cette loi vont rendre l'exécution forcée contre un État étranger plus difficile. Ainsi sont introduites dans le Code de procédure civile plusieurs dispositions : les articles L. 111-1-1 à L. 111-1-3 issus de l'article 59. Ils créent dans le droit interne français des exceptions légales au principe d'immunité d'exécution posées par l'article L. 111-1 alinéa 3 du Code des procédures civiles d'exécution, et ainsi concerne un domaine traditionnellement régi par le droit international.

- L'article L. 111-1-1 dispose : « des mesures conservatoires ou des mesures d'exécution forcée ne peuvent être mises en œuvre sur un bien appartenant à un État étranger que sur autorisation préalable du juge par ordonnance rendue sur requête ». Un « simple » titre exécutoire ne suffit donc plus, le texte ajoutant la procédure non contradictoire de l'ordonnance sur requête.
- L'article L. 111-1-2 encadre les pouvoirs du juge en énumérant des conditions pour autoriser la saisie, conditions alternatives et reprenant des solutions traditionnelles de l'exécution contre les États étrangers.
- L'article L. 111-1-3 précise : « des mesures conservatoires ou des mesures d'exécution forcée ne peuvent être mises en œuvre sur les biens, y compris

les comptes bancaires, utilisés ou destinés à être utilisés dans l'exercice des fonctions de la mission diplomatique des États étrangers ou de leurs postes consulaires, de leurs missions spéciales ou de leurs missions auprès des organisations internationales, qu'en cas de renonciation expresse et spéciale des États concernés ».

L'article 60 de la loi du 9 décembre 2016, non insérée dans le Code des procédures civiles d'exécution concerne uniquement l'immunité d'exécution d'États étrangers qui sont opposables aux créanciers détenteurs d'un titre de créance mentionné à l'article L. 213-1-A du Code monétaire et financier ou d'instrument ou droit visé à l'article L. 211-41 du même code présentant des caractéristiques analogues à un titre de créance.

Fallait-il prendre ces dispositions rendant plus complexe l'exécution forcée contre un État étranger ?

Section 2 - Les émanations de l'État

Certaines institutions émanant de l'État apportent en France une aide au commerce extérieur. Les unes sont demeurées publiques, les autres ont été privatisées.

§ 1 - La Direction générale du Trésor (DGT)

C'est la direction générale du Trésor (DGT) qui assume aujourd'hui la mission qui était dévolue à l'ex-Direction des relations économiques extérieures (DREE).

La DREE dépendait directement du ministère chargé du Commerce extérieur et assurait la mise en œuvre de la politique gouvernementale en matière de commerce extérieur et de soutien aux entreprises exportatrices.

Elle intervenait essentiellement dans trois domaines :

– la promotion des exportations (en liaison avec le Centre français du commerce extérieur) ;

– l'assistance financière aux entreprises exportatrices (en liaison avec la Compagnie française d'assurance pour le commerce extérieur) ;

– l'assistance technique.

La DREE a été fusionnée avec la Direction du Trésor et celle de la prévision et de l'analyse économique pour donner naissance à la Direction générale du Trésor et de la politique économique, rebaptisée simplement Direction générale du trésor en 2010.

§ 2 - Business France

Business France est issue de la fusion au 1er janvier 2015 entre Ubifrance (Agence française pour le développement international des entreprises) et l'AFII (Agence française pour les investissements internationaux).

Créée sous la forme d'un établissement public à caractère industriel et commercial, cette agence a une double mission :

– aider les entreprises françaises à se développer à l'international,

– attirer les entreprises étrangères en France.

Pour mémoire, c'est l'ex-Ubifrance qui exerçait les missions relevant anciennement du Centre français de commerce extérieur (CFCE).

§ 3 – La Compagnie française d'assurance pour le commerce extérieur (COFACE) et Bpifrance

Pendant longtemps, c'est la COFACE qui a assuré, pour le compte de l'État français, le service public de l'assurance crédit et a garanti ainsi les risques politiques, monétaires, catastrophiques et commerciaux extraordinaires des opérations de commerce international (exportations et importations). Cette activité de service public était réservée aux opérateurs nationaux.

Créée par un décret du 1er juin 1946, la COFACE est aujourd'hui privatisée.

Depuis le mois de janvier 2017, Bpifrance a pris en charge la gestion des garanties publiques à l'exportation dont s'occupait la COFACE précédemment.

Pour aller plus loin

Bibliographie

- Y. Loussouarn, P. Bourel et P. de Vareilles-Sommières, *Droit international privé*, Dalloz, « Précis », 10e éd., 2013, n° 469 et s.
- R. de Gouttes, « L'actualité de l'immunité de juridiction des États étrangers », *D.* 2006. Chron. 606.
- B. Audit, L. d'Avout, *Droit international privé*, LGDJ, 2018
- D. Bureau et H. Muir Watt, *Droit international privé*, T. 1, PUF, 4e éd., 2017, n° 97
- S. Dorol, « Exécution forcée contre un Etat étranger : oui, mais... », *JCP* 2017. 7
- J.-M. Jacquet, Ph. Delebecque et S. Corneloup, *Droit du commerce international*, *op. cit.*, n° 1011 et s.
- C. Kessedjian, *Droit du commerce international*, PUF, 2013

Sujets d'examen

Dissertations

- L'immunité d'exécution
- L'immunité de juridiction
- La renonciation aux immunités d'exécution et de juridiction

Titre 2

Les opérateurs non institutionnels

Il s'agit de personnes physiques, d'entreprises individuelles et surtout de sociétés qui sont les principaux opérateurs non institutionnels du commerce international.

La situation des commerçants personnes physiques ou des entreprises individuelles en tant qu'acteurs du commerce international ne présente pas de spécificités.

La situation des sociétés soulève des difficultés. Une distinction doit être effectuée entre les sociétés indépendantes ou isolées et les sociétés faisant partie d'un groupe. Une place particulière doit être réservée à la société européenne. On laissera de côté les sociétés véritablement internationales qui ont pour base un traité entre États. Elles peuvent avoir une personnalité morale internationale, conférée par le traité qui leur a donné naissance (Banque mondiale par exemple). Le droit applicable à de telles sociétés peut être le droit international ou même celui d'un État en fonction du traité ou de l'accord international qui l'a institué.

Chapitre 1
Les sociétés indépendantes ou isolées

L'essentiel

> *Elles agissent essentiellement par l'intermédiaire des contrats. Pour l'essentiel, les questions les plus intéressantes sont relatives à la loi applicable, à la nationalité et à la défaillance internationale des sociétés.*

Section 1 – La loi applicable aux sociétés indépendantes

Agissant dans le commerce international, les sociétés indépendantes sont confrontées aux questions de conflit de lois.

§ 1 – La détermination de la loi applicable aux sociétés indépendantes

En principe, toute société est soumise à la loi d'un État.

En France, deux textes principaux permettent d'effectuer la détermination de la *lex societatis* (loi applicable aux sociétés) :

• L'article L. 210-3 al. 1 du C. com. dispose que « les sociétés dont le siège social est situé en territoire français sont soumises à la loi française ».

• L'article 1837 du Code civil dispose que « toute société dont le siège social est sur le territoire français est soumise aux dispositions de la loi française ».

En application de ces textes, la *lex societatis* est la loi de l'État dans lequel la société a son siège social. En principe, il devrait s'agir de la loi du siège social réel, c'est-à-dire le lieu où se situent la direction supérieure et le contrôle de la société. En raison des limites de ce siège réel, le siège statutaire est devenu le critère de rattachement principal. Les articles ci-dessus cités confèrent une option aux tiers qui peuvent se prévaloir soit du siège social statutaire soit du siège social réel.

Chaque État a ses règles en la matière.

§ 2 – Le domaine de la *lex societatis*

Elle a un vaste domaine et régit notamment :

– la constitution de la société ;
– le fonctionnement de la société ;
– la dissolution et la liquidation de la société.

I – La constitution de la société

La *lex societatis* gouverne la constitution de la société dans une perspective assez large. Elle régit notamment :

• les formalités de publicité ;

- la formation du capital ;
- la forme des actions ;
- l'émission et le régime des titres, même si en l'espèce son influence est doublement limitée par :
  – les règles de contrôle des sociétés étrangères ou les lois de police du marché boursier,
  – la loi d'autonomie car la loi du siège social n'a pas une compétence de principe pour les obligations ou les titres équivalents ;
- les modes d'acquisition et de perte de la qualité d'associé ;
- les devoirs de la société envers ses associés et les obligations des associés aux dettes.

II – Le fonctionnement de la société

La *lex societatis* régit également le fonctionnement de la société dans des termes assez larges et notamment :

– les modalités de répartition des bénéfices entre associés ;
– la capacité de la société à contracter ;
– les actes juridiques passés au nom de la société (Civ. 3e, 30 nov. 2017, n° 16-20210, *D.* 2018. 966, obs. S. Clavel) ;
– les pouvoirs des organes sociaux et les droits des associés.

La jurisprudence applique fréquemment la *lex societatis* à ces questions, surtout à propos de l'art L. 225-35 C. com. exigeant des dirigeants sociaux l'autorisation du conseil d'administration pour accorder des garanties au nom de la société.

Échappent toutefois à la *lex societatis* notamment les contrats conclus par la société (application de la Convention et du Règlement de Rome), par exemple les contrats de stock-options soumis à la *lex contractus.*

III – La dissolution et la liquidation de la société

- C'est la *lex societatis* qui détermine si la personne morale survit pour les besoins de sa liquidation.
- La désignation et les pouvoirs du liquidateur relèvent de la *lex societatis* en cas de liquidation non judiciaire.

Enfin, la *lex societatis* doit parfois être écartée en présence d'une loi de police, par exemple les règles issues du droit de la concurrence ou du droit boursier.

Section 2 – La nationalité des sociétés indépendantes

Malgré la controverse sur l'attribution d'une nationalité aux sociétés, cette notion est connue des droits européens et universellement consacrée.

§ 1 – Intérêts de la détermination de la nationalité des sociétés

En laissant de côté la fonction controversée de la nationalité comme critère de la *lex societatis*, la détermination de la nationalité a plusieurs intérêts pour les sociétés :

– elle peut être une condition de leur reconnaissance (par exemple les sociétés anonymes en France) ;

– elle leur permet de bénéficier de la protection diplomatique de l'État dont elles ont la nationalité ;

– elle leur permet de bénéficier lorsque cela est possible, des mêmes droits que les personnes physiques de même nationalité ainsi que des traités conclus pour ces personnes physiques.

§ 2 - Les critères de détermination de la nationalité

I - La nationalité initiale

Les critères proposés varient considérablement. Deux tendances s'opposent en doctrine comme en jurisprudence. La première est en faveur de l'adoption d'un critère unique. La seconde est favorable à la pluralité de critères. Les critères en concours sont notamment :

• **le contrôle :** la société a la nationalité des personnes qui la contrôlent par exemple les associés majoritaires ou les dirigeants sociaux (Req. 20 juill. 1915, *Lenzbourg*, *DP* 1916, 144 ; Req. 27 mai 1921, *Gaz. Pal.* 1921. II. 206, *JDI* 1923, p. 322). Ce critère présente plusieurs inconvénients :

– la complexité,

– l'imprévisibilité et l'insécurité juridique, la nationalité de la société se déterminant au cas par cas (T. confl., 23 nov. 1959, *Mayol-Arbona*, *D.* 1960. 224, note R. Savatier ; *Rev. crit. DIP* 1960, p. 180, note Y. Loussouarn) ;

• **l'incorporation :** la société a la nationalité de l'État du lieu où ont été accomplies ses principales formalités : constitution et immatriculation. Ce critère a également été critiqué car il serait « impérialiste » et permettrait une fraude à la loi.

• Aujourd'hui, après une évolution jurisprudentielle (Civ. 1re, 30 mars 1971, *Caisse centrale de réassurance des mutuelles agricoles*, *GADIP* n° 50 ; Ass. plén. 21 déc. 1990, *Bull. ass. plén.* n° 12), le critère principal de détermination est le siège social (art. L. 210-3 al. 1 et art. L. 225-97 du Code de commerce). Il est parfois exceptionnellement complété par le critère de contrôle.

II - Le changement de nationalité

Il peut être :

– volontaire : en changeant son siège social et en se localisant dans un autre État, la société perd en principe la nationalité d'origine au profit de celle de l'État d'accueil, sauf si le critère de siège social est écarté au profit de celui de contrôle. L'article L. 225-97 du Code de commerce apporte une précision en ce qui concerne les SA en exigeant que « ...le pays d'accueil ait conclu avec la France une convention spéciale permettant d'acquérir sa nationalité et de transférer le siège social sur son territoire, et conservant à la société sa personnalité juridique » ;

– involontaire en cas de mutation de souveraineté territoriale par exemple lors d'une annexion ou d'une accession à l'indépendance.

Ce changement n'est toutefois pas automatique.

§ 3 – La situation des sociétés étrangères en France

I – La reconnaissance en France des sociétés étrangères

• Ne sont pas concernées les sociétés des États membres de l'Union européenne. Sous certaines conditions, elles peuvent s'établir dans les autres États membres et y exercer leur activité dans les mêmes conditions que les ressortissants de ces États (art. 49 et 56 du Traité *adde* art. 15 de la Charte des droits fondamentaux de l'UE).

• Le droit français reconnaît-il la personnalité morale aux sociétés étrangères ?

Pendant longtemps, une distinction devait être effectuée entre les sociétés anonymes et les autres sociétés :

– **sociétés autres que les sociétés anonymes :** le principe est de leur reconnaître de plein droit la personnalité morale, qu'il s'agisse des sociétés de personnes (Civ. 1re, 17 juin 1958, *Rev. crit. DIP* 1958, p. 704, note Ph. Francescacis) ou de capitaux, à condition qu'elles jouissent de la personnalité morale dans l'État de constitution ou même à défaut d'une simple capacité juridique (Versailles, 14 janv. 1999, *Bull. Joly* 1999, § 97, p. 466, note M. Menjucq) ;

– **sociétés anonymes :** en principe, leur reconnaissance dépend de l'existence d'un traité ou, en application d'une loi française du 30 mai 1857 très critiquée par la doctrine, de l'adoption d'un décret pour chaque État. La multiplication de décrets collectifs atténue cette exigence. La jurisprudence était très hostile à cette disposition législative et n'hésitait pas à l'écarter pour plusieurs raisons, notamment des arguments de procédure ou même par le recours à la Convention européenne de sauvegarde des droits de l'homme et des libertés fondamentales (Com., 8 juill. 2003, *D.* 2003. Jur. 692, obs. G. Khairallah, *JCP* 2004. II. 10111, obs. H. Kenfack et B. de Lamy).

Désormais, cette distinction n'est plus à l'ordre du jour avec l'abrogation de la loi du 30 mai 1857 par une loi du 20 décembre 2007 relative à la simplification du droit. La reconnaissance des SA obéit aux principes de droit commun. Par conséquent, aucune société ne peut se voir opposer un refus de reconnaissance en tant que telle en France, qu'il s'agisse de son droit de défendre des droits fondamentaux ou de celui d'ester en justice.

• La reconnaissance peut être fondée sur un traité, comme dans l'UE où l'article 54 du TFUE pose le principe de la reconnaissance de toute société constituée conformément à la législation d'un État membre et possédant dans cet État son siège social statutaire ou réel.

• Deux conventions européennes relatives à la reconnaissance mutuelle des sociétés ont été conclues, mais ne sont pas entrées en vigueur : la Convention de La Haye du 1er juin 1956 et la Convention de Bruxelles du 29 février 1968.

• Cette reconnaissance entraîne la possibilité pour cette société étrangère d'exercer son activité en France.

II – Le régime en France des sociétés étrangères

Les sociétés étrangères reconnues – autres que celles des pays de l'Union européenne – ont-elles en France les mêmes droits et obligations que les sociétés françaises ?

A – Droits

Principe : en application de l'article 11 du Code civil, sauf texte contraire, les sociétés étrangères ont en principe les mêmes droits que les sociétés françaises.

Limites : certains textes spéciaux peuvent leur refuser certains droits sauf en cas de réciprocité. Par exemple l'article L. 145-13 du C. com. refusait aux personnes physiques étrangères le droit de renouvellement du bail excepté en cas de réciprocité législative ou de convention internationale. Un arrêt de 2011 a décidé qu'il s'agissait d'une discrimination contraire à la Conv. EDH (Civ. 3e, 9 nov. 2011, no 10.30.291). Ce texte a aujourd'hui été supprimé du droit positif français.

D'autres textes spéciaux peuvent encadrer leur accès à certains secteurs économiques (activités de crédit) ou la réalisation de certaines opérations sensibles (activités d'investissement).

Quelle que soit l'hypothèse, ces droits sont doublement limités :

– elles ne peuvent avoir plus de droits que les sociétés françaises ;

– elles ne peuvent avoir une capacité plus grande que celle qui leur est conférée dans leur propre pays.

B – Obligations

Deux obligations essentielles :

• La société dont le siège est à l'étranger et qui ouvre un premier établissement en France doit présenter une demande d'immatriculation au registre du commerce et des sociétés du greffe du tribunal dans le ressort duquel est ouvert l'établissement.

• La situation des dirigeants d'une société étrangère exerçant en France a été plusieurs fois modifiée. Aujourd'hui, elle est plus simple. Ont été supprimées les dispositions exigeant la possession d'une carte de commerçant étranger (ancien art. L. 122-1 et s. C. com.), tout comme celles, pour l'étranger qui dirige une société en France sans y résider, imposant une déclaration au préfet du département dans lequel il envisage d'exercer pour la première fois son activité (dans les conditions prévues aux articles D. 122-1 à D. 122-4 C. com.).

Section 3 – La défaillance internationale des sociétés

Une distinction doit être effectuée entre le droit commun et le droit européen de la faillite internationale, en laissant de côté d'autres droits pourtant bien construits comme le droit OHADA : l'Acte uniforme portant organisation des procédures collectives comporte non seulement des dispositions de droit interne (prévention, redressement judiciaire et liquidations des biens) mais aussi de « droit international interne » qui régissent les procédures collectives internationales de la zone OHADA.

§ 1 – Le droit commun de la faillite internationale

I – Les compétences juridictionnelle et législative

A – La compétence juridictionnelle

• D'après l'article R. 600-1 du Code de commerce le tribunal territorialement compétent pour connaître de la procédure de redressement ou de liquidation judiciaire est celui dans le ressort duquel le débiteur a le siège de son entreprise ou, à défaut de siège en territoire français, le centre principal de ses intérêts en France.

• Par conséquent, le juge français sera compétent lorsque :

– le débiteur soumis à la procédure collective est établi en France. Dans ce cas, les effets de la faillite ne sont pas limités au territoire français, mais ont une vocation universelle (Civ. 1re, 19 nov. 2002, *Banque Worms*, *JCP* 2002. II. 10201, concl. J. Sainte-Rose, note S. Chaillé de Néré) sous la nuance de son acceptation par les ordres juridiques étrangers ;

– sans être établi en France, le centre principal des intérêts du débiteur est en France, cette notion s'entendant en jurisprudence comme « le principal de ses établissements secondaires » (Com., 19 janv. 1988, *D.* 1988. 565, note J.-P. Remery ; Com., 26 oct. 1999, *Bull. Joly* 2000, p. 385, note M. Menjucq). Cette notion peut être entendue de manière extensive (Com., 26 oct. 1999, *Bull. Joly* 2000, p. 385, note M. Menjucq).

Dans cette seconde hypothèse de compétence, la procédure ouverte en France n'a qu'une portée locale.

– les articles 14 et 15 du Code civil sont applicables.

Le juge français peut donc être compétent sur le fondement des articles 14 et 15 du Code civil si leurs conditions sont réunies. Ainsi, en application de l'article 14 par exemple, un créancier français peut demander que son débiteur étranger, même s'il n'a pas d'établissement en France, y soit mis en redressement ou en liquidation judiciaire (Com., 19 mars 1979, *Bull. civ. IV*, n° 104).

En matière interne, l'article L. 721-8 du Code de commerce réserve, pour certaines procédures, la compétence à des tribunaux de commerce spécialement désignés. C'est le cas par exemple lorsque l'entreprise a un nombre de salariés supérieur ou égal à 250 et un chiffre d'affaires d'au moins 20 millions d'euros. Ce sont ces tribunaux spécialisés qui sont désormais également compétents pour les procédures d'insolvabilité principales ouvertes à l'égard d'un débiteur qui possède un établissement sur le territoire d'un autre État membre de l'Union européenne et pour les procédures secondaires ou territoriales (v. ci-dessous la compétence internationale).

B – La compétence législative

Lorsque le juge français est compétent pour prononcer une procédure collective, cette dernière est soumise à la loi française. L'équation est donc juge français – loi française. Cette loi a un large domaine car elle régit toutes les questions relatives à la procédure collective.

II – Les effets en France du jugement étranger de faillite

Si le jugement de redressement ou de liquidation judiciaire en France produit ses effets partout où le débiteur a des biens, sous les réserves des traités internationaux ou d'actes communautaires et dans la mesure de leur acceptation par les ordres juridiques étrangers, les effets en France du jugement étranger de faillite dépendent de l'obtention ou non de l'*exequatur*.

• En l'absence d'*exequatur*, le jugement étranger a de moindres effets relatifs à l'administration de l'entreprise mais il reste inefficace sur la situation des créanciers. Le débiteur n'est pas dessaisi de l'administration de son patrimoine.

• L'*exequatur* est nécessaire pour que le jugement étranger bénéficie en France de la chose jugée et de la force exécutoire. Pour l'essentiel, l'obtention de l'*exequatur* est conditionnée par la vérification des conditions de droit commun (v. p. 46) auxquelles s'ajoute l'inexistence d'un jugement français ayant prononcé la faillite. Cet *exequatur*... peut être demandé par voie incidente dans une instance qui n'a pas pour objet principal ce jugement (Civ. 1re, 10 janv. 2018, n° 16-20.416, *D.* 2018. 118, obs. F. Jault-Seseke). La Cour confirme ainsi que les jugements étrangers demeurent soumis à *exequatur* constitutif de leur efficacité en France même si cet *exequatur* peut désormais être obtenu plus facilement, pendant un procès ayant un autre objet.

• En cas d'obtention, le jugement d'*exequatur* produit tous ses effets en France.

§ 2 – Le droit européen de la faillite internationale

Il est issu du Règlement CE n° 1346/2000 du Conseil du 29 mai 2000 relatif aux procédures d'insolvabilité entré en vigueur le 31 mai 2002 (*JOCE* L. 160 du 30 juin 2000, p. 1). Il a été l'objet en France d'une circulaire d'application du 17 mars 2003 et est remplacé depuis le 26 juin 2017 par un nouveau règlement (v. ci-dessous). Il continuera toutefois de s'appliquer aux procédures ouvertes avant le 26 juin 2017. La CJUE a conféré à ce règlement une portée européenne qui est contestée par la doctrine (CJUE, 1re ch., 16 janv. 2014, aff. C-328/12, *JCP* 2014. 253, F. Mélin, *JCP* 2014. 977, n° 10, obs. M. Menjucq ; v. approuvant la décision, P. Nabet, *Bull. Joly Entrep. diff.* 2014, p. 273, et la critiquant, J.-L. Vallens, *Rev. proc. coll.* 2014, étude 16).

Un nouveau Règlement UE 2015/848 du Parlement européen et du Conseil du 20 mai 2015 relatif aux procédures d'insolvabilité est désormais en vigueur.

Ce règlement apporte un changement important en droit européen des procédures d'insolvabilité avec notamment l'insertion dans les droits des États membres des règles en faveur des procédures négociées et des plans de restructuration. Ramenées à l'essentiel, les principales dispositions sont relatives :

– à la meilleure définition du critère principal de compétence juridictionnelle, le centre des intérêts principaux du débiteur qui s'intègre parfaitement désormais dans la lutte contre le *forum shopping*. Une disposition anti *forum shopping* est créée pour lutter contre les déplacements motivés par la recherche de la législation la plus favorable aux intérêts du débiteur,

– à la meilleure articulation entre les procédures principales et secondaires qualifiées de procédures parallèles,

– au traitement de l'insolvabilité des groupes,

– au développement des coopérations entre les organes de procédure tant dans le cadre des procédures parallèles que dans celui du traitement des groupes de sociétés,

– à l'offre élargie des instruments au service du redressement du débiteur : champ d'application élargie aux procédures de pré-insolvabilité et aux procédures partiellement collectives,

– à la création de deux nouvelles procédures européennes : la procédure synthétique et celle de coordination collective,

– au renforcement de la sécurité juridique, améliorant ainsi la situation des créanciers par la création des registres de l'insolvabilité européenne et leur interconnexion.

En France, la législation a été modifiée par ordonnance pour accompagner le nouveau Règlement (V. Ord. n° 2017-1519 du 2 nov. 2017, *JO* 3 nov. 2017). Le Code de commerce a désormais une section relative aux règles particulières de mise en œuvre du règlement européen (Livre VI, Titre IX, article L. 690-1 et s. issus de l'article 2 de l'ord.).

Certaines dispositions de l'ordonnance ont été complétées par décret (Décr. n° 2018-452 du 5 juin 2018, *JO* du 7 juin). Par exemple, l'article 3 de l'ordonnance apporte des précisions sur la compétence des tribunaux de commerce spécialisés selon l'article L. 721-8 du Code de commerce. Ils doivent connaître de toute procédure ouverte en France sur le fondement du règlement européen qu'elle soit principale, secondaire ou territoriale, ainsi que des procédures de coordination collectives (art. 61 du règl.) ou de toute instance française liée aux procédures secondaires (art. 36 du règl.).

On présentera le règlement de 2000 en précisant les apports du nouveau règlement.

I – Domaine

Le Règlement s'applique « aux procédures collectives fondées sur l'insolvabilité du débiteur qui entraînent le dessaisissement partiel ou total de ce débiteur ainsi que la désignation d'un syndic » (art. 1-1). Cette définition ne comporte ni intervention du juge, ni liquidation des biens. Pour la France, la sauvegarde, le redressement et la liquidation judiciaires sont concernés (annexe A du Règlement modifié par le Règlement 694-2006 du 27 avr. 2006). Ne sont en revanche pas concernées les procédures de surendettement des particuliers (Civ. 2e, 17 mars 2016, n° 14-26-868).

L'article 1er-2 écarte de son domaine d'application les procédures d'insolvabilité concernant les entreprises opérant dans un secteur particulier. Sont exclus notamment :

– les entreprises d'assurances. S'agissant de ces activités il existe une directive n° 2001/17 du 19 mars 2001 sur l'assainissement et la liquidation des entreprises d'assurance, transposée en France par l'ordonnance n° 2004-504 du 7 juin 2004 ;

– les établissements d'investissement, les banques et les établissements de crédit. En ce qui concerne ces derniers, d'après la directive n° 2001/24 du 4 avril 2001 sur l'assainissement et la liquidation des banques et autres établissements de crédit (transposée en France par une ordonnance n° 2004/1127 du 21 oct. 2004), si un établissement de crédit ayant des succursales dans plusieurs pays est en état d'insolvabilité, la liquidation s'inscrit dans une procédure unique d'insolvabilité engagée dans l'État d'origine (celui où l'établissement a son siège statutaire) et régi en matière de faillite par le droit unique de ce pays.

II – Contenu

Le Règlement prévoit essentiellement des règles relatives à :

– la juridiction compétente ;
– la loi applicable ;
– la reconnaissance et la coordination des procédures ;
– l'égalité des créanciers.

A – Juridiction compétente

Essayant de concilier les théories de l'universalité et de la territorialité de la faillite, le Règlement de 2000 admet l'ouverture de deux procédures :

• **Une procédure principale ayant une portée universelle.** Elle est ouverte par les juridictions de l'État où se situe le centre des intérêts principaux du débiteur (art. 3-1). Le centre des intérêts doit être apprécié à la date de la demande d'ouverture de la procédure (CJUE, 7e ch., 24 mai 2016, aff. C-353/15, *Rev. crit. DIP* 2016. 692, note L. d'Avout, *D.* 2017. 1024, obs. F. Jault-Seseke). Pour les sociétés et personnes morales, il est présumé que ce centre est le lieu du siège social. Il n'y a pas de présomption selon laquelle le centre des intérêts principaux du débiteur personne physique est son domicile ou sa résidence et il convient de rechercher directement le « lieu où le débiteur gère habituellement ses intérêts et qui est donc vérifiable pour les tiers » (Com. 15 févr. 2011, n° 10-13882).

Un arrêt précise la priorité d'ouverture d'une procédure principale d'insolvabilité en cas de saisine parallèle de juridictions d'États membres différents, la Cour de cassation décidant que le conflit entre une décision d'ouverture d'une procédure d'insolvabilité et une instance en cours visant l'ouverture d'une telle procédure doit se résoudre en faveur de la décision d'ouverture déjà intervenue qui doit être internationalement reconnue, et non en fonction des dates respectives de saisine des juridictions (Com. 27 mai 2014, n° 13-14.956, *JCP* 2014, chron. 977, n° 11, obs. M. Menjucq).

Cette procédure principale concerne tous les biens du débiteur quel que soit le lieu de leur situation.

• **Une procédure secondaire ayant une portée territoriale.** Elle est ouverte par les juridictions de l'État sur le territoire duquel se situe seulement un établissement du débiteur (art. 3-2).

Cette procédure secondaire ne concerne que les biens du débiteur situés sur le territoire du juge compétent.

Un arrêt a apporté d'utiles précisions sur l'**articulation entre ces deux procédures** (CJUE, 1re ch., 11 juin 2015, aff. C-649-13, *D.* 2015. 1514, note R. Dammann et M. Boché-Robinet).

Rendu dans la célèbre affaire de la faillite du groupe de télécommunication Nortel, la CJUE décide :

– les articles 3-2 et 27 du Règlement n° 1346-2000 du 29 mai 2000 doivent être interprétés en ce sens que les juridictions de l'État membre d'ouverture d'une procédure secondaire d'insolvabilité sont compétentes, alternativement avec les juridictions de l'État membre d'ouverture de la procédure principale, pour statuer sur la détermination des biens du débiteur entrant dans le périmètre des effets de cette procédure secondaire ;

– la détermination des biens du débiteur qui entrent dans le périmètre de cette procédure secondaire d'insolvabilité doit être effectuée conformément aux dispositions de l'article 2, g du règlement.

Un arrêt récent rendu sous l'empire de l'ancien Règlement et transposable au nouveau précise que le débiteur qui fait déjà l'objet d'une procédure principale d'insolvabilité dans un autre État membre de l'UE n'est pas tenu de déclarer son état de cessation des paiements en France où seule une procédure secondaire peut être ouverte (Com. 7 févr. 2018, n° 17-10056, *D.* 2018. 966 obs. F. Jault-Seseke, 1195, note R. Dammann et G. Podeur, 1947, obs. L. d'Avout ; *Rev. sociétés* 2018. 203, obs. L.-C. Henri et 396, obs. A. Reygrobellet). Ainsi, si une procédure collective est ouverte contre une personne morale dans l'État membre de son siège social et qu'une procédure est ultérieurement ouverte contre le même débiteur en France sans que la nature en soit précisée dans le dispositif du jugement d'ouverture, cette procédure postérieure ne peut être que secondaire au sens du Règlement tel qu'interprété par la CJUE.

→ Le nouveau règlement de 2015 effectue une distinction :

• La procédure principale est ouverte comme ci-dessus indiqué. Le créancier ou le débiteur peut attaquer devant une juridiction la décision d'ouverture de la procédure d'insolvabilité principale pour des motifs de compétence internationale (art. 5 §1). Le droit national peut ouvrir des voies de recours soit à d'autres parties soit pour d'autres motifs que l'absence de compétence internationale (art. 5 §2). C'est ce que fait le droit français en permettant au ministère public, par la voie de l'appel, et à tout créancier, par la même voie, ou la tierce opposition, de contester cette ouverture pour un motif de compétence internationale.

• La procédure secondaire est celle ouverte par les juridictions d'un État où le débiteur possède un établissement, dès lors qu'une procédure principale a déjà été ouverte dans un État membre où est localisé le centre des intérêts principaux du débiteur (art. 3 § 3). L'ordonnance et le décret effectuent une distinction selon que la procédure secondaire soit ou non ouverte en France.

• La procédure territoriale est quant à elle ouverte en considération d'un simple établissement du débiteur, sans qu'une procédure principale n'ait été au préalable ouverte dans un autre État (art. 3 § 4).

L'article L. 690-1 du Code de commerce rappelle cette articulation.

Comme indiqué ci-dessus ce sont les juridictions spécialisées de l'article L. 721-8 du Code de commerce qui ont cette compétence. Ainsi, le tribunal de commerce spécialisé compétent pour l'ouverture de la procédure d'insolvabilité sera celui dans le ressort duquel est situé le centre des intérêts principaux du débiteur ou un établissement de ce dernier.

B – Loi applicable

• En principe, la loi applicable est celle de l'État dans lequel la procédure d'insolvabilité a été ouverte (art. 4 du Règlement de 2000 et art. 7 du Règlement de 2015). Cette loi régit notamment :

– les débiteurs susceptibles de faire l'objet de la procédure ;

– les biens objets de dessaisissement et ceux qui sont acquis par le débiteur après l'ouverture de la procédure ;

– les pouvoirs respectifs du débiteur et des syndics ;

– les conditions d'opposabilité d'une compensation ;

– les effets de la procédure (sur les contrats en cours ou sur les poursuites individuelles à l'exception des instances en cours) ;

– les créances à produire au passif du débiteur et le sort des créances nées après l'ouverture de la procédure ;

– les règles relatives à la production, à la vérification, à l'admission des créances, à la distribution du produit à la réalisation des biens, au rang des créances, au droit des créanciers ;

– les conditions et effets de la clôture de la procédure d'insolvabilité.

• Deux exceptions existent à ce principe :

– la limitation des effets de la procédure principale à l'égard des droits réels des créanciers sur les biens du débiteur situés à l'étranger (art. 5 Règlement de 2000), de la compensation (art. 6 du Règlement de 2000) et de la clause de réserve de propriété (art. 7 du Règlement de 2000) ;

– la compétence d'autres lois que celle de l'État dans lequel la procédure a été ouverte (art. 8 à 15 du Règlement de 2000). Par exemple, c'est la loi du lieu de situation de l'immeuble qui seule régira les effets de la procédure d'insolvabilité sur le contrat donnant le droit d'acquérir l'immeuble ou encore les effets d'une telle procédure sur un contrat de travail seront exclusivement régis par la loi de l'État membre applicable au contrat de travail. La même logique s'applique pour les droits et obligations de ceux qui participent aux systèmes de paiement et aux marchés financiers, aux effets de la procédure sur les droits soumis à enregistrement, aux actes préjudiciables, à la protection du tiers acquéreur et aux effets de la procédure sur les instances en cours.

Un arrêt récent a précisé que relèvent de cet article 4, § 2, c'est-à-dire de la *lex fori concursus*, la déchéance de la créance ainsi que l'arrêt des poursuites individuelles (CJUE 9 nov. 2016, aff. C-212/15 : ENEFI, *JCP* 2017, 226, n° 9). La Cour rappelle que le sort des créanciers n'ayant pas participé à la procédure d'insolvabilité n'est pas expressément mentionné par cet article mais elle n'est qu'indicative. Elle précise que toute autre interprétation porterait une atteinte sérieuse à l'efficacité de la procédure d'insolvabilité, en introduisant une inégalité entre les créanciers ayant produit leurs créances et ceux ne l'ayant pas fait qui trouveraient ainsi un avantage car pouvant demander le paiement intégral de leurs créances (considérant 23). Cette décision doit être approuvée.

C - Reconnaissance

• En principe, toute décision ouvrant une procédure d'insolvabilité prise par une juridiction d'un État membre, compétente en vertu de l'article 3, est reconnue dans tous les autres États membres, dès qu'elle produit des effets dans l'État d'ouverture (art. 16 du Règlement de 2000). Les procédures principales et secondaires sont donc de plein droit reconnues.

• Quelques exceptions :

– l'ordre public international : un État membre peut ne pas reconnaître une décision si cette reconnaissance (ou son exécution) peut produire des effets manifestement contraires à son ordre public et spécialement à ses principes fondamentaux ou aux droits et libertés individuelles garantis par sa constitution (art. 26 du Règlement de 2000). Cette hypothèse devrait être rare dans le commerce international (v. cependant rejetant un pourvoi fondé sur cet article mais marquant la vigilance des juridictions : Com. 15 févr. 2011, n° 09-71.436) ;

– l'incompétence de la juridiction étrangère (art. 14 du Règlement de 2000) ;

– l'absence de preuve de la nomination du syndic (art. 19 du Règlement de 2000) ;

– lorsque l'effet de la décision est de limiter la liberté individuelle ou le secret postal (art. 25-3 du Règlement de 2000).

• La décision reconnue produit, dans tout État membre, sans aucune formalité, les effets importants que la loi d'ouverture lui attribue. Ainsi, les pouvoirs conférés par cette loi de l'État d'ouverture au syndic peuvent être exercés par lui sur le territoire d'un autre État membre.

D – Coordination des procédures (art. 3 du Règlement de 2000), coopération et communication des praticiens et des juridictions

Pour éviter le « conflit de procédure », le Règlement de 2000 prévoit des dispositions limitant matériellement et territorialement la procédure secondaire et organisant la coordination de l'action des syndics.

Cette coordination se traduit par une hiérarchisation des procédures en faveur de la procédure principale.

Le Règlement de 2015 va plus loin.

Pour éviter toutes les difficultés causées lorsque le même débiteur est soumis à plusieurs procédures d'insolvabilité parallèles, l'une dans l'État membre du centre de ses intérêts principaux et les autres dans d'autres États membres où il dispose d'établissements, ce qui peut entraîner la compétence de plusieurs juridictions et la présence de plusieurs praticiens d'insolvabilité, le règlement prévoit un mécanisme de coopération et de communication des praticiens entre eux, des juridictions entre elles ainsi que des uns avec les autres (art. 41 s.).

Cette coopération dont l'objectif est aussi de permettre une résolution optimale des difficultés du débiteur peut prendre la forme d'accords ou de protocoles (art. 41 et 56).

La même perspective a été créée lorsque plusieurs sociétés d'un même groupe sont soumises à des procédures d'insolvabilité (art. 56 s.).

Le Code de commerce comporte désormais des dispositions permettant la mise en œuvre de ces coopérations et communication (art. L. 695-1).

E – Égalité des créanciers

Elle est assurée à travers leur information, la production des créances et le paiement. Le nouveau règlement garantit aux créanciers étrangers de pouvoir déclarer leurs créances dans la procédure et oblige la juridiction compétente (ou le praticien de l'insolvabilité désigné) à les informer sans délai. L'article R. 693-2 du Code de commerce apporte des précisions à cet effet en imposant que le mandataire judiciaire informe les créanciers étrangers de l'ouverture de la procédure d'insolvabilité, de l'obligation de déclarer leurs créances, du délai pour le faire et des sanctions encourues en cas de dépassement de ce délai, par lettre recommandée avec demande d'avis de réception ou par courrier électronique avec demande d'avis de réception s'ils y ont consenti.

F – Situation des groupes de société : procédure de coordination collective et coopération

Pas plus le nouveau règlement que l'ancien ne contiennent de dispositions permettant d'envisager de manière unitaire les difficultés rencontrées par les différentes sociétés d'un même groupe. Si le règlement de 2015 ne prévoit pas la possibilité d'ouvrir une procédure d'insolvabilité unique contre l'ensemble des sociétés d'un même groupe, il prévoit cependant un nouveau type de procédure spécifique aux groupes de société : la procédure de coordination collective.

En conclusion, il faut ajouter ici que la Commission européenne a présenté le 22 novembre 2016, une proposition de directive sur les procédures préventives de restructuration, sur la seconde chance et sur les mesures accroissant l'efficacité des procédures de restructuration, d'insolvabilité et de décharge de dettes (Parl. UE et Cons. UE, dir., 2016/0359, 22 nov. 2016). L'UE souhaite une harmonisation des législations nationales pour favoriser les sauvetages précoces et protéger les emplois. À plus long terme, l'objectif visé est d'arriver à une plus grande sécurité juridique pour les créanciers et, par conséquent, favoriser les investissements transfrontaliers. Il s'agit aussi de donner une seconde chance aux entrepreneurs, objectif louable, mais difficile à atteindre tant les droits nationaux des États membres sont éloignés dans ces domaines.

Il convient de signaler pour terminer sur ces questions que la CNUDCI a élaboré une loi type sur l'insolvabilité en 1977 qui s'applique aux effets internationaux des procédures collectives ouvertes contre tout débiteur, fondées sur l'insolvabilité, et qui nécessitent la coopération entre des tribunaux ou des syndics d'États différents. Des États ont adopté des législations fondées sur cette loi type notamment le Mexique, l'Afrique du Sud, le Japon, les USA ou le Royaume Uni.

Pour aller plus loin

Bibliographie

- M. Menjucq, *Droit international et européen des sociétés*, Montchrestien, 5e éd., 2018, n° 75
- L. Caroline Henry, « Le nouveau règlement "insolvabilité" : entre continuité et innovations », *D.* 2015. 979
- R. Dammann, M. Menjucq et Ph. Roussel Galle, « Le nouveau règlement européen sur les procédures d'insolvabilité », *Rev. proc. coll.* 2015, étude 2
- M. Menjucq, *JCP* 2015, chron. 236, n° 10
- J.-L. Vallens, « La loi type de la CNUDCI sur l'insolvabilité internationale », *D.* 1998. 157
- J.-L. Vallens, « Entrée en vigueur du règlement européen révisé UE 2015/848 du 20 mai 2015 sur les procédures d'insolvabilité », *D.* 2017. 1257

Sujets d'examen

Dissertations

- La détermination de la *lex societatis*
- Les critères de détermination de la nationalité des sociétés
- Le régime en France des sociétés étrangères
- Le domaine d'application du droit européen de la faillite
- La juridiction compétence en cas de faillite internationale

Chapitre 2
Les sociétés faisant partie d'un groupe

L'essentiel

Rejet d'une approche unitaire des groupes de sociétés, excepté dans certains domaines et adoption d'une approche plurale.

Section 1 – Le principe : l'absence de prise en compte du groupe

§ 1 – La nationalité des sociétés faisant partie d'un groupe

En principe, cette nationalité s'apprécie à l'égard de chacune des composantes du groupe, considérée isolément. Il n'y a donc pas d'originalité, chacune des sociétés du groupe voit sa nationalité déterminée comme une société isolée.

Toutefois, l'appartenance au groupe peut exercer une certaine influence en fonction du critère retenu, par exemple le contrôle.

§ 2 – La loi applicable aux sociétés faisant partie d'un groupe

Chacune des sociétés membre du groupe est régie par la loi de sa constitution, même si une nuance doit être apportée :

– le fonctionnement interne à chaque société membre du groupe devrait relever de la *lex societatis* de la société concernée ;

– les relations entre les sociétés membres du groupe soulèvent plus de difficultés, une hésitation étant permise entre la loi de la société dominante et la loi de chaque société dominée, par exemple les filiales.

Section 2 – L'exception : la prise en compte du groupe

Le groupe est parfois pris en compte :

– **par le droit fiscal international :** par exemple, en France, le régime du bénéfice consolidé est propre aux groupes placés sous le contrôle de sociétés françaises ;

– **par le droit social international :** par exemple, l'obligation de reclassement des salariés s'effectue au sein du groupe international de sociétés.

Section 3 - Les *joint venture*

Ce sont des regroupements contractuels de sociétés (ou d'entreprise et d'États) instituant entre elles une coopération dont l'objectif est de réaliser une opération déterminée, technologiquement et financièrement comme des grands travaux ou un appel d'offres. Elles sont soit de nature sociétaire – *equity joint venture* – soit de nature contractuelle – *non equity joint venture*. Le mécanisme d'ensemble se décline généralement en contrat-cadre et contrat d'application.

Le contrat-cadre de *joint venture* est soumis à la *lex contractus* pour les questions relatives à son existence, sa validité ou son exécution. Les contrats d'application peuvent être soumis à la même loi que le contrat-cadre, mais il peut arriver que d'autres règles interfèrent, par exemple une convention internationale, pour les soumettre à une autre loi.

Pour aller plus loin

Sujet d'examen

Dissertation

- La détermination de la nationalité des sociétés faisant partie d'un groupe

Chapitre 3
La société européenne (SE)

L'essentiel

Pendant longtemps qualifiée avec ironie de « serpent de mer communautaire », la société européenne a (enfin ?) été approuvée lors de la conférence intergouvernementale de Nice de décembre 2000. Le Conseil des ministres de l'Union européenne a adopté une double proposition de règlement relative au statut de la société européenne et de directive concernant l'implication des travailleurs dans la société européenne. Les textes définitifs ont été adoptés :
– le Règlement du Conseil du 8 octobre 2001 relatif au statut de la société européenne (JOCE n° L. 294 du 10 nov. 2001). Ce texte est désormais intégré dans le Code de commerce, notamment aux articles L. 229-1 à L. 229-15 sous un chapitre IX intitulé « De la société européenne » (issu d'une loi du 26 juill. 2005 complétée par un décret d'application du 14 avril 2006).
– la Directive 2001/86/CE du Conseil du 8 octobre 2001 complétant le statut de la société européenne en ce qui concerne l'implication des travailleurs (JOCE n° L. 294 du 10 nov. 2001). Ce texte est introduit dans le Code du travail aux articles L. 2351-1 à L. 2353-32.
En 2014, environ 2 115 sociétés européennes seulement avaient été constituées en Europe, dont à peine 34 en France (succès important cependant en Allemagne).

Section 1 – Les principales règles de la société européenne proprement dite

Elles sont contenues dans le Règlement du 8 octobre 2001 préc., les articles L. 229-1 à L. 229-15 du Code de commerce et les dispositions applicables aux sociétés anonymes non contraires aux précédents articles (art. 229-1 al. 2).

§ 1 – Dispositions générales

• L'objectif du Règlement est clairement défini dans les considérants 10 et 11. Aux termes du considérant 10, « l'objectif essentiel… (est) qu'une SE puisse être constituée aussi bien pour permettre à des sociétés d'États membres différents de fusionner ou de créer une société holding que pour donner la possibilité à des sociétés et à d'autres personnes morales exerçant une activité économique et relevant du droit d'États membres différents de créer des filiales communes ». Le considérant 11 ajoute qu'il « convient de permettre à une société anonyme ayant son siège statutaire et son administration centrale dans la Communauté de se transformer en SE sans passer par une dissolution, à condition que cette société ait une filiale dans un État membre autre que celui de son siège statutaire » Il s'agit essentiellement de permettre la création d'une société qui a son propre cadre juridique en essayant d'éviter les contraintes juridiques et pratiques des différents ordres juridiques.

• D'autres considérants apportent des précisions et opèrent plusieurs renvois aux législations nationales :

– le Règlement ne couvre pas la fiscalité, la concurrence, la propriété intellectuelle ou l'insolvabilité. Ces domaines relèvent des dispositions du droit des États membres ou du droit communautaire applicables (Considérant 20) ;

– lorsqu'une entreprise contrôle une autre entreprise relevant d'un ordre juridique différent, ses droits et obligations en matière de protection des tiers et des actionnaires minoritaires sont régis par le droit auquel est soumise l'entreprise contrôlée (considérant 15).

• **Forme de la société européenne :** société anonyme constituée sur le territoire de la Communauté (art. 1er).

• **Capital minimum :** 120 000 € (art. 4-2).

• **Siège :** il doit être dans le même État membre que celui où est installée son administration centrale (siège réel, art. 7). Le transfert du siège social d'un État membre à un autre est possible, sans dissolution ni création d'une personne morale nouvelle (art. 8).

• **Rattachement :** à « défaut » de dispositions du Règlement, la législation nationale qui est subsidiairement applicable à la société européenne est celle de l'État membre dans lequel la société a fixé son siège statutaire (art. 9).

• **Dénomination :** la société européenne doit faire précéder ou suivre sa dénomination sociale du sigle SE qui lui est réservé (art. 11-1 et 2).

• **Immatriculation :**

– en principe, la SE doit être immatriculée dans l'État membre de son siège statutaire (art. 12-1), elle n'a donc pas d'immatriculation européenne ;

– elle ne peut l'être qu'en cas d'accord sur l'implication des travailleurs (art. 12-2) ;

– elle permet à la SE d'avoir la personnalité juridique (art. 16-1) ;

– une double publicité est exigée : la première est requise au plan national, conformément aux modes prévus par la législation de l'État membre du siège statutaire de la SE (art. 13). La seconde est au plan européen : la publicité de l'immatriculation et de la radiation doit faire l'objet d'un avis publié pour information au *JOCE*.

§ 2 – Constitution de la SE

• **Loi applicable :** outre le Règlement, la constitution de la SE relève de la loi applicable aux sociétés anonymes de l'État de son siège statutaire (art. 15).

• **Cinq possibilités de constitution :**

– la fusion de sociétés anonymes (art. 17-1).

Elle peut prendre la forme d'une fusion par absorption (art. 17-2-a) ou d'une fusion par constitution d'une nouvelle société (art. 17-2-b) ;

– la constitution d'une SE holding par des sociétés anonymes ou des sociétés à responsabilité limitée ;

– la constitution d'une SE/filiale par toute société ;

– la transformation d'une SA en SE ;

– la création par une SE de filiales sous forme de SE.

Dans les trois premiers cas, deux au moins des sociétés « fondatrices » doivent relever du droit d'État membres différents. Dans le quatrième cas, la société anonyme doit avoir une filiale relevant du droit d'un État membre depuis au moins deux ans.

§ 3 – Structures de la SE

Cette structure s'inspire largement de celle de la société anonyme :

– assemblée générale des actionnaires (art. 52 et s.). Son organisation, son déroulement et les procédures de vote relèvent de la législation de l'État membre du siège statutaire de la SE applicable aux SA (art. 53) ; la compétence de cette assemblée générale est la même que celle octroyée à l'assemblée générale des SA par le droit de l'État membre où la SE a son siège statutaire (art. 52) ;

– option entre un système dualiste (organe de surveillance et organe de direction, art. 39 et s.) et un système moniste (organe d'administration, art. 43 et s.). Cette diversité illustre les différentes organisations prévalant dans les sociétés anonymes en Europe.

§ 4 – Comptes annuels et comptes consolidés

L'établissement, le contrôle et la publicité des comptes sont régis par les règles applicables aux sociétés anonymes du droit de l'État membre du siège statutaire (art. 61).

§ 5 – Fin de la SE

La dissolution, la liquidation, l'insolvabilité et la cessation des paiements relèvent de la loi qui s'appliquerait à une société anonyme constituée selon le droit de l'État membre dans lequel la SE a son siège statutaire (art. 63).

Section 2 – La participation des travailleurs à la société européenne

L'implication des travailleurs dans la société européenne a constitué pendant longtemps un blocage à l'adoption du statut de la société européenne. Aujourd'hui, la directive précitée organise cette question. Il ne s'agit pas de faire participer les travailleurs à la gestion journalière de la société car elle relève de la compétence des dirigeants, mais plutôt à la surveillance et au développement des stratégies de l'entreprise.

Cette implication des travailleurs concerne essentiellement l'information des travailleurs, leur consultation, leur participation et « tous autres mécanismes par lesquels les représentants des travailleurs peuvent exercer une influence sur les décisions à prendre au sein de l'entreprise » (art. 2-h).

Enfin, la société européenne n'est pas la seule forme de « sociétaire européenne ». On peut citer également :

– le Groupement européen d'intérêt économique. Il est issu d'un Règlement 2137/85 du Conseil des communautés européennes du 25 juillet 1985. Aujourd'hui les textes la régissant en France sont les articles L. 252-1 à L. 252-13 du Code de commerce ;

– la société coopérative européenne. Elle est issue du Règlement CE n° 1435/2003 du 22 juillet 2003 (*JOUE* n° l 207, 18 août 2003, p. 1) et de la directive 2003/72/CE du 22 juillet 2003 sur l'implication des travailleurs (*JOUE* n° 207, 18 août 2003, p. 25).

Le Règlement est entré en vigueur le 18 août 2006.

Aux termes de l'article 1er-3 du Règlement, la société coopérative européenne a pour objet « la satisfaction des besoins et/ou le développement des activités économiques et ou sociales de ses membres, notamment par la conclusion d'accords avec ceux-ci en vue de la fourniture de biens ou services ou de l'exécution de travaux dans le cadre de l'activité que la société coopérative européenne exerce ou fait exercer ».

Pour aller plus loin

Bibliographie

- M. Menjucq, *Droit international et européen des sociétés*, Montchrestien, 5e éd., 2018, n° 75
- Y. Chaput et A. Lévi (dir.), *La direction des sociétés anonymes en Europe. Vers des pratiques harmonisées de gouvernance ?*, CREDA, LexisNexis, 2008

Sujet d'examen

Dissertation

- La participation des travailleurs dans la société européenne

Troisième partie

Les opérations du commerce international

Les opérations du commerce international sont diverses et variées, une place à part devant être réservée aux investissements.
Les investissements peuvent être publics et assurés par des banques, par exemple la banque mondiale. La grande partie des investissements est toutefois assurée par les personnes privées. Une distinction doit être effectuée entre le droit commun français de l'investissement international qui est largement influencé par le droit communautaire et la libre circulation des capitaux et le droit international de l'investissement (v. J.-M.. Jacquet, P. Delebecque et S. Corneloup, op.cit., n° 738 ; M. Audit, S. Bollée et P. Caillé, op cit. n° 258 et s.). En se limitant à ce dernier, il convient de signaler plusieurs initiatives prises dans le cadre de l'OCDE, notamment le Code de libération des mouvements de capitaux (1961), la déclaration sur l'investissement international et les entreprises multinationales (adoptée le 21 juin 1976 par le Conseil de l'OCDE), le projet de Convention sur la protection des biens étrangers jamais entrée en vigueur (12 oct. 1967) et le projet d'Accord multilatéral sur l'investissement (AMI).
En dehors des investissements, au commerce de produits manufacturés succède aujourd'hui celui des services. Ces opérations s'effectuent par l'intermédiaire des contrats du commerce international, une place particulière devant être réservée aux contrats du commerce électronique.
Les contrats du commerce électronique sont ceux passés par voie électronique. Ils connaissent aujourd'hui un développement considérable soit dans les rapports des entreprises entre elles (business to business) soit dans les rapports entre entreprises et consommateurs (business to consumer).
A priori, les frontières sont ignorées et la distinction contrat interne/contrat international n'est plus utile. En réalité, cette deuxième proposition n'est pas entièrement exacte, le contrat électronique international devant être qualifié comme tout contrat international malgré ses spécificités :
• c'est un contrat nécessairement entre absents comme l'étaient déjà les contrats conclus par télex ou télécopie. Mais ici les difficultés sont accrues quant à l'identité des contractants ou à leur capacité à conclure le contrat ;
• c'est un contrat conclu rapidement, en l'absence de documents ce qui soulève des difficultés probatoires. Des tentatives de solutions ont été proposées :
– ce sont les Nations unies qui ont été pionniers en proposant la loi type CNUDCI du 16 décembre 1996 sur le commerce électronique, pour aider les États à adapter leur droit aux évolutions technologiques. Ce texte visait à harmoniser les législations des pays membres des Nations unies et prévoyait l'équivalence entre l'écrit traditionnel et l'écrit électronique,

– à la suite des Nations unies, l'Europe a pris le relais et plusieurs directives ont été adoptées notamment la directive du 13 décembre 1999 sur les signatures électroniques et la directive du 8 juin 2000 sur le commerce électronique (JOCE n° L. 178, 17 juill. 2000, p. 1).

La France a adapté son droit de la preuve à ces évolutions par la loi du 13 mars 2000 codifiée aux articles 1316 à 1317 du Code civil.

En outre, une loi n° 2004-575 du 21 juin 2004 pour la confiance dans l'économie numérique (JO du 22 juin 2004, p. 11168) dont l'objectif est de transposer en droit interne français la directive du 8 juin ci-dessus citée a apporté des précisions sur le contrat électronique international. Cette loi définit le commerce électronique comme « l'activité économique par laquelle une personne propose ou assure à distance et par voie électronique la fourniture de biens ou de services » (art. 14). Elle ajoute à son article 17 que « l'activité définie à l'article 14 est soumise à la loi de l'État membre sur le territoire duquel la personne qui l'exerce est établie, sous réserve de la commune intention de cette personne et de celle à qui sont destinés les biens ou services » (alinéa 1).

Aujourd'hui, il n'existe pas de règles de conflits de lois propres au commerce électronique. Il faut donc lui appliquer les règles de conflit régissant les contrats en général (v. supra, Règl. Rome I)

Outre ces contrats du commerce électronique auxquels vont s'appliquer comme à tous les autres contrats les règles communes aux contrats internationaux, plusieurs contrats peuvent être examinés.

Le contrat le plus important est la vente. Le transport et l'assurance l'accompagnent nécessairement. D'autres contrats du commerce international ne doivent pas être négligés. Au préalable, il est opportun d'envisager sommairement les clauses courantes dans les contrats commerciaux internationaux.

Préalable
Les clauses courantes dans les contrats commerciaux internationaux

La pratique contractuelle internationale révèle des clauses habituelles dans les contrats commerciaux internationaux. Les unes leur sont propres alors que les autres peuvent se retrouver dans les contrats internes. Leur efficacité dépend du droit applicable au contrat. Outre le préambule, les clauses de juridiction compétente, les clauses compromissoires, les clauses d'*electio juris*, les clauses relatives aux prescriptions ou à la preuve, peuvent être citées notamment :

1. Les clauses de confidentialité

Encore appelées clauses de secret, de discrétion ou de non-divulgation, ces clauses ont pour objet de protéger un secret qui va être ou a dû être dévoilé à un partenaire potentiel ou réel.

Elles concernent la période précontractuelle, contractuelle, mais aussi postcontractuelle.

Elles permettent d'éviter les aléas des droits des différents pays quant au mode de réparation.

Quel que soit le droit applicable, la pratique contractuelle internationale révèle que les clauses de confidentialité prévoient :
– l'objet de l'obligation de confidentialité, c'est-à-dire les informations devant être considérées confidentielles ;
– les personnes astreintes à l'obligation ;
– la durée de l'obligation ;
– les sanctions en cas de non-respect de l'obligation.

Elles sont présentes dans les contrats dans lesquels le secret est un élément de réussite par exemple les contrats de recherche, de savoir-faire, de franchise, d'assistance technique.

La question de leur efficacité peut toutefois se poser car elles n'empêchent pas la divulgation des informations en cause.

2. Les clauses d'offre concurrente, du client le plus favorisé et de premier refus

Il s'agit de clauses générales qui permettent d'adapter le contrat au changement imprévu de circonstances. Elles se rapportent aux relations des parties par rapport à l'intervention effective ou éventuelle de concurrents. Leur efficacité peut être limitée en cas d'application stricte du principe *pacta sunt servanda* (v. p. 13), même si elles sont conformes au principe *rebus sic stantibus* (v. p. 14).

• La clause de l'offre concurrente permet à une partie (par exemple, l'acheteur) de faire valoir auprès de son cocontractant, l'offre plus favorable d'un tiers sur l'objet du contrat en cours. Le cocontractant a une option :
– soit il accepte de s'aligner sur la proposition concurrente : le contrat continue aux nouvelles conditions ;

– soit il refuse et le bénéficiaire de l'offre peut conclure avec le tiers : l'accord initial est suspendu ou résilié.

Cette clause est surtout insérée dans les contrats de fourniture exclusive.

• La clause du client le plus favorisé obéit à la même préoccupation et est fréquente également dans le même type de contrats. D'après cette clause, une partie à un contrat s'engage à faire bénéficier son partenaire de conditions plus favorables qu'elle consentirait à un tiers dans un contrat analogue (v. prohibant cette clause en droit français l'article L. 442-6-II-d du Code de commerce).

• La clause de premier refus semble être une forme alternative à celle de l'offre concurrente : une partie s'engage envers le bénéficiaire de la clause à lui proposer dans l'avenir de réaliser ensemble une opération déterminée avant de conclure celle-ci avec un tiers. En cas de refus du bénéficiaire, la partie engagée, redevient libre de contracter avec un tiers. Elle est également présente dans les contrats de fourniture, par exemple le contrat international de concession exclusive.

3. Les clauses de *best efforts, reasonable care, due diligence*

Par ces clauses, une des parties s'engage à « fournir ses meilleurs efforts pour » ou « à apporter des soins raisonnables dans l'exécution de ».

Elles permettent aux parties de fixer contractuellement les contours de l'obligation et de la limiter en obligation de moyens. Elles rappellent la notion de bon père de famille.

Elles sont surtout présentes :

– dans les contrats de distribution où elles concernent l'obligation du distributeur d'assurer la promotion de la vente de ses produits ;

– dans diverses clauses contractuelles quel que soit le type de contrats. Il s'agit des clauses qui mettent à la charge des parties des obligations accessoires, par exemple certains engagements de porte-fort.

4. Les clauses limitatives ou exonératoires de responsabilité

En raison de l'accroissement des hypothèses de responsabilité dans les différents droits internes, ces clauses prennent une importance croissante dans le commerce international. Une distinction doit être effectuée entre :

– les clauses d'exonération totale ou clauses d'irresponsabilité qui sont rarement utilisées dans le commerce international et difficilement admises par les différents droits ;

– les clauses simplement limitatives de responsabilité qui sont plus fréquentes et admises sous certaines conditions. Elles concernent l'étendue de la responsabilité ou ses effets.

5. Les clauses de force majeure et de *hardship*

Les principes relatifs aux contrats du commerce international (v. p. 15) et les principes du droit européen du contrat (v. p. 18) ont essayé de codifier la force majeure et le *hardship*.

Les clauses de force majeure et de *hardship* prennent en compte la survenance d'événements imprévus. Les principes Unidroit et la doctrine font une distinction entre force majeure et *hardship*.

La clause de force majeure serait relative à un cas d'inexécution du contrat. Elle interviendrait lorsque les événements empêchent totalement l'exécution du contrat.

Les clauses de *hardship* se situeraient dans un contexte d'exécution plus onéreuse du contrat. Leur objectif serait la renégociation de certaines dispositions du contrat en cas de survenance d'événements qui, sans rendre impossible l'exécution du contrat, en modifieraient l'équilibre économique en faveur d'une partie. Elle serait surtout utile dans le cas où la loi applicable ne prévoit pas d'imprévision.

La pratique contractuelle internationale rapproche plutôt les clauses de force majeure des clauses de *hardship*, ces deux types de clauses pouvant avoir le même effet. Les deux conceptions sont d'ailleurs souvent confondues par des clauses hybrides. De même, la structure de ces clauses est souvent la même : définition des éléments constitutifs de force majeure ou pouvant entraîner un déséquilibre qui requiert des négociations, communication à faire à l'autre partie, effets des événements survenus.

6. Les clauses relatives à l'inexécution

Les parties prévoient souvent à l'avance les sanctions de l'inexécution du contrat. Ces clauses – par exemple la clause résolutoire – sont en principe valables en raison de la liberté contractuelle et relèvent de la *lex contractus*. Les Principes du droit européen du contrat prévoient « les moyens accordés en cas d'inexécution peuvent être exclus ou limités, à moins qu'il ne soit contraire aux exigences de la bonne foi d'invoquer l'exclusion ou la limitation » (art. 8. 109). Il convient de préciser que ces clauses peuvent être condamnées dans les rapports entre consommateurs et professionnels au titre de clauses abusives si le cas est prévu par une loi qualifiée de police.

7. Les clauses prévoyant des dommages-intérêts en cas de rupture de contrat et les clauses pénales

D'après ces clauses, un manquement d'une partie dans l'exécution d'une obligation qui lui incombe ou un retard dans cette exécution met à la charge de la partie défaillante une obligation de paiement d'une somme d'argent préalablement fixée par les parties.

La différence entre ces clauses vient du fait que les clauses prévoyant des dommages-intérêts en cas de rupture de contrat constituent l'évaluation des dommages-intérêts en cas d'inexécution alors que dans les clauses pénales l'idée de pénalité concerne plutôt la sécurité dans l'exécution du contrat.

Dans la plupart des systèmes juridiques, une simple inexécution du contrat est suffisante pour faire jouer ces clauses.

8. Les clauses relatives aux obligations survivant au contrat et les clauses de survie du contrat

Les clauses relatives aux obligations survivant au contrat s'appliquent en cas de cessation du contrat alors que les clauses de survie du contrat essayent de prolonger dans le temps les relations contractuelles devant s'achever.

• **Les clauses relatives aux obligations survivant au contrat** ont pour objet :

– la liquidation du passé contractuel : clause de stock, clause de restitution de documents et matériels divers par exemple publicitaires, clause de traitement des commandes en cours ;

– la prolongation des obligations contractuelles : clause de non-utilisation du savoir-faire, clause de non-concurrence, clause de non-rétablissement, clause de confidentialité.

• **Les clauses de survie du contrat**

Elles empruntent largement aux contrats internes. Il peut s'agir de clauses de prorogation ou de reconduction :

– les clauses de prorogation permettent de « ressusciter » le contrat expiré. Elles ne peuvent être insérées que dans les contrats à durée déterminée ;

– les clauses de renouvellement permettent la conclusion d'un nouveau contrat.

Pour aller plus loin

Bibliographie

• M. Fontaine et F. de Ly, *Droit des contrats internationaux : Analyse et rédaction des clauses*, Bruylant, 2e éd., 2003

Titre 1

La vente internationale

Malgré l'importance des services, la vente demeure encore au XXI*e siècle, comme déjà dans l'Antiquité, l'opération la plus courante dans le commerce international.*

Chapitre 1
Le droit matériel de la vente internationale

L'essentiel

Plusieurs conventions ont été adoptées dans le domaine des ventes internationales de marchandises notamment :

***1)** Les Conventions de La Haye du 1er juillet 1964.*

– La première porte « loi uniforme sur la formation des contrats de vente internationale des objets mobiliers corporels » (LUF). Elle comporte 13 articles et ne traite que de l'offre et de l'acceptation.

– La seconde porte « loi uniforme sur la vente internationale d'objets mobiliers corporels » (LUVI). Elle comporte 101 articles et régit les obligations du vendeur et de l'acheteur.

Elles sont entrées en application en 1972. La France les a signées mais ne les a pas ratifiées. Elles n'ont pas connu un grand succès.

***2)** La Convention de New York du 14 avril 1974 sur la prescription en matière de vente internationale de marchandises complétée par un Protocole du 11 avril 1980. Élaborée sous l'égide des Nations unies, elle n'est pas en vigueur en France et n'a pas non plus connu un grand succès.*

***3)** La Convention de Genève du 17 février 1983 sur la représentation en matière de vente internationale de marchandises.*

Conclue sous les auspices d'Unidroit, cette Convention n'est toujours pas en vigueur en France.

***4)** La Convention de Vienne du 11 avril 1980 sur la vente internationale de marchandises (CVIM). Elle est la plus connue.*

Élaborée sous l'égide de la CNUDCI et entrée en vigueur le 1er janvier 1988, elle est complétée par les Incoterms. 85 États sont donc désormais parties à cette Convention ; elle est entrée en vigueur au Vietnam le 1er janvier 2017 et en Azerbaïdjan le 1er juin 2017.

***5)** La Commission européenne avait proposé par un communiqué rendu public le 11 octobre 2011 un droit commun européen de la vente à caractère facultatif ayant pour objectif de stimuler les échanges et d'élargir le choix des consommateurs (COM, 2011, 635, final ; sur ce projet, B. Fauvarque-Cosson, D. 2012. 34). Ce projet vient d'être abandonné, peut-être définitivement car le programme de travail de la Commission européenne pour l'année 2015, rendu public en décembre 2014, prévoit le retrait de la proposition de règlement du Parlement européen et du Conseil relatif au droit commun européen de la vente (DCEV). Certes il ne s'agit pas d'un abandon pur et simple, du moins officiellement ; la Commission a en effet annoncé par la même occasion une « proposition modifiée afin d'exploiter pleinement le potentiel du commerce électronique dans le marché unique numérique », qui participe de l'ambition de la nouvelle commission de créer un « marché unique numérique connecté ». L'espoir reste donc permis pour les partisans du texte. En réalité, le texte semble enterré car plusieurs États membres sont* *très réticents face à un tel texte ; ainsi une lettre commune en date du 28 novembre 2014 des ministres de la Justice de l'Allemagne, de l'Autriche, de la Finlande, des Pays Bas, du Royaume Uni et de la France, adressée à la commissaire européenne en charge de la justice, des consommateurs et de l'égalité des genres, a demandé son retrait (sur cet abandon, J.-S. Borghetti, « Réforme du droit des contrats : un projet s'en vient, l'autre s'en va », D. 2015. 1376). L'avenir de la CVIM en Europe est assuré, ce qui va peut-être accélérer l'adhésion du Portugal, dernier principal État de l'Europe continentale.*

Section 1 – La Convention de Vienne

Présentation : la Convention de Vienne comprend 101 articles répartis en quatre parties :

– la première est relative au champ d'application et aux dispositions générales ;
– la deuxième concerne la formation du contrat (est exclu l'avant-contrat) ;
– la troisième est relative aux effets du contrat (obligations du vendeur, de l'acheteur et obligations communes) ;
– la quatrième contient les dispositions finales (dispositions diplomatiques relatives à la ratification, à la dénonciation et aux réserves).

Ses dispositions peuvent être appliquées sans, en principe, se référer à une législation nationale.

Interprétation : la Convention prévoit à son article 7 des règles générales d'interprétation d'après lesquelles il convient de tenir compte :

– de son caractère international ;
– de la nécessité de promouvoir l'uniformité de son application ;

L'Oberster Gerichtshof (Cour suprême d'Autriche) l'illustre en s'inspirant d'une solution donnée par la *Bundesgerichtshof* (BGH – Cour fédérale de justice allemande) relevant au passage « qu'eu égard au caractère international de la Convention et à la nécessité de promouvoir son application uniforme, il y a lieu d'examiner plus en détail l'arrêt de la BGH qui repose sur des faits très proches du présent litige ». Et après un examen de l'arrêt allemand, la haute juridiction d'Autriche décide « il convient de suivre les motivations convaincantes (de la BGH) dans la perspective de l'établissement d'une application commune à l'échelle mondiale » (Oberster Gerichtshof, 14 févr. 2012, n° 10 Ob 4/12d, *D.* 2012. Pan. 2880, obs. C. Witz) ;

– de la nécessité d'assurer le respect de la bonne foi dans le commerce international.

Ce même article renvoie aux principes généraux dont s'inspire la Convention ou à défaut à la loi applicable, les questions relatives aux matières qui entrent dans le domaine d'application de la Convention mais qu'elle ne tranche pas expressément (comp. Com. 16 janv. 2019, n° 17-21477 décidant que l'action directe en garantie des vices cachés d'un sous-acquéreur contre le vendeur était régie par la loi française non contestée en l'espèce, loi qui s'appliquait également à la prescription).

Les articles 8 et 9 complètent ces règles générales d'interprétation en évoquant la commune intention des parties et les usages du commerce international (pour une application de ces derniers, Tribunal Supremo – Espagne, 1er juill. 2013, *D.* 2015. Pan. 889, obs. Cl. Witz)

Cette interprétation est aujourd'hui facilitée par la mise en place d'un recueil analytique de jurisprudence de la CNUDCI relative à la CVIM (consultable sur le site www.uncitral.org).

§ 1 – Domaine d'application de la Convention

I – Négativement

• **Certaines catégories de vente sont exclues même si elles sont internationales** (art. 2) :

– les ventes de consommation (art. 2-a) (pour une application, BGH, 7 mars 2013, *D.* 2013. Pan. 2876, obs. C. Witz) ;

– les ventes aux enchères (art. 2-b) sur saisie ou de quelque manière par autorité de justice (art. 2-c) ; Est-ce que cette exclusion vaut aussi pour les enchères en ligne ? La doctrine est divisée sur cette question passée sous silence par la Convention. Une juridiction d'appel allemande décide que « les enchères n'entrent pas dans le champ d'application de la Convention » (Oberlandesgericht Brandenburg, 8 avr. 2016, *CISG-online*, n° 2727, *D.* 2017. 613) ;

– les ventes de valeurs mobilières, effets de commerce et monnaie (art. 2-d) ;

– les ventes de navires, bateaux, aéroglisseurs et aéronefs (art. 2-e) ;

– les ventes d'électricité (art. 2-f).

• **Sont également exclus certains contrats complexes comportant vente et prestation de services** (art. 3) :

– lorsque « l'acheteur » fournit au « vendeur » une part essentielle des éléments matériels nécessaires à la fabrication (art. 3-1) ;

– lorsque la part prépondérante de l'obligation de celui qui fournit les marchandises est une fourniture de main-d'œuvre ou d'autres services (art. 3-2), par exemple les contrats-cadres de distribution : franchise, concession exclusive (US district Court, Southern district of New York, 23 juill. 1997 ; *D.* 1998. Somm. 316, obs. Papandréou-Deterville ; T. sup. du Canton de Lucerne, 8 janv. 1997, *D.* 1998. Somm. 315, obs. C. Witz). La Convention est applicable au contrat de vente conclu en application du contrat-cadre de distribution (Com., 20 févr. 2007, *D.* 2007. AJ 795, obs. E. Chevrier, et Pan. 2008. 2622, obs. C. Witz ; *RTD civ.* 2007. 302, obs. P. Rémy-Corlay, *RTD com.* 2007. 586, obs. B. Bouloc et 2008, p. 208, obs. P. Delebecque ; Reims, 30 avr. 2013, n° 11/01950, *Cast c/Festilight*, *D.* 2014. Pan. 2876, obs. C. Witz).

• **Certains aspects du contrat de vente sont exclus :**

– les relations avec les tiers (art. 4). La Convention ne s'applique pas à la responsabilité du vendeur à raison des dommages causés par la chose à d'autres personnes que le cocontractant immédiat. La Cour de cassation refuse au sous-acquéreur la faculté de se prévaloir de la Convention de Vienne à l'encontre du fabricant-vendeur étranger alors même que le contrat auquel celui-ci est partie entre dans son domaine et comporte une stipulation de garantie contractuelle au profit de l'utilisateur final (Civ. 1re, 5 janv. 1999, *D.* 1999. 383, note C. Witz). La question de l'applicabilité de la CVIM à l'action directe divise la doctrine et ne semble pas définitivement réglée en jurisprudence ;

– la validité du contrat, de ses clauses et des usages auxquels il se référerait (art. 4-a) (par exemple les questions de consentement ou de clauses de responsabilité) (BGH, 23 juill. 1997, *D.* 1998. Somm. 308, obs. C. Witz décidant que la CVIM ne règle pas la validité des contrats de livraison – art. 4 al. 2 – conclus en application d'un contrat de franchise ; Com., 13 févr. 2007, *D.* 2008. Pan. 2623, obs. C. Witz ; Trib. Fédéral suisse, 16 juill. 2012, n° 4A_753/2011, *D.* 2013. Pan. 2877, obs. C. Witz, excluant la CVIM dans le cas d'une simulation du prix de vente d'une installation industrielle ayant pour but de contourner la réglementation indonésienne des devises) ;

– le transfert de propriété des marchandises (art. 4-b) ;

– la responsabilité du vendeur pour décès ou lésions corporelles causés par les marchandises (art. 5). Cette question relève de la directive sur les produits défectueux de 1985, transposée en droit français par les articles 1386-1 à 1386-18 du Code civil ;

– la prescription des actions en justice nées de la vente (BGH, 23 oct. 2013, *D.* 2015. Pan. 881, obs. C. Witz), qui ne doit pas être confondue avec les délais applicables à la dénonciation des défauts de conformité des marchandises (délai raisonnable et délai butoir de deux ans) de l'article 39 de la CVIM.

• Ne relèvent pas du domaine de la CVIM les clauses attributives de juridictions et en général les clauses de différends, selon une position traditionnelle et dominante, même si elles sont mentionnées par la CVIM (art. 19, al. 3 et art. 81 al. 1er). En Europe, cette question relève exclusivement des Règlements Bruxelles I ou Bruxelles I bis.

• Est également exclue de la CVIM la compensation des créances (*contra*, BGH, 24 sept. 2014, *D.* 2015. Pan. 886 décidant que la « compensation de créances réciproques qui naissent du même rapport juridique régi par le droit de la vente onusien s'apprécie selon les modes de règlement internes à la Convention »).

• Les parties peuvent exclure expressément l'application des dispositions de la Convention ou de certaines d'entre elles ou en modifier les effets (art. 6). La Convention de Vienne consacre ainsi le principe de la liberté contractuelle (sur la Convention et le Règlement de Rome, v. p. 21).

Cette exclusion de la Convention peut être expresse ou tacite, cette dernière hypothèse soulevant des difficultés. Comment interpréter une clause qui se contente de renvoyer au droit interne de vente d'un État contractant sans autre précision ? S'agit-il d'une exclusion de la CVIM ? Une réponse négative est majoritairement apportée. La Convention doit jouer car elle constitue le droit spécifique aux ventes internationales du droit national choisi par les parties (Com., 17 déc. 1996, *D.* 1997. 337, note C. Witz, solution implicite). De même, l'application de la Convention n'est pas écartée pour la seule raison que les parties se réfèrent, en cours de procès, à un droit national, s'il ne peut être clairement établi qu'elles étaient conscientes de l'applicabilité de la Convention et qu'elles ont néanmoins persisté à se référer uniquement au droit national.

En outre, la Cour de cassation française a jugé que les parties peuvent tacitement écarter la Convention en s'abstenant de l'invoquer devant le juge français (Civ. 1re, 26 juin 2001, *Bull. civ. I*, n° 189). Bien plus, elle a également décidé que le juge ne peut faire application d'office de la Convention de Vienne sans inviter les parties à un débat contradictoire sur ce point (Civ. 1re, 2 oct. 2001, *Bull. civ. I*, n° 237). Elle a précisé sa pensée en exigeant que les parties aient unanimement et volontairement discuté le litige selon le droit interne (Civ. 1re, 25 oct. 2005, n° 99-12.879, *Bull. civ. I* n° 381, p. 17 d'après lequel « en invoquant et en discutant sans aucune réserve la garantie de la chose vendue définie par les articles 1641 et s. du Code civil, toutes les parties ont, en connaissance du caractère international des ventes qu'elles avaient conclues, volontairement placé la solution de leurs différends sous le régime du droit interne français de la vente »). Toujours est-il qu'en l'absence d'exclusion, il nous semble que le juge doit appliquer, même d'office, la convention de Vienne.

Les juridictions américaines estiment que les clauses de désignation du droit d'un État des États-Unis d'Amérique conduisent à l'application de la Convention de Vienne, sous réserve d'une mise à l'écart expresse des parties contractantes. Cette position est logique et un arrêt de la Cour de cassation française est désormais dans ce sens (Com. 13 sept. 2011, n° 09-70.305). Même si cette position est stricte, il ne semble pas facile d'exclure l'application de la CVIM sauf si la volonté, même implicite des parties, est certaine.

II – Positivement

La Convention a un domaine territorial et matériel.

A – Domaine territorial

Elle s'applique aux contrats :

– entre des parties ayant leur établissement dans des États contractants différents (art. 1-1-a). Lorsqu'une partie a plus d'un établissement, il convient de prendre en compte celui qui a la relation la plus étroite avec le contrat (art. 10). Étant donné le nombre très important des États parties à la Convention de Vienne, l'application de cette dernière dépendra le plus souvent de ce critère de dualité des établissements du vendeur et de l'acheteur dans des États contractants différents ;

– si les parties ne sont pas établies toutes les deux dans des États contractants, la Convention s'applique lorsque les règles du droit international privé mènent à l'application de la loi d'un État contractant (art. 1-1-b ; pour une rare et mauvaise application de cet article, Paris, 10 avr. 2014, n° 12/04644, *D.* 2015. Chron. 883, obs. Cl. Witz). Les États peuvent émettre des réserves écartant cet article 1-1-b. C'est le cas des États-Unis et de la Chine.

Sont indifférents (art. 1-3) :

– la nationalité des parties ;

– le caractère civil ou commercial des parties ou du contrat.

Seul doit être pris en compte, le lieu où elles sont établies. Par conséquent, le critère de l'internationalité de la vente est celui de la localisation des établissements de l'acheteur et du vendeur dans des États différents.

B – Domaine matériel

Elle s'applique aux « contrats de vente de marchandises » (art. 1er). Cette qualification peut soulever des difficultés (v. Civ. 1re, 30 juin 2004, *Bull. civ. I*, n° 192).

Un arrêt du *Bundesgerichtshof* apporte d'utiles précisons en décidant qu'il convient d'assimiler les contrats de fourniture aux contrats de vente « lorsque le fournisseur fabrique les marchandises à livrer selon les directives et les instructions du donneur d'ordre » (BGH, 24 sept. 2014, *D.* 2015. Pan. 882, obs. C. Witz ; dans le même sens,

Paris, 14 juin 2001, n° 2000/13970, *JDI* 2002. 483, obs. C. Witz). La même décision précise que la CVIM est également applicable, si le donneur d'ordre ajoute, après la livraison, des composantes en vue de remédier aux défauts de conformité car il convient de se placer, pour qualifier le contrat, au moment de sa conclusion.

Un autre arrêt du BGH a décidé que cette Convention a vocation à s'appliquer aux obligations contractuelles de rachat de marchandises par le vendeur initial.

Une décision d'une juridiction néerlandaise de première instance vient de se prononcer, sur la question de savoir si la vente de logiciel relève de la convention de Vienne, et apporte une réponse positive qui mérite approbation (Rechtbank Midden-Nederland, 25 mars 2015, *CISG-online*, n° 2591, *D.* 2017. 615, obs. B. Köhler). Quel que soit le mode de transmission du logiciel, ce dernier est une marchandise au sens de la Convention. La doctrine est cependant divisée sur cette question. Toutefois, dès lors que l'on est en présence d'une vente, même faussement qualifiée et non d'un contrat de licence, la CVIM est applicable.

La Convention de Vienne régit exclusivement la formation, les droits et les obligations entre le vendeur et l'acheteur (art. 4).

C - Domaine spatial

En France, elle s'applique aux « contrats de vente de marchandises » conclues à partir du 1er décembre 2008.

§ 2 - Formation du contrat

Forme : comme en droit français, le principe est le consensualisme (art. 1-1 et art. 11). D'après l'article 11 « le contrat de vente n'a pas à être conclu ni constaté par écrit et n'est soumis à aucune condition de forme. Il peut être prouvé par tous moyens, y compris par témoins ».

Aucune condition de forme n'est en principe exigée.

Le contrat peut être prouvé par tous moyens.

Cette liberté est adaptée aux besoins de rapidité et de simplicité du commerce international.

Toutefois, la Convention permet aux États contractants d'écarter, par une réserve, le principe du consensualisme.

Fond : l'offre et l'acceptation obéissent parfois à des règles différentes du droit français.

I - L'offre (art. 14 et s.)

L'offrant est celui qui a pris l'initiative de conclure le contrat (l'acheteur ou le vendeur).

A - Qualification de l'offre

Pour être qualifiée d'offre, la proposition de conclure le contrat doit être :

– adressée à une ou plusieurs personnes déterminées (art. 14-1) ;

Par conséquent, contrairement au droit français, n'est qu'une invitation à entrer en pourparlers, sauf volonté contraire clairement indiquée, une proposition adressée à des personnes indéterminées (art. 14-2) ;

– ferme c'est-à-dire indiquer la volonté de son auteur d'être lié en cas d'acceptation (art. 14-1 conforme au droit français) ;

– suffisamment précise, c'est-à-dire qu'elle doit désigner les marchandises et « expressément ou implicitement » fixer la quantité et le prix ou donner des indications qui permettent de les déterminer (art. 14-1). L'article 55 de la Convention admet cependant le contrat sans prix. Un conflit existe ainsi entre les articles 14 et 55 qui sont le prix d'un compromis entre les systèmes juridiques faisant du prix un élément essentiel de la vente et ceux pour lesquels il ne l'est pas. Mais il ne faut pas exagérer cette opposition. Un arrêt d'une juridiction d'appel suisse a apporté des précisions sur cette articulation entre ces deux articles en relevant que cette contradiction ne devait pas avoir une « portée pratique exagérée ». Il ajoute qu'en matière de vente internationale, le prix est généralement déterminé ou déterminable au moins implicitement et en l'espèce écarte l'article 55 de la CVIM (Tribunal cantonal de Vaud, 29 février 2016, *CISG-online*, n° 2761, *D.* 2017. 621 obs. B. Köhler). Cette interprétation de ces deux textes correspond à la position de la doctrine et de la jurisprudence dominante.

Il convient de se référer à la loi applicable au contrat pour examiner s'il admet la validité du contrat sans prix déterminé ou déterminable.

B – Régime de l'offre

Le régime de l'offre prévu par les articles 15 à 17 est inspiré de la *common law* et diffère du droit français :

• **Prise d'effet de l'offre :** date de sa réception par le destinataire (art. 15-1).

• **Révocation et caducité de l'offre :**

– elle peut être librement révoquée lorsque la révocation parvient au destinataire avant l'expédition de son acceptation (art. 16-1) ;

– lorsqu'elle est assortie d'un délai ou lorsqu'il était raisonnable pour le destinataire de la considérer telle et s'il a agi en conséquence, l'offre est irrévocable (art. 16-2-a et b) ;

– même irrévocable, elle prend fin lorsque son rejet parvient à l'auteur de l'offre (art. 17).

II – L'acceptation (art. 18 et s.)

A – Qualification

• L'acceptation est le « oui » donné à l'offre.

• Elle peut être expresse ou tacite. Elle doit manifester une attitude non-équivoque acceptant l'offre (art. 18-1), par exemple la signature d'un bon de commande adressée par le vendeur ou encore l'expédition d'un accusé de réception par télex. Le silence ou l'inaction, à eux seuls ne peuvent valoir acceptation (art. 18-1 v. Civ. 1re, 27 janv. 1998, *Bull. civ. I*, n° 28 ; CA Fribourg, 11 oct. 2004, *D.* 2005. Pan. 2284, obs. C. Witz). Certaines circonstances peuvent permettre au silence ou à l'inaction de valoir acceptation. C'est le cas lorsque les parties étaient en relation d'affaires pour le même type de contrat (contrat d'application suivant le même contrat-cadre) ou en application des usages de la profession des parties.

B – Régime de l'acceptation

• L'acceptation entraîne la conclusion du contrat. L'article 23 précise que « le contrat est conclu au moment où l'acceptation d'une offre prend effet conformément aux dispositions de la présente convention ».

• L'acceptation pure et simple produit des effets lorsqu'elle parvient au destinataire dans le délai stipulé par l'offrant ou dans un délai raisonnable (art. 18-2). C'est le système dit de la réception. En pratique, la réponse peut être « différente » de l'offre, notamment en cas de succession de propositions et de contre-proposition :

– si la réponse contient des éléments qui n'altèrent pas substantiellement l'offre, l'offrant sera engagé dans les termes de la réponse, sauf si dans un délai raisonnable, il relève auprès de l'autre partie les modifications contenues dans l'acceptation (art. 19-2) ;

– si, au contraire, des éléments nouveaux altèrent substantiellement l'offre (v. l'énumération de l'article 19-3 : prix, paiement, qualité et quantité des marchandises, lieu et moment de la livraison, étendue de la responsabilité d'une partie à l'égard de l'autre et règlement des différends), il y a inévitablement contre-offre. Par conséquent, l'auteur de l'offre initiale n'est engagé que s'il accepte cette contre-offre. La jurisprudence considère que cet article 19-3 institue une présomption simple (Com. 27 mai 2014, n° 12-27.188, *JCP* 2014, chron. 977, n° 5, obs. C. Nourissat).

Ces dispositions relatives à la contre-offre sont particulièrement utiles dans le commerce international en cas de contradiction entre les conditions générales de vente provenant du vendeur et les conditions générales d'achat provenant de l'acheteur. La Convention de Vienne ne comporte pas de dispositions particulières relatives à l'intégration dans le champ contractuel des conditions générales d'achat ou de vente, contrairement aux Principes Unidroit ou aux Principes de droit européen du contrat. Un arrêt du tribunal régional de Düsseldorf du 21 avril 2004 (*D.* 2005. Pan. 2285, obs. C. Witz) a décidé que « l'intégration des conditions générales doit être vérifiée en application des dispositions des articles 14 et s. de la CVIM et à la lumière des règles d'interprétation de l'article 8 ». La question présente un intérêt pratique considérable, par exemple lorsqu'il s'agit de savoir si une clause attributive de compétence contenue par exemple dans les factures d'une partie est entrée dans le champ contractuel alors même qu'il est indiscuté que le contrat de vente a été formé. La jurisprudence est divisée sur l'application de la CVIM (en faveur de la mise en œuvre de la Convention, Cour fédérale d'appel américaine, 9e circuit, 5 mai 2003, *D.* 2005. Pan. 2285, obs. C. Witz ; *contra* BGH, 25 févr. 2004, *D.* 2005. Pan. 2286, obs. C. Witz se référant exclusivement à l'article 17 de la Convention de Bruxelles pour vérifier si la reproduction constante de clauses attributives de juridiction sur les factures ou des confirmations de commande vaut accord de volonté dans le cadre d'une vente régie par la Convention de Vienne).

• Une acceptation tardive peut néanmoins produire ses effets en tant que telle si, sans retard, l'auteur de l'offre en informe verbalement le destinataire ou lui adresse un avis à cet effet (art. 21-1).

• L'acceptation peut être rétractée si cette dernière parvient à l'offrant avant le moment où l'acceptation aurait pris effet ou à ce moment (art. 22).

§ 3 – Effets de la vente

I – Obligations du vendeur (art. 30 et s.)

Le vendeur a principalement pour obligation de livrer des marchandises conformes et libres de tout droit et prétention des tiers.

A – Livraison des marchandises et transfert des risques

1. Livraison des marchandises (art. 31 et s.)

• La livraison doit avoir lieu conformément à la volonté des parties (date et lieu convenus). À défaut de délai, elle doit intervenir dans un délai raisonnable.

La Convention apporte des précisions supplémentaires :

– en cas de vente nécessitant un transport de marchandises (hypothèse fréquente dans le commerce international), la livraison s'exécute par la remise des marchandises au premier transporteur pour transmission à l'acheteur (art. 31-a) ;

– dans les autres cas, la livraison intervient en fonction de certaines circonstances. Lorsque la vente porte sur un corps certain ou sur une chose de genre qui doit être prélevée sur une masse déterminée, la livraison doit intervenir sur le lieu où cette marchandise se trouvait à la conclusion du contrat, à condition que l'acheteur et le vendeur connaissent à ce moment cet emplacement (art. 31-b). En revanche, si l'acheteur ignorait l'emplacement ou le lieu de fabrication, la livraison devrait intervenir au lieu où le vendeur avait son établissement au moment de la conclusion du contrat (art. 31-c).

• La livraison comporte la remise des documents relatifs à la marchandise (art. 34). Elle doit s'effectuer d'après la volonté des parties.

2. Transfert des risques (art. 66 et s.)

La livraison des marchandises par le vendeur a pour conséquence le transfert des risques.

• En principe, sauf si la perte ou la détérioration est due à un fait du vendeur, lorsque les marchandises sont perdues ou détériorées après livraison, l'acheteur en supporte les risques et est tenu de payer le prix (art. 66). Lorsque le contrat de vente implique un transport de marchandises et que le vendeur n'est pas tenu de les remettre en un lieu particulier, l'acheteur en supporte les risques dès la remise des marchandises au transporteur selon les modalités fixées par l'article 67. Les articles 68 à 70 complètent ce régime.

• En pratique toutefois, le transfert des risques est réglé par l'intermédiaire des Incoterms car les règles posées par la Convention de Vienne sont supplétives.

B – Conformité des marchandises et absence de droits ou prétentions des tiers

1. Conformité (art. 35 et s.)

Aux termes de l'article 35-1, « le vendeur doit livrer des marchandises dont la quantité, la qualité et le type répondent à ceux qui sont prévus au contrat, et dont l'emballage ou le conditionnement correspond à celui qui est prévu au contrat ». La « conformité » au sens de la Convention englobe non seulement la non-conformité au sens du droit français classique, mais aussi les vices cachés. La grande majorité du contentieux relatif aux ventes internationales de marchandises concerne la conformité des marchandises livrées.

• **Appréciation de la conformité**

Elle est appréciée en principe par rapport aux clauses contractuelles (pour une application, Oberster Gerichtshof, 14 févr. 2012, n° 10Ob4/12d, préc.).

En l'absence de volonté des parties, sont conformes les marchandises (art. 35-2) :

– « propres aux usages auxquels serviraient habituellement les marchandises du même type » (art. 35-2-a) ;

– « propres à tout usage spécial qui a été porté expressément ou tacitement à la connaissance du vendeur au moment de la conclusion du contrat » (art. 35-2-b) ;

« (qui) possèdent les qualités d'une marchandise que le vendeur a présentée à l'acheteur comme échantillon ou modèle » (art. 35-2-c) ;

– « emballées ou conditionnées selon le mode habituel pour les marchandises du même type » (art. 35-2-d).

Une question se pose de savoir si la conformité des marchandises doit être appréciée selon les standards en vigueur dans le pays du vendeur ou, au contraire, dans celui de l'acheteur, voire dans le pays de destination finale des marchandises. Dans une affaire célèbre dite des « moules néozélandaises », le BGH a décidé qu'on ne saurait attendre du vendeur qu'il respecte les dispositions particulières du droit public en vigueur dans le pays de l'acheteur ou dans le pays de commercialisation des marchandises. Elle a ajouté qu'il en va différemment si le vendeur connaissait ou aurait dû connaître pareilles dispositions en raison de circonstances particulières (BGH, 8 mars 1995, *D.* 1997. 217, obs. C. Witz ; dans le même sens, Oberster Gerichtshof, 25 janv. 2006, *D.* 2007. 530, obs. C. Witz).

• **Régime** (art. 36 et s.)

La Convention prévoit un régime unique pour le défaut de conformité et la garantie des vices cachés.

Lorsque le défaut de conformité existait avant le transfert des risques, le vendeur est responsable (art. 36-1).

Lorsque le défaut est survenu après le transfert des risques, le vendeur n'est responsable que dans deux cas :

– si le défaut est dû à l'inexécution de l'une quelconque de ses obligations (art. 36-1-b) par exemple un emballage défectueux de marchandises ;

– s'il a garanti « que pendant une certaine période, les marchandises resteront propres à leur usage normal ou à un usage spécial ou conserveront des qualités ou caractéristiques spécifiées » (art. 36-2).

L'acheteur qui veut bénéficier de ce régime doit toutefois accomplir certains actes encadrés dans des délais assez courts :

– il doit examiner les marchandises ou les faire examiner dans un délai assez bref eu égard aux circonstances (art. 38-1). En cas de vente avec transport de marchandises, l'examen peut être différé jusqu'à leur arrivée à destination (art. 38-2). Si les marchandises sont déroutées ou même réexpédiées par l'acheteur qui n'a pas eu raisonnablement la possibilité de procéder à leur examen, ce dernier peut être différé jusqu'à leur arrivée à la nouvelle destination, à condition qu'au moment de la conclusion du contrat, le vendeur connaisse ou aurait dû connaître la possibilité de tels événements. En outre, dans certains cas l'acheteur est dispensé de cette vérification, par exemple en cas de remise des certificats d'usine (« de type 3.1.B ») selon les normes en vigueur au moment des faits, qui garantissent à l'acheteur la conformité de la marchandise livrée aux spécifications contractuelles (Com. 13 févr. 2019, n° 17-21.409) ;

– il est déchu de son action en défaut de conformité s'il ne le dénonce au vendeur en précisant la nature du défaut, dans un délai raisonnable à partir du moment où il l'a constaté ou aurait dû le constater (art. 39-1). L'appréciation du délai raisonnable de dénonciation varie selon les juridictions qui se fondent sur les circonstances de l'espèce, en prenant en compte la nature des marchandises (périssables ou non) ou leur quantité. Par exemple, un délai de 2 mois a été jugé tardif (Com. 4 nov. 2014, n° 13-10.776, *D.* 2015. 902, note C. Witz) ;

– dans tous les cas, il doit exercer son action dans un délai de deux ans à compter de la livraison (art. 39-2, Com. 27 nov. 2012, n° 11-24.358, inédit, *D.* 2013. Pan. 2884, obs. C. Witz, *RTD com.* 2013. 385, obs. P. Delebecque, *JCP* E 2013, chron. 30, n° 2, obs. C. Nourissat) ;

– lorsque la vente est à livraisons successives, l'examen des marchandises et la dénonciation des défauts dans le délai raisonnable ou dans le délai butoir de deux ans sont appréciés par les juges séparément, pour chaque livraison et non de manière globale (Com. 27 nov. 2012, n° 11-24.358, préc.) ;

– lorsque le défaut de conformité porte sur des faits que le vendeur connaissait ou ne pouvait ignorer et qu'il a caché à l'acheteur, ces délais ne courent pas (art. 40). Cet article vise aussi les cas de « grossière négligence du vendeur ». Une décision du tribunal fédéral Suisse apporte des précisions sur cette formule « ne pouvait ignorer » en relevant qu'elle vise les cas dans lesquels le vendeur n'avait pas découvert les défauts significatifs et apparents alors même que ces derniers auraient été remarqués lors d'un examen superficiel (Tribunal fédéral Suisse, 2 avr. 2015, *CISG-online*, n° 2592, *D.* 2017.613, Cl. Witz). En l'espèce, est écartée la neutralisation de la déchéance encourue en raison d'une dénonciation imprécise.

La preuve de la mauvaise foi du vendeur ou de cette ignorance grossière incombe à l'acheteur. Le BGH a nuancé ce principe en relevant qu'il appartient au vendeur d'expliquer comment le défaut de conformité a pu lui échapper lorsque celui-ci a son origine dans sa sphère de responsabilité (BGH, 30 juin 2004, *D.* 2005. Pan. 2288, obs. C. Witz). En plus, un arrêt de la Cour de cassation française a appliqué cet article dans le sens d'une présomption de connaissance du défaut lorsque le vendeur est le fabricant, c'est-à-dire à la lumière du droit français (Civ. 1re, 4 oct. 2005, n° 02.15.981, *Bull. civ. I*, n° 360), mais cet arrêt est heureusement isolé. Il ressort d'un arrêt plus récent qu'on ne doit pas appliquer en droit de la CVIM la présomption existant en droit interne français selon laquelle le vendeur professionnel est censé connaître les vices de la chose (Com. 4 nov. 2014, n° 13-10.776, *D.* 2015. 902, note C. Witz). Il n'y a pas de présomption de connaissance à la charge du vendeur professionnel même s'il est le producteur de la chose (même arrêt).

Il convient de ne pas confondre ces délais de dénonciation des vices avec ceux de prescription que la Convention ne régit pas (Paris, 6 nov. 2001, *RTD com.* 2002,

p. 210, obs. P. Delebecque ; Rouen, 26 sept. 2013, n° 11/04939, préc). Il s'agit d'une « lacune externe ». Cette prescription relève de la Convention de New York sur la prescription en matière de vente internationale de marchandises du 14 juin 1974, amendée par le protocole du 11 avril 1980, textes élaborés sous l'égide des Nations unies et qui s'appliquent peu au sein de l'Union européenne car peu d'États y ont adhéré. Dans de nombreux cas où ils ne s'appliquent pas, il appartient au juge du fond de mettre en œuvre le droit national applicable désigné par les règles de conflits de lois, comme l'illustrent deux arrêts de la Cour de cassation française (Com. 21 juin 2016, n° 14-25.359, *D.* 2016. 1431 ; *ibid.* 2017. 617, obs C. Witz ; *AJ contrat* 2016. 431, note D. Sindres, *RTD com.* 2016. 583, obs. P. Delebecque ; Com. 2 nov. 2016, n° 14-22.114, *CISG France*, n° 307, *D.* 2017. Pan. 618, obs. C. Witz et B. Köhler ; *JCP* 2017. 226, n° 2, obs. C. Nourissat).

Pour invoquer un défaut de conformité, l'acheteur doit prouver qu'il en ignorait l'existence lors de la conclusion du contrat (art. 35-3).

La question générale de la charge de la preuve du défaut de conformité se pose de plus en plus en jurisprudence. Majoritairement, cette dernière considère qu'il incombe à l'acheteur de prouver le défaut de conformité (dans ce sens, Com., 24 sept. 2003, *Bull. civ. IV*, n° 139 ; *contra* Grenoble, 15 mai 1996, *D.* 1997. Somm. 221, obs. C. Witz). Deux arrêts du tribunal fédéral suisse des 13 janvier et 7 juillet 2004 adoptent une solution de compromis (*D.* 2005. Pan. 2286, obs. C. Witz). D'après ces arrêts, lorsque l'acheteur a réceptionné la marchandise sans dénonciation ou réserve, il lui appartient d'en prouver la non-conformité dès lors qu'il entend en déduire des droits. En revanche, dans l'hypothèse inverse, si l'acheteur refuse d'accepter la marchandise en invoquant sa non-conformité, il appartiendrait au vendeur d'apporter la preuve que la marchandise est bien conforme au contrat. En outre, une dénonciation dès la réception devrait avoir le même effet : venant de livrer la marchandise, le vendeur est le mieux placé pour prouver son état. Mais il ne s'agit là que d'assouplissements à un principe qui est maintenu.

2. Absence de droit ou de prétention des tiers

Les marchandises conformes doivent être livrées « libres de tout droit ou prétention d'un tiers, à moins que l'acheteur n'accepte de prendre les marchandises dans ces conditions » (art. 41).

Un régime spécifique est prévu par l'article 42 lorsque le droit ou la prétention du tiers est fondé sur la propriété industrielle ou intellectuelle. D'après cet article, le vendeur n'est tenu de garantir que les droits et prétentions des tiers qu'il connaissait ou ne pouvait ignorer au moment de la conclusion du contrat. Cette garantie est limitée :

– aux droits protégés par les lois de l'État où les marchandises doivent être revendues ou utilisées si les parties avaient envisagé au moment de la conclusion du contrat que les marchandises le seraient dans cet État (art. 42-a) ;

– dans les autres cas, aux droits protégés par la loi de l'État dans lequel l'acheteur a son établissement (art. 42-b).

Pour mettre en œuvre cette garantie, l'acheteur doit dénoncer au vendeur le droit ou la prétention du tiers dans un délai raisonnable (art. 43).

C - Sanctions

Les sanctions prévues en cas de manquement du vendeur à ses obligations (art. 45 à 52) sont identiques à celles prévues pour l'acheteur. L'idée de survie du contrat est assez présente.

Il s'agit de l'exécution en nature, de la résolution du contrat, des dommages-intérêts.

• L'acheteur peut exiger, sous certaines conditions, l'exécution en nature sous la forme du remplacement de la marchandise, de réparation du défaut de conformité (art. 46). L'article 47 permet à l'acheteur d'accorder un délai supplémentaire au vendeur pour remplir ses obligations et l'article 48 autorise le vendeur à réparer à ses frais son manquement, y compris après la date de livraison.

• Il peut se prévaloir de la résolution du contrat dans certaines hypothèses graves :

– contravention du vendeur qualifiée d'essentielle (art. 49-1-a). Une contravention est essentielle « lorsqu'elle cause à l'autre partie un préjudice tel qu'elle la prive substantiellement de ce que celle-ci était en droit d'attendre du contrat, à moins que la partie en défaut n'ait pas prévu un tel résultat et qu'une personne raisonnable de même qualité placée dans la même situation ne l'aurait pas prévu non plus » (art. 25). Les conditions d'application de ce remède sont strictes comme l'illustre la jurisprudence. Un arrêt de la Cour fédérale de justice allemande est particulièrement éclairant par deux attendus de principe (BGH, 24 sept. 2014, *CISG-online*, n° 2545, *D.* 2015. 881, obs. Cl. Witz). D'une part, « lorsqu'il s'agit d'apprécier l'existence d'une contravention essentielle par rapport aux qualités convenues (art. 35-1) ou d'autres défauts de la chose (art. 35-2), ce n'est pas la gravité des défauts à elle seule, mais bien plus la réponse à la question de savoir si l'intérêt à l'exécution de l'acheteur a disparu en raison du poids de la violation contractuelle qui s'avère déterminante. Lorsque l'acheteur est en mesure d'utiliser durablement la chose achetée, même de manière limitée, il y a souvent lieu de nier l'existence d'une contravention essentielle ». D'autre part, montrant la démarche à suivre pour savoir si l'intérêt de l'acheteur a disparu à la suite de l'inexécution contractuelle commise par le vendeur, la Cour allemande note « il faut prendre appui, en première ligne, sur les conventions des parties. À défaut de conventions expresses, il importe de prendre avant tout en considération la tendance du droit uniforme onusien à refluer la résolution au profit des autres remèdes, en particulier la réduction du prix ou l'allocation de dommages-intérêts. Le dénouement des relations contractuelles ne doit être mis à la disposition de l'acheteur que comme dernière possibilité pour régler une inexécution contractuelle de l'autre partie tellement importante qu'elle fait disparaître pour l'essentiel l'intérêt d'exécution » ; Sont dans le même sens des arrêts de la haute juridiction autrichienne (Oberster Gerichtshof, 16 déc. 2015 préc.) et du Tribunal fédéral suisse (TF, 2 avr. 2015, *CISG-online*, n° 2592, *D.* 2017. Pan. 625, obs. B. Köhler).

– défaut de livraison lorsque le vendeur ne livre pas dans le délai supplémentaire qui lui a été accordé par l'acheteur ou s'il déclare qu'il ne livrera pas dans le délai imparti (art. 49-1-b).

Contrairement au droit français, la résolution n'est pas judiciaire mais simplement « déclarée » par l'acheteur qui doit la notifier au vendeur dans un délai raisonnable (art. 49-2 a).

• Il peut, lorsqu'il décide de conserver les marchandises non conformes, réduire le prix proportionnellement à la différence entre la valeur que les marchandises livrées avaient au moment de la livraison et la valeur que les marchandises conformes auraient eue à ce moment-là (art. 50).

La Convention est rigoureuse car aucun délai de grâce ne peut être accordé au vendeur par un juge ou un arbitre lorsque l'acheteur se prévaut de l'inexécution du vendeur (art. 45-3).

II – Obligations de l'acheteur (art. 53 et s.)

L'acheteur a deux obligations essentielles dont le défaut est sanctionné par des moyens identiques à ceux qui lui appartiennent en cas de manquement à ses obligations par le vendeur. Ces sanctions sont prévues par les articles 61 à 65.

Il doit payer le prix et prendre livraison des marchandises (art. 53).

A – Paiement du prix

Le paiement du prix est l'obligation principale de l'acheteur. Elle entraîne la prise de mesures ou l'accomplissement de formalités destinées à permettre ce paiement (art. 54). Ces dernières peuvent être prévues par le contrat ou par les lois et les règlements (art. 54).

En pratique, le contrat peut prévoir notamment :

– l'intervention d'une banque (par exemple un crédit documentaire ou une garantie à première demande) ;

– le lieu de paiement ;

– le moment du paiement.

À défaut de précisons sur le lieu ou le moment du paiement, la Convention apporte des précisions :

– le paiement est, contrairement au droit français, portable : il doit s'effectuer à l'établissement du vendeur ou au lieu de remise des marchandises ou des documents, si le paiement doit être fait contre une telle remise (art. 57) ;

– il doit s'opérer lors de la remise des marchandises ou des documents représentatifs de celle-ci (art. 58-1). Si un transport est nécessaire, le vendeur peut les expédier sous condition que celles-ci ou les documents représentatifs ne soient remis à l'acheteur que contre paiement du prix (art. 58-2).

L'acheteur ne sera pas tenu de payer le prix avant d'avoir eu la possibilité d'examiner la marchandise (art. 58-3).

B – Retirement de la chose

L'obligation de prendre livraison est l'autre obligation de l'acheteur. Il doit :

– accomplir tout acte qu'on peut raisonnablement attendre de lui pour permettre au vendeur d'accomplir la livraison (art. 60-a) ;

– retirer les marchandises mises à sa disposition (art. 60-b).

L'acheteur diligent doit, comme il l'a déjà été dit *(v. supra)*, examiner lui-même ou faire examiner les marchandises dans un bref délai (art. 38-1).

III – Les dispositions communes aux obligations du vendeur et de l'acheteur (art. 71 et s.)

Ces dispositions complètent le régime relatif à l'inexécution du contrat. Elles sont relatives :

– à la contravention anticipée ;
– aux dommages-intérêts ;
– à l'exonération ;
– aux effets de la résolution ;
– à la conservation des marchandises.

A – Contravention anticipée (art. 71 à 73)

Après la conclusion du contrat, s'il apparaît que l'une des parties n'exécutera pas ses obligations, les articles 71 et 72 donnent à l'autre partie une protection plus importante que la simple exception d'inexécution du droit français :

• elle peut différer l'exécution de ses propres obligations. Ainsi, le vendeur ayant expédié les marchandises peut s'opposer à ce qu'elles soient remises à l'acheteur, même si ce dernier détient un document lui permettant de les obtenir (art. 71-2). Elle doit adresser une notification à l'autre partie. Elle reste tenue d'exécuter le contrat si l'autre partie donne des « assurances suffisantes » (art. 71-3).

• elle peut également déclarer le contrat résolu si, avant la date d'exécution, il est manifeste que l'autre partie commettra une contravention essentielle (art. 72-1). Elle est tenue, si elle dispose du temps nécessaire, et dans les délais raisonnables, de notifier son intention à l'autre partie, pour permettre à celle-ci de donner des assurances suffisantes qu'elle va exécuter le contrat (art. 72-2). Une telle notification est inutile si l'autre partie a déclaré qu'elle n'exécuterait pas ses obligations (art. 72-3).

B – Dommages-intérêts (art. 74 à 78)

• En l'absence de cause d'exonération, la partie victime de l'inexécution du contrat peut obtenir des dommages-intérêts dont le montant est calculé en tenant compte de la perte subie et du gain manqué sans pouvoir dépasser le « montant » que la partie défaillante a prévu ou aurait dû prévoir au moment de la conclusion du contrat (art. 74). Il s'agit ici de réparer le dommage prévisible.

• La partie victime de l'inexécution doit prendre des mesures raisonnables pour modérer le dommage (art. 77). Il s'agit de la « *mitigation of damages* ».

• Les dommages-intérêts ne privent pas la victime du droit d'utiliser d'autres moyens prévus par la Convention.

• L'article 78 dispose que « si une partie ne paie pas le prix ou toute autre somme due, l'autre partie a droit à des intérêts sur cette somme, sans préjudice des dommages-intérêts qu'elle serait fondée à demander en vertu de l'article 74 ». Les questions du point de départ et du taux de ces intérêts ne sont pas résolues de façon uniforme par la jurisprudence. Il semble que s'agissant de la seconde question, l'opinion dominante soit en faveur du rattachement à la *lex contractus* pour toutes les questions non couvertes par la CVIM alors que les juges du fond français opteraient plutôt pour rattachement en faveur de la *lex fori* en appliquant le taux légal français (C. Witz, *D.* 2005. Pan. 2289).

C - Exonération (art. 79 et 80)

• La Convention prévoit des causes d'exonération assez proches de la force majeure du droit français (art. 79-1) et du fait d'un tiers (art. 79-2). Elle ne prévoit pas de clauses d'exonération de responsabilité. Ces clauses doivent être examinées par rapport au droit applicable au contrat.

• L'exonération produit des effets pendant la durée de l'empêchement. La cause d'exonération n'entraîne qu'une simple suspension de l'exécution de l'obligation qu'elle concerne.

• Elle laisse la possibilité à la personne victime de l'inexécution de demander l'application des remèdes ouverts par la Convention, autres que l'indemnisation du préjudice causé par ladite inexécution. Il ne peut donc pas demander des dommages-intérêts (art. 79-5).

• Si une inexécution est due à une action ou omission d'une partie, elle ne peut s'en prévaloir à l'égard de l'autre (art. 80).

• Il convient de rappeler que contrairement aux Principes Unidroit (art. 6.2.1 et s.) et aux Principes de droit européen du contrat (art. 6 : 111), la CVIM n'admet pas l'imprévision (Civ. 1re, 30 juin 2004, *Bull. civ. I*, n° 192).

D - Effets de la résolution (art. 81 à 84)

• En principe, la résolution libère les deux parties de leurs obligations, réserves faites des dommages-intérêts qui peuvent être dus (art. 81-1).

Toutefois, certaines clauses survivent au contrat (art. 81-1) :

- les clauses de règlement des différends, par exemple les clauses compromissoires ;
- les clauses précisant les droits et obligations des parties en cas de résolution, par exemple les clauses pénales.

• La résolution est rétroactive et entraîne des restitutions réciproques.

Il peut arriver que la restitution de marchandises par l'acheteur dans un état sensiblement égal à celui dans lequel il les a reçues soit impossible. Dans ce cas, sauf exception (art. 82-2), l'acheteur perd le droit de déclarer le contrat résolu (art. 82-1) et doit l'équivalent du profit qu'il a retiré des marchandises (art. 84-2-b).

E - Conservation des marchandises (art. 85 à 88)

En fonction des circonstances, l'acheteur ou le vendeur doit veiller à la conservation des marchandises.

Section 2 - Les *International Commercial Terms*

Élaborée par la Chambre de commerce internationale dans les années 1920, la version actuelle de 2010 est en vigueur depuis le 1er janvier 2011. Ils ont pour objet de déterminer les obligations caractéristiques des contrats de vente. Ils ont une importance capitale dans le commerce international. Dans un arrêt du 9 juin 2011, la Cour de justice de l'Union européenne leur reconnaît la valeur d'usage (CJUE 9 juin 2011, n° C-87/10, *D.* 2011. 1694, obs. X. Delpech, et Pan. 2011, p. 2434, obs. L. d'Avout).

En pratique, les parties se réfèrent aux Incoterms, éventuellement complétés par les *liner terms* qui sont les conditions des connaissements de lignes régulières. Ils concernent la gestion des frais de manutention à l'embarquement ou au débarquement des marchandises.

I – Version précédente des Incoterms

Dans la version précédente, ils étaient au nombre de 13, regroupés en quatre groupes qu'on peut présenter par ordre croissant des obligations du vendeur du groupe E au groupe D en passant par les groupes F et C :

• **Groupe E**

Ici, le vendeur doit mettre les marchandises à la disposition de l'acheteur dans ses propres locaux. Dès ce moment, les risques sont à la charge de l'acheteur. C'est l'obligation minimale pour le vendeur.

Il ne comprend qu'un terme : EXW, *Ex works* (« À l'usine ») avec des variantes par exemple à la mine ou à l'entrepôt.

• **Groupe F** – *Free* (Franco)

Dans ce groupe, le vendeur n'assume ni les frais, ni les risques du transport principal.

Il comprend trois termes :

– FCA : *Free carrier* (Franco Transporteur) ;
– FAS : *Free along side Ship* (Franco le long du navire) ;
– FOB : *Free on Board* (Franco bord).

• **Groupe C** – *Cost or Carriage* (Coût ou Port)

Le vendeur n'assume pas les risques du transport principal mais supporte les frais du transport principal.

Le groupe comprend quatre termes : CFR, CIF, CPT, CIP

– CFR : *Cost and freight* (Coût et Frêt) ;
– CIF : *Cost, Insurance and freight* (Coût, Assurance et fret) ;
– CPT : *Carriage paid to* (Port payé jusqu'à) ;
– CIP : *Carriage and insurance paid* (Port payé assurance comprise jusqu'à).

• **Groupe D** *(Delivered)*

Contrairement au groupe E, le vendeur assume des obligations maximums.

Il comprend cinq termes :

– DAF : *Delivered at frontier* (Rendu frontière) ;
– DES : *Delivered ex ship* (Rendu ex ship) ;
– DEQ : *Delivered ex quay duty paid* (Rendu à quai droits acquittés) ;
– DDU : *Delivered duty unpaid* (Rendu droits non acquittés) ;
– DDP : *Delivered duty paid* (Rendu droits acquittés).

II – Version actuelle des Incoterms

Les Incoterms 2010 (ICC Publication n° 715EF, janv. 2011) se présentent en version bilingue même si la rédaction anglaise est la seule officielle. Ils sont passés de 13 à 11 avec des suppressions et des nouveautés, par exemple dans le groupe D. Ils ont donc été actualisés et précisés pour tenir compte des évolutions intervenues ces dernières années (dématérialisation des documents…).

Ainsi deux nouveaux termes DAT (Delivered at terminal ou rendu au terminal) et DAP (Delivered at place ou rendu au lieu de destination) forment désormais le groupe D aux côtés de DDP. Ont donc été supprimés DAF, DES, DEQ, DDU.

Ces incoterms ont un volet maritime qui sert de référence aux parties à une vente maritime. Cette dernière est une vente commerciale qui implique un transfert par mer.

Une nouvelle version est en cours de préparation à la CCI pour répondre aux évolutions du marché depuis 10 ans comme l'accroissement des obligations en matière de sécurité. Un des objectifs majeurs de cette révision est de faire en sorte que les nouvelles règles soient plus compréhensibles et faciles à utiliser. La nouvelle version entrera en vigueur le 1er janvier 2020.

Pour aller plus loin

Bibliographie

- P. Schlechtriem et Cl. Witz, *Convention de Vienne sur les contrats de vente internationale de marchandises*, Dalloz, « Dalloz Référence », 2008
- J. Béguin et M. Menjucq (dir.), *Traité de droit du commerce international*, LexisNexis, 2e éd., 2011, n° 57, 718 et s.
- J.-M. Jacquet, Ph. Delebecque et S. Corneloup, *Droit du commerce international*, Dalloz, « Précis », 3e éd., 2015, n° 534

Sujets d'examen

Dissertations

- L'exclusion de la Convention de Vienne par les parties
- L'offre et l'acceptation dans la Convention de Vienne
- La conformité des marchandises dans la Convention de Vienne
- Les sanctions prévues par la Convention de Vienne en cas d'inexécution par une partie de ses obligations
- La contravention essentielle
- Que change la CVIM au droit interne français de la vente ?
- La valeur juridique des incoterms

Chapitre 2
Le droit « conflictuel » de la vente internationale

L'essentiel

L'unification des règles de conflits de lois spécifiques à la vente est l'œuvre de deux conventions de La Haye qui n'ont pas connu le succès de la Convention de Vienne.

Section 1 – La convention de La Haye du 15 juin 1955

Cette Convention sur la loi applicable aux ventes à caractère international d'objets mobiliers corporels est en France le droit commun des conflits de lois pour les contrats internationaux de vente. Elle a été ratifiée par 9 États.

§ 1 – Domaine de la convention

• Elle s'applique, conformément à son intitulé, aux ventes internationales d'objets mobiliers corporels.

• Elle ne définit ni le contrat de vente, ni le caractère international du contrat. Elle précise simplement que la volonté des parties ne peut entraîner l'internationalité du contrat. Seuls des éléments objectifs non précisés par la Convention peuvent conduire à une telle qualification. La définition des objets mobiliers corporels ne pose pas de difficultés.

§ 2 – Détermination de la loi applicable

La Convention effectue une distinction entre le choix effectué par les parties et l'absence d'un tel choix.

• Choix effectué par les parties : principe d'autonomie. La Convention est très stricte en décidant que le choix « doit faire l'objet d'une clause expresse ou résulter indubitablement des dispositions du contrat » (art. 2 al. 2).

• En l'absence de choix, en principe, le contrat est régi par la loi de l'État sur le territoire duquel le vendeur est établi au moment où il reçoit la commande (art. 3 al. 1). Toutefois, la vente sera régie par la loi de l'État sur le territoire duquel est établi l'acheteur « si c'est dans ce pays que la commande a été reçue soit par le vendeur, soit par son représentant, agent ou commis voyageur » (art. 3 al. 2) ; dans le cas d'un marché de bourse ou d'une vente aux enchères, « la vente est régie par la loi interne du pays où se trouve la bourse ou dans lequel sont effectuées les enchères » (art. 3 al. 3).

§ 3 – Domaine de la loi applicable

Sont exclus de la *lex contractus* (art. 5) : la capacité des parties, la forme du contrat, le transfert de propriété, les effets de la vente à l'égard des tiers.

La *lex contractus* régit par conséquent toutes les matières autres que celles exclues. Elle a un vaste domaine.

L'harmonisation entre cette Convention, la Convention de Rome et le Règlement Rome I peut soulever des difficultés même si la Convention de Rome « ne porte pas atteinte à l'application des conventions internationales auxquelles un État contractant est ou sera parti » (art. 21 de la Convention de Rome. Une position à peu près similaire est adoptée par l'article 25 du Règlement Rome I).

Section 2 – La convention de La Haye du 22 décembre 1986

Cette convention sur la loi applicable aux contrats de vente internationale de marchandises :

– a été conclue pour remplacer la Convention de 1955 ;
– n'est pas entrée en vigueur ;
– consacre des règles assez proches de sa devancière.

§ 1 – Domaine de la convention

Elle concerne la loi applicable aux contrats de vente de marchandises (art. 1er) :

– a) « lorsque les parties ont leur établissement dans des États différents

– b) dans tous les autres cas où la situation donne lieu à un conflit entre les lois des différents États… ».

Sont exclues (art. 2) :

– les ventes sur saisies ou par autorité de justice ;
– les ventes de valeurs mobilières, d'effets de commerce ou de monnaie ;
– les ventes aux consommateurs.

En revanche, contrairement à la Convention de Vienne, elle s'applique aux ventes de navires, bateaux, aéroglisseurs, aéronefs, et à l'électricité. Elle a un vaste domaine d'application.

§ 2 – Détermination de la loi applicable

I – Loi applicable à la forme

Une faveur est accordée à la validité de l'acte. La Convention opère des distinctions (art. 11) :

• si les parties se trouvent sur le territoire du même État, le contrat de vente est valable en la forme s'il satisfait aux conditions soit de la loi qui le régit au fond en vertu de la Convention, soit de la loi de l'État dans lequel il a été conclu ;

• si les parties se trouvent sur le territoire d'États différents, la vente est valable en la forme si elle satisfait aux conditions de la loi qui le régit au fond selon la Convention ou la loi de l'un de ces États.

II – Loi applicable au fond

Les règles sont assez proches de celles de la Convention de 1955.

• Principe d'autonomie : liberté de choix de la loi applicable par les parties (art. 7).

• Défaut de choix :

– en principe, application de la loi de l'établissement du vendeur au moment de la conclusion du contrat (art. 8-1) ;

– par exception, application de la loi de l'établissement de l'acheteur dans certains cas (art. 8-2). Il peut s'agir des négociations et conclusions du contrat dans le pays de l'acheteur, de la livraison prévue dans le pays de l'acheteur ou d'un appel d'offres ;

– clause d'exception : en raison de l'ensemble des circonstances, la vente pourra être régie par une autre loi si elle présente des liens manifestement plus étroits avec cette loi (art. 8-3).

§ 3 – Domaine de la loi applicable

Sont exclus notamment (art. 5) :

– la capacité des parties ;

– le transfert de propriété ;

– les effets de la vente à l'égard des tiers ;

– la question de savoir si un intermédiaire peut engager la personne pour le compte de laquelle il prétend agir, ou si un organe d'une société, association ou personne morale peut engager cette société, association ou personne morale ;

– les conventions d'arbitrage et d'élection du *for*.

L'article 13 exclut également « les modalités et la procédure d'examen des marchandises » qui relèvent de la loi de l'État dans lequel cet examen a lieu.

Est régi par la loi applicable l'essentiel du dispositif contractuel, notamment d'après l'article 12 :

– l'interprétation du contrat ;

– les droits et obligations des parties ;

– l'exécution du contrat ;

– la détermination du moment à partir duquel l'acheteur a droit aux produits et aux fruits des marchandises ou celui à partir duquel il y a transfert des risques des marchandises à l'acheteur ;

– les clauses de réserve de propriété (validité et effets entre les parties) ;

– les conséquences de l'inexécution du contrat ;

– les divers modes d'extinction des obligations et même dans certains cas les prescriptions et déchéances.

Pour aller plus loin

Sujet d'examen

Dissertation

- La détermination de la loi applicable dans la Convention de La Haye du 15 juin 1955

Titre 2
Les contrats liés à la vente internationale : transport et assurance

Les contrats de transport et d'assurance accompagnent souvent la vente internationale. Ils ont un domaine plus large et peuvent concerner la plupart des opérations du commerce international.

Chapitre 1
Les transports internationaux

L'essentiel

L'internationalisation des transports existe depuis les premières relations commerciales.

C'est d'ailleurs le transport qui a donné naissance aux premières conventions internationales (Convention de Berne 1890 pour les transports ferroviaires, Convention de Varsovie 1929 par les transports aériens et de Genève 1956 pour les transports routiers).

Ces premières conventions de droit matériel ont essayé d'unifier la matière en s'appliquant distinctement pour les diverses formes de transport : maritime, routier, ferroviaire et aérien.

Il ressort de ces Conventions et de certaines règles de droit interne quelques éléments à peu près communs aux différentes sortes de transport notamment :

• ***La formation du contrat***

Le contrat doit indiquer :

– les qualités et quantités des marchandises ;

– le prix des marchandises ;

– les modalités du transport : points de départ et d'arrivée, temps, forme et cheminement.

• ***L'exécution du contrat***

Le contrat doit préciser les obligations mises à la charge du transporteur (par exemple l'acheminement des marchandises) et de l'expéditeur (essentiellement payer le prix).

Une question essentielle diffère selon les modes de transport : la responsabilité du transporteur.

Les conventions internationales essaient d'apporter des réponses. Le traité de Rome par exemple contient un titre particulier sur les transports (art. 74 à 84).

À défaut de convention internationale régissant matériellement le transport, la Convention et le Règlement Rome I vont s'appliquer et conduire le plus souvent, à défaut de choix, à la loi du lieu de l'établissement du transporteur (v. p. 31).

• ***La distinction entre le contrat de transport et le contrat de commission***

Elle est a priori facile, la seconde opération étant plus large que la première. Le transport a pour objet l'opération matérielle de déplacement alors que la commission comprend en plus l'organisation du déplacement. Elle se caractérise « non seulement par la latitude laissée au commissionnaire d'organiser librement le transport par les voies et moyens de son choix, sous son nom et sous sa responsabilité, mais aussi par le fait que cette convention porte sur le transport de bout en bout » (Com., 16 févr. 1998, Bull. civ. IV, n° 75). La Cour de cassation a précisé que « la qualité de commissionnaire de transport ne résulte pas simplement pour celui qui a été chargé de l'acheminement d'une marchandise de bout en bout, du seul fait qu'il s'est substitué un tiers dans l'exécution de l'expédition, s'il ne justifie pas du consentement du donneur d'ordre à l'existence de cette substitution » (Com., 10 mai 2005, D. 2005. AJ 1411 et Jur. p. 2293, note L. Guignard, Pan., p. 2753, obs. H. Kenfack). Elle a pourtant soulevé des difficultés à propos de l'application de la convention de Rome même si la CJUE a bien marqué la distinction entre les deux contrats (CJUE, 3e ch., 23 oct. 2014, préc. ; Com. 10 févr. 2015, n° 12-13052, préc. Sur l'ensemble de la question, v. p. 27).

Section 1 – Le transport maritime international

C'est la forme de transport la plus ancienne et la plus réglementée. Une distinction doit être effectuée entre le contrat d'affrètement et le contrat de transport maritime proprement dit, seul régi par les conventions internationales.

§ 1 – Le contrat d'affrètement maritime

Même si l'affrètement peut concerner d'autres modes de transport, le contrat d'affrètement maritime est celui par lequel un fréteur (souvent l'armateur propriétaire du navire) s'engage, moyennant un prix, à mettre un navire à la disposition d'un affréteur pour le transport de marchandises (art. L. 5423-1 du Code des transports).

L'affrètement est constaté par un écrit original appelé charte-partie. En pratique, la charte-partie est issue d'un modèle-type.

Il peut prendre diverses formes :

– l'affrètement au voyage : un navire est mis à disposition pour un ou plusieurs voyage précis (déplacement d'une marchandise d'un port à un autre). Il se rapproche dans cette forme du contrat de transport maritime classique ;

– l'affrètement à temps : un navire est mis à disposition pour une période déterminée ;

– l'affrètement « coque nue » : un navire est mis à disposition pour un temps précis sans armements ni équipements ou avec de tels éléments incomplets.

L'affrètement maritime ne dépend pas des conventions internationales. La loi applicable est choisie librement par les parties et à défaut les règles du droit international privé s'appliquent. En France, il est régi par la loi du 18 juin 1966 codifiée qui prévoit que, sauf volonté contraire des parties, le contrat d'affrètement est régi en matière internationale par la loi du pavillon du navire (art. 3). Toutefois, le Règlement Rome I devrait s'appliquer et faire prévaloir la liberté contractuelle.

§ 2 - Le contrat de transport maritime

I - Conventions internationales et règlement sur les droits des passagers

• Plusieurs conventions internationales s'y rapportent, notamment :

– la Convention de Bruxelles du 25 août 1924 (encore appelée règles de La Haye) pour l'unification de certaines règles en matière de connaissement. Elle s'applique dès lors que le transport s'effectue sous connaissement ;

– un protocole modificateur à la Convention de Bruxelles, du 23 février 1968, appelé règles de Visby, est entré en vigueur le 23 juin 1976. Il a pour objet une meilleure définition du domaine de la Convention de Bruxelles de 1924 ainsi qu'un système complexe de limitation de réparation ;

– un autre protocole est intervenu à Bruxelles le 22 décembre 1979 pour adapter le mode de calcul des indemnités ;

– une Convention a été adoptée le 31 mars 1978 à la suite des travaux de la CNUCED et de la CNUDCI. Encore nommée « règles de Hambourg », cette Convention est appelée à se substituer à la Convention de Bruxelles. Elle n'est pas entrée en vigueur en France ni dans l'Union européenne en raison de la nécessité d'une adoption unanime par les États membres. Elle s'applique en revanche entre les pays l'ayant ratifié, essentiellement les pays en développement, à l'exception de l'Autriche.

– une convention de Rotterdam sur le contrat de transport international de marchandises effectué entièrement ou partiellement par mer (2009) n'a pas été ratifiée par la France.

• L'articulation entre ces conventions ou même entre la Convention de Bruxelles du 24 août 1924 et la loi française du 18 juin 1966 codifiée peut soulever des difficultés. Le texte conventionnel ne prévoyant pas de règles de compétence territoriale, peut-il être complété sur ce point par la loi française ? Un arrêt s'est prononcé en faveur d'une exclusion totale de la loi française dès lors que le texte international est applicable (Aix-en-Provence, 2e ch., 14 déc. 2004, *D.* 2005. Pan. 2755, obs. H. Kenfack).

• La plupart des transports maritimes internationaux restent encore sous l'empire de la Convention de Bruxelles de 1924 modifiée qui est impérative, les parties ne pouvant écarter ses règles. Elle considère comme « international » tout transport faisant l'objet d'un connaissement émis dans un des États contractants, y compris entre deux ports d'un même État. Les règles de Visby ont exclu de leur champ d'application les transports entre deux ports d'un même État et ont décidé qu'elles s'appliquent dans trois cas :

– le connaissement est émis dans un État contractant ;

– le transport a lieu au départ d'un port d'un État contractant ;

– une clause du connaissement (clause « *Paramount* ») indique que le transport sera soumis à la Convention.

Est indifférente la nationalité du navire ou de toute personne concernée par le transport (transporteur, destinataire, chargeur…).

Elles ne concernent que :

– l'opération de transport, dès le chargement jusqu'au déchargement des marchandises (la loi française a un domaine plus large). Sont exclus notamment : les opérations de pré-acheminement ou de manutention antérieures ou postérieures au chargement et déchargement ;

– les transports effectués dans le cadre d'un contrat matérialisé par un connaissement.

Sont exclus l'affrètement ou les transports effectués avec une lettre de voiture internationale.

• **Document :** le connaissement a une certaine importance. C'est un titre original formalisant l'accord du chargeur et du transporteur. Il est établi par le transporteur et un exemplaire est remis au destinataire. Il peut être nominatif ou au porteur, même s'il est souvent négociable. Le connaissement :

– définit les droits et obligations des parties ;

– représente la marchandise (droit à la marchandise et droit sur la marchandise) ;

– apporte la preuve que le capitaine a reçu les marchandises qu'il décrit.

• **Règlement UE n° 1177/2010 du 24 nov. 2010** concernant les droits des passagers voyageant par mer ou par voie de navigation intérieure et modifiant le règl. CE n° 2006/2004 (*JOUE* L. 334, 17 déc. 2010, p 1 ; *D.* 2011. Pan. 1145, obs. H. Kenfack).

II – Responsabilité du transporteur maritime

• Pour l'essentiel, cette responsabilité est la même dans la Convention et la loi française (art. L. 5422-12 C. transp.) même si quelques différences existent.

En principe, d'après la Convention, le transporteur est tenu d'exercer une diligence raisonnable (« *due diligence* ») comprenant l'obligation de mettre le navire en bon état de navigabilité, l'armer, l'équiper, l'approvisionner et mettre en état convenable le lieu où la marchandise sera entreposée (art. 3 n° 1) (en droit français, le principe est celui d'une présomption de responsabilité du transporteur, art. L. 5422-12 C. transp.).

La preuve de la « due diligence » incombe au transporteur (art. 4 *in fine*).

En cas d'accomplissement de cette « due diligence », le transporteur n'est pas responsable des pertes dues à un état d'innavigabilité survenu postérieurement (art. 4 n° 1).

Il n'est pas responsable dans dix-sept cas énumérés par la Convention (cas exceptés de responsabilité), notamment l'acte de Dieu, les faits de guerre, les faits d'ennemis publics, l'arrêt ou la contrainte du prince, le péril de mer, la faute nautique du capitaine (pour une illustration, Com. 22 sept. 2015, n° 13-25.584, *D.* 2016, obs. H. Kenfack ; Com. 17 févr. 2015, n° 13-25.662, *D.* 2015. Pan. 1294, obs. H. Kenfack ; Com. 17 déc. 2013, n° 12-28.226, *D.* 2015. Pan. 2276, obs. H. Kenfack). Ils sont assez proches des cas fortuits ou de force majeure prévus par la loi de 1966 codifiée, à la seule différence qu'en droit français, en principe, aucun événement n'est en soi fortuit ou de force majeure.

• En cas de responsabilité, la réparation prend la forme d'une indemnité due par le transporteur et plafonnée. Cette limitation est impérative.

L'indemnité est calculée en fonction de la valeur de la marchandise au jour et au lieu de déchargement. Elle couvre tous les dommages résultant de la mauvaise exécution du contrat. Elle est calculée par référence à l'unité de compte du FMI, le Droit de tirage spécial (DTS) :

– pour un colis, le transporteur doit 666,67 DTS (Protocole de 1979) ;

– pour 1 kg de poids brut de marchandises perdues ou endommagées, le transporteur doit 2 DTS (Protocole de 1979).

Les parties peuvent parfaitement augmenter ces plafonds. Ces derniers sont écartés en cas de dol ou de faute inexcusable du transporteur.

• Le réceptionnaire qui constate des avaries ou des manquants doit faire des réserves à la livraison, immédiatement en cas de dommage apparent ou dans les trois jours dans le cas contraire. En l'absence de réserve, la marchandise est présumée avoir été livrée en bon état mais la preuve contraire est possible. Dans tous les cas, le demandeur doit prouver la réalité du dommage.

• Le tribunal compétent est en principe celui du port de chargement ou de déchargement, même si en pratique les parties prévoient des clauses de compétence qui sont souvent contenues dans le connaissement. En principe valable, cette clause doit avoir été acceptée par le chargeur. Ce point ne soulève pas de difficulté alors qu'est plus controversée son opposabilité au tiers par exemple le destinataire de la marchandise. Lorsque le droit de l'Union européenne est applicable, la clause produit ses effets à l'égard du tiers porteur du connaissement lorsque, en l'acquérant, il a succédé aux droits et obligations du chargeur en vertu du droit national applicable. Dans le cas contraire, son consentement devra être vérifié en conformité avec l'article 25 du Règlement Bruxelles I bis ou 23 du Règlement Bruxelles I (v. not. CJCE, 9 nov. 2000 préc. ; Civ. 1re et Com., 16 déc. 2008, *D.* 2009. Pan. 972, obs. H. Kenfack, *JCP* 2009. II. obs. H. Kenfack. V. récemment Colmar, 1re ch. A, 12 oct. 2016, n° 15-02.356 ; Versailles, 12e ch., 18 oct. 2016, n° 16-03.196 ; Versailles, 12e ch., 13 déc. 2016, n° 16-05.098, *D.* 2017. 1446, obs. H. Kenfack). La situation est différente lorsque le droit français est applicable, la chambre commerciale exigeant que le destinataire ait accepté la clause au plus tard au moment de la livraison de la marchandise (V. not. Com., 4 mars 2003, Bull. civ. IV., n° 33).

• L'action en responsabilité doit être exercée dans le délai d'un an à compter du jour de la livraison ou du jour où elle aurait dû intervenir s'il y a perte totale (art. 5422-12 C. transp.).

• En pratique, les parties au contrat sont assurées contre les divers risques.

Section 2 – Le transport routier international

§ 1 – Convention internationale et règlement sur les droits des passagers

• Le transport routier international est régi par la **Convention de Genève du 19 mai 1956** (CMR) sur les transports de marchandises par route, entrée en vigueur en France le 12 juillet 1961. Elle a été modifiée par le protocole de Genève du 5 juillet 1978. Elle concerne à la fois le transport routier et le transport multimodal. Elle ne concerne pas la commission de transport et ne régit que les rapports entre les parties au contrat. Elle est complétée par la Convention de Genève du 30 septembre 1957 sur le transport international de marchandises dangereuses.

La Convention de Genève de 1956 est applicable lorsque le transport international et routier de marchandises effectué à titre onéreux se fait entre deux États différents dont l'un au moins est contractant à la Convention. Ses dispositions sont impératives.

Certaines conditions sont requises pour l'application de la Convention :

– le lieu de prise en charge et le lieu de livraison doivent être situés dans des États différents ;
– le moyen de transport doit être un véhicule routier (automobile, remorque) ;
– le transport doit être régi par le même titre de transport.

Dès lors que ces conditions sont réunies, la Convention s'applique même si les pays traversés ne sont pas contractants. Elle va s'appliquer à tous les transports en provenance ou à destination de la France.

• **Document :** la formation du contrat est matérialisée par une lettre de voiture internationale. Elle n'est pas obligatoire selon la Convention qui la réglemente.

• **Règlement UE n° 181/2011 du 16 février 2011** concernant les droits des passagers dans le transport par autobus et autocars et modifiant le règlement CE n° 2006/2004 (*JOUE* L 55, 28 févr. 2011, p. 1).

§ 2 – Responsabilité du transporteur routier

• En principe, le transporteur routier répond de plein droit des pertes et avaries. il est tenu d'une obligation de résultat.

Toutefois, il peut s'exonérer de sa responsabilité s'il prouve que le dommage est dû à une faute de l'ayant droit (Com., 20 janv. 1998, *Bull. IV*, n° 39), à un vice propre de la marchandise (« tare inhérente à la marchandise ») ou à des circonstances particulières « auxquelles il ne pouvait pas obvier » (pour une application de cette notion qui équivaut à la force majeure, l'imprévisibilité en moins, v. Com. 8 mars 2017, n° 15-14.200, *RJDA* 2017, n° 332). Les impératifs résultant des règles de conduite ne constituent pas de telles circonstances.

Dans certaines circonstances, la Convention pose une présomption simple d'irresponsabilité en faveur du transporteur (système des cas exceptés art. 17-4), par exemple lorsque la manutention, le chargement ou le déchargement a été effectué par l'expéditeur ou le destinataire.

• Le transporteur ne peut plus se prévaloir des dispositions qui limitent sa responsabilité si le dommage provient de son dol ou d'une faute lourde qui lui est imputable et qui, d'après la loi de la juridiction saisie, est considérée comme équivalente au dol (art. 29). Des divergences existent entre les différents droits nationaux :

– le doit français opte pour une appréciation *in concreto*. La faute lourde telle que visée par l'article 29 suppose « une négligence d'une extrême gravité confinant au dol et dénotant l'inaptitude du débiteur à l'accomplissement de sa mission contractuelle » (v. ch. mixte, 22 avr. 2005, *D.* 2005. Jur. 1864, note J.-P. Tosi, *ibid.* Pan. 2750, note H. Kenfack ; Com., 9 déc. 2008, n° 07-20.934 ; sur la distinction entre la faute lourde, la faute inexcusable, la fraude et l'infidélité, v. récemment Com. 13 déc. 2016, n° 15-16.27 et n° 15-19.509, Com. 12 juill. 2016, n° 14-20.906, Com. 2 nov. 2016, n° 14-19.186, *D.* 2017. 1445, obs. H. Kenfack).

– les droits anglais et allemand sont assez proches : le premier se réfère à la « faute pleinement volontaire » (*wilful misconduct*) et le second à la faute commise en pleine conscience du danger.

• L'action en responsabilité est prescrite si elle n'est pas exercée dans le délai d'un an sauf cas de dol ou de faute lourde où ce délai est de trois ans (art. 32). Cette prescription est suspendue en cas de réclamation écrite et jusqu'au moment où le transporteur l'écarte en retournant les pièces qui y sont jointes (art. 32-2). Une telle réclamation doit contenir une demande d'indemnisation « concrète », c'est-à-dire qu'elle doit justifier une prise de position du transporteur (Com., 15 mai 2001, *Bull. IV*, n° 93). La suspension et l'interruption de la prescription relèvent de la loi de la juridiction saisie (art. 32-3).

• S'agissant de la forclusion, la CMR opère une distinction entre les dommages apparents et les dommages non apparents :

– dommages apparents : le destinataire doit adresser des réserves au transporteur au plus tard au moment de la livraison ;

– dommages non apparents : les réserves doivent être adressées au transporteur dans un délai de 7 jours à compter de la livraison.

L'absence de réserves fait présumer (présomption simple) le bon état des marchandises (art. 30-1).

• En cas de responsabilité, l'indemnité diffère selon qu'il s'agit d'un cas de perte, de retard ou d'avaries :

– perte : l'indemnité représente la valeur de la marchandise au lieu et à l'époque de la prise en charge plus le prix du transport et les autres frais liés au transport ;

– retard : l'indemnité est forfaitairement calculée en fonction du prix du transport et ne peut excéder ce prix ;

– avaries : l'indemnité est limitée à la dépréciation subie.

Dans tous les cas, elle est en principe plafonnée même si les parties peuvent modifier contractuellement le plafond de cette garantie, sans pouvoir prévoir une réparation inférieure à celle prévue par la Convention.

• Tribunal compétent, la CMR comporte des dispositions relatives à la compétence des juridictions. Une articulation doit alors s'effectuer avec les Règlements Bruxelles I, Bruxelles I bis ou la Convention de Bruxelles. La Cour de justice fait prévaloir le texte spécial de la CMR sur le texte général de Bruxelles (CJCE, 28 oct. 2004, aff. C-148/03, *D.* 2005. Jur. 547, note C. Brière, Pan. 1262, obs. H. Chanteloup, Pan. 2754, obs. H. Kenfack ; *JCP E* 2005, n° 1571, obs. C. Legros ; *RTD com.* 2005. 642, obs. P. Delebecque). La CMR admet la clause attributive de juridiction sous réserve de la désignation de la juridiction d'un État contractant. En l'absence d'une telle clause, le demandeur a le choix entre les tribunaux du siège social du défendeur ou ceux du pays sur le territoire duquel est situé le lieu de prise en charge de la marchandise ou celui prévu pour la livraison, la détermination de ces tribunaux relevant des règles de compétence territoriale du droit du pays considéré (art. 31-1). En France, dans les cas où l'article 46 du Code de procédure civile ne permet pas de désigner le *for* compétent conformément à l'article 31-1 de la Convention (absence de livraison due à un vol par exemple), le demandeur peut intenter son action devant une juridiction française qui entretient un lien suffisant avec le litige et dont la saisine est conforme à la bonne administration de la justice (Com., 11 déc. 2001, *Bull. IV*, n° 199 ; Civ. 1re, 20 déc. 2000, *Bull. civ. I*, n° 342). Au sein de l'ordre national désigné par la CMR, les règles internes ne peuvent aboutir à faire échec à une telle désignation (Com., 8 janv. 2008, n° 06-15.999, *D.* 2008. AJ 289, obs. X. Delpech).

Section 3 – Le transport ferroviaire international

Libéralisation en Europe : plusieurs directives envisagent l'ouverture du marché ferroviaire européen à la concurrence. Dans cette optique :

• **2003 :** création d'un réseau transeuropéen de fret ferroviaire (RTEFF) qui englobe les principales grandes voies de chacun des États membres. En contrepartie d'un paiement de droit de péage au gestionnaire du réseau concerné, les marchandises ou les convois de fret des entreprises ferroviaires communautaires peuvent y circuler ;

• **2008 :** l'ensemble des réseaux nationaux peut être emprunté par ces convois. Cette ouverture ne concerne pas les transports de voyageurs ;

• **2009 :** le transporteur international de voyageurs est ouvert à la concurrence.

§ 1 – Conventions internationales et règlement sur les droits des passagers

• Plusieurs **conventions internationales** ont été conclues dans ce domaine avec pour objectif d'unifier le droit des transports internationaux ferroviaires. Elles ont été signées à l'initiative de la Suisse :

– La première est la Convention de Berne du 14 octobre 1890. Elle a créé à Berne un Office central des transports internationaux ferroviaires. Elle a été dénoncée par la France et suivie par d'autres ;

– Les Conventions de Rome de 1924 révisées en 1933 : l'une pour le transport international de marchandises (CIM) et l'autre pour le transport international de voyageurs et de bagages (CIV) ;

– Aujourd'hui, après plusieurs révisions, on applique en France la Convention de Berne du 9 mai 1980 relative aux transports internationaux ferroviaires, entrée en vigueur le 1er mai 1985 (COTIF) et à laquelle sont annexées la CIM et la CIV.

En principe, la Convention ne concerne que les transports par chemin de fer même si dans certains cas de transport mixte, elle peut s'appliquer. Elle régit le transport international ferroviaire de marchandises effectué en vertu d'un titre de transport unique (la lettre de voiture directe) sur des parcours empruntant les territoires d'au moins deux États contractants et sur des lignes inscrites à l'Office central des transports internationaux ferroviaires (Appendice B de la COTIF dit RU-CIM). Ainsi :

– le transport par chemin de fer doit s'effectuer sur le territoire d'au moins deux États contractants ;

– le transport doit se faire avec une lettre de voiture directe.

• **Document :** la formation du contrat est soumise à l'établissement d'une lettre de voiture spéciale dont le défaut est sanctionné par l'inapplication de la Convention. Dans ce cas, c'est le droit national désigné par les règles de conflit qui s'applique.

• **Règlement CE n° 1371/2007 du 23 oct. 2007** sur les droits et obligations des voyageurs ferroviaires (*JOUE* L 315, 3 déc. 2007, p. 14).

§ 2 – Responsabilité du transporteur ferroviaire

Les règles posées par la Convention de Berne sont assez proches de celles posées par la CMR pour les transports routiers de marchandises (v. p. 172).

• L'article 36 pose le principe d'une responsabilité de plein droit.

• Les causes d'exonération sont plus spécifiques au transporteur ferroviaire (art. 36 § 1 et s.).

La Convention cite :

– la faute de l'ayant droit ;
– le vice propre de la marchandise ;
– les « circonstances que le chemin de fer ne pouvait pas éviter et conséquences desquelles il ne pouvait pas obvier ». Est visée ici la force majeure.

Elle cite également certains cas dans lesquels il y a présomption de non-responsabilité :

– lorsque l'envoi a été fait dans les circonstances considérées comme dangereuses ;
– lorsque l'expéditeur, le destinataire ou le mandataire de l'un d'eux a accompli des formalités douanières ou administratives.

Dans ces cas, l'ayant droit doit apporter la preuve que le dommage n'a pas eu pour cause un de ces faits (art. 37).

• Si la cause du dommage reste inconnue, la responsabilité demeure.

• Si la marchandise n'est pas arrivée à destination 30 jours après le délai maximum de livraison, elle est présumée perdue (art. 39).

• En cas de responsabilité, l'indemnité varie en fonction de la perte, du retard ou de l'avarie (art. 40 à 47).

• L'action en responsabilité se prescrit dans un an, sauf en cas de dol ou de faute lourde où ce délai est de 2 ans.

• En dehors de quelques exceptions (notamment le dol ou la faute lourde du transporteur), l'acceptation de la marchandise sans protestation est une fin de non-recevoir de toute action contre le transporteur.

• Le recours entre les chemins de fer est réglé par l'article 59 de la Convention.

• La réparation est également plafonnée.

Ces règles constituent un minimum, le contrat ne pouvant prévoir une responsabilité réduite ou une diminution de l'indemnité.

Section 4 – Le transport aérien international

§ 1 – Convention internationale et règlement sur les droits des passagers

• Le transport aérien international est régi par la Convention de Varsovie du 12 octobre 1929 modifiée par un protocole de La Haye du 28 septembre 1955 et établissant le « système de Varsovie ». Ce texte a été modifié par la Convention de Montréal du 28 mai 1999 sur l'unification de certaines règles relatives au transport aérien international, entrée en vigueur en général le 4 novembre 2003 et en France le 28 juin 2004 (décret n° 2004-578 du 17 juin 2004, *JO* 22 juin 2004, p. 11205).

• La **Convention de Varsovie** s'applique aux transports aériens lorsque :

– les points de départ et de destination doivent être situés sur le territoire de deux États contractants ou ;

– les points de départ et de destination sont sur le territoire d'un même État contractant, lorsqu'une escale est prévue sur le territoire d'un autre État, contractant ou non.

C'est ce régime qui sera essentiellement présenté ici en relevant toutefois les modifications apportées par le texte nouveau. Ses règles avaient été intégrées en droit français par une loi du 2 mars 1957 et le même régime s'appliquait au droit interne et international du transport aérien.

La Cour de cassation a précisé que cette Convention ne s'applique pas en cas d'appel en garantie du constructeur d'aéronefs contre le transporteur aérien (Civ. 1re, 4 mars 2015, n° 13-17.392, *D.* 2015. 622, obs. X. Delpech, et Pan. 2015. 1297, obs. H. Kenfack).

• La **Convention de Montréal** (CM), également de droit matériel, régit le transport aérien de passagers, de bagages et de marchandises (à l'exclusion de colis postaux, art. 2-2 et 2-3) et a un objet identique à la Convention de Varsovie qui demeure en vigueur. Les deux textes sont appelés à coexister, l'application de l'un ou de l'autre à un transport au départ ou à destination de la France dépend des conventions en vigueur dans l'État étranger. La convention la plus récente l'emporte si les deux sont en vigueur (art. 55 de la Convention de Montréal). Si elle n'est pas en vigueur, l'ancien texte s'applique. En se limitant aux aspects de droit du commerce international, il convient de signaler que de nombreuses dispositions sont assez proches ou identiques dans les deux textes (par exemple celles relatives aux titres de transport, à la responsabilité du transporteur en cas de retard même si le texte nouveau a son propre plafond de responsabilité, ou encore à la mise en œuvre de la responsabilité du transporteur de marchandises). Le nouveau texte limite considérablement l'exonération du transporteur. Il ne concerne que les rapports entre l'expéditeur ou le destinataire et le transporteur.

La question se pose de savoir si cette nouvelle Convention va également s'appliquer aux transports internes. Une réponse affirmative devrait être apportée si on considère que le renvoi fait par l'article L. 6422-2 du Code des transports à la Convention de Varsovie et à toute convention la modifiant vise automatiquement la nouvelle Convention (v. J.-P. Tosi, « Responsabilité du transporteur aérien », *D.* 2005. Chron. 719, n° 7 ; v. toutefois appliquant la Convention de Varsovie : Com. 17 mai 2011, n° 10-17170).

• **Document** : le contrat est conclu par une lettre de transport aérien (LTA) qui comporte les droits et obligations des parties ; ces derniers sont également envisagés par la Convention de Varsovie (art. 12 à 16).

L'absence de cette lettre n'a d'effet ni sur la validité du contrat, ni sur l'application de la Convention.

La Convention de Varsovie prévoit également que le contrat donne lieu à l'émission d'une LTA. Comme sa devancière, son absence n'a aucune conséquence ni sur la validité du contrat, ni sur l'application de la Convention. Dans les deux Conventions, le contrat est consensuel.

• **Règlement CE n° 261/2004 du 11 février 2004** établissant des règles communes en matière d'indemnisation et d'assistance aux passagers en cas de refus d'embarquement et d'annulation ou de retard important d'un vol (v. *D.* 2005. 2748, obs. H. Kenfack) et **Règl. CE n° 1107/2006 du 5 juillet 2006** concernant les droits des personnes handicapées et des personnes à mobilité réduite lorsqu'elles font des voyages aériens (*JOUE* L 204, 26 juill. 2006, p, 1). Dans son interprétation de ces textes, surtout du premier d'entre eux, la CJUE a considérablement renforcé les droits des passagers dans la mouvance de la jurisprudence *Sturgeon* assimilant un retard important à une annulation (CJCE, 19 nov. 2009, aff. C-402/07, *D.* 2010. 1461, note G. Poissonnier et P. Osseland et 2011. 1445, obs. H. Kenfack).

Plusieurs arrêts récents continuent inlassablement ce renforcement. En premier lieu, elle interprète largement le texte en décidant que « l'heure d'arrivée, utilisée pour déterminer l'ampleur du retard subi par les passagers d'un vol, désigne le moment où au moins l'une des portes de l'avion s'ouvre, étant entendu que, à cet instant, les passagers sont autorisés à quitter l'appareil » (CJUE, 4 sept. 2014, aff. C-452/13, *Germanwings*, *D.* 2015. 1300, obs. H. Kenfack). Est ainsi exclu le moment de l'atterrissage de l'avion ou celui de son stationnement, ce qui est très favorable au passager (dans le même sens, Civ. 1re, 15 janv. 2015, n° 13-25.351, *D.* 2015. 1300, obs. H. Kenfack). En deuxième lieu, la CJUE interprète très restrictivement l'unique possibilité pour les compagnies aériennes d'échapper à ce droit à indemnisation automatique en établissant l'existence de « circonstances extraordinaires qui n'auraient pas pu être évitées même si toutes les mesures raisonnables avaient été prises ». Elle décide d'en exclure « un événement tel que le choc d'un escalier mobile d'embarquement d'un aéroport » (CJUE, Ord. 14 nov. 2014, aff. C-394/14, *D.* 2014. 2404 et Pan 1301, obs. H. Kenfack) ou même « le fait de problèmes techniques dus à la défectuosité de la pompe à carburant et de l'unité hydromécanique de l'avion » (CJUE 17 sept. 2015, aff. C-257/14, *Van der Lans*, *D.* 2015, 1893, obs. T. Douville, 1403, obs. H. Kenfack). En troisième lieu, elle entérine et conforte le droit à indemnisation par une extension du champ d'application du texte, à propos d'un important retard des vols avec correspondance au départ d'un aéroport situé sur le territoire d'un État tiers en appliquant à ce dernier le règlement 261/2004 (CJUE 11 mai 2017, aff. C-302/16, *D.* 2017. 1447, obs. H. Kenfack). Enfin, ce vent de faveur qui souffle sur les passagers ne doit cependant pas être exagéré, la Cour de justice décidant qu'une escale n'est pas une annulation (CJUE, 5 oct. 2016, aff. C-32/16, *Wunderlich*). De même, les impératifs de sécurité peuvent limiter ce vent de faveur comme l'illustrent des arrêts. Le premier est rendu par la Cour de cassation et décide que le foudroiement d'un avion sur la piste d'un aéroport peut être qualifié de circonstance extraordinaire (Civ. 1re, 12 sept. 2018, n° 17-11.361, *D.* 2018. 2117, avis av. gén. J.-P. Sudre, note P. Dupont et G. Poissonnier, *D.* 2019, à paraître, obs. H. Kenfack). Le second est rendu par la CJUE qui qualifie comme telle l'endommagement d'un pneu d'un aéronef par une vis se trouvant sur la piste de décollage et d'atterrissage (CJUE 4 avr. 2019, aff. C-501-17, *Germanwings c/ P*, *D.* 2019, à paraître, obs. H. Kenfack).

§ 2 – Responsabilité du transporteur aérien

Ce régime de responsabilité prévue par la Convention de Varsovie est commun aux transports internes et internationaux. Il est impératif.

• En principe, d'après l'article 18, le transporteur est responsable du dommage :

– survenu en cas de destruction, perte ou avarie à condition que l'événement causal soit intervenu pendant le transport aérien, c'est-à-dire pendant toute la période où la marchandise se trouve sous la garde du transporteur, par exemple à bord de l'avion ou même pendant un transport terrestre effectué accessoirement au transport aérien, en vue du chargement ou de la livraison (v. Com., 17 oct. 2000, *Bull. IV*, n° 158) ;

– résultant d'un retard dans le transport. Cette responsabilité est conditionnée par l'exigence de prévisibilité du dommage (Civ. 1re, 2 avr. 2014, n° 13-16.038, *D.* 2014. 1755, note C. Paulin et Pan 2014. 2277, obs. H. Kenfack).

Cette responsabilité est fondée sur une présomption de faute.

• Toutefois, la responsabilité peut être atténuée ou même exclue dans certains cas (notamment la faute de la victime) et elle est exclue si le transporteur apporte la preuve que lui et ses préposés ont pris toutes les mesures nécessaires pour éviter le dommage ou alors qu'il n'était pas possible de les prendre (art. 20).

• L'action en responsabilité est encadrée par la Convention :

– compétence territoriale (art. 28) : le demandeur a le choix entre le tribunal du siège du domicile du transporteur, celui du lieu où le transporteur possède un établissement par le soin duquel le contrat a été conclu ou même celui du lieu de destination des marchandises ;

– fin de non-recevoir (art. 26). En principe, la réception des marchandises par le destinataire sans protestation fait présumer (présomption simple), qu'elles ont été reçues en bon état et conformément au titre de transport. À défaut de protestation dans les délais prévus par la Convention, toutes les actions dirigées contre le transporteur sont irrecevables, sauf dans certains cas particuliers, par exemple la fraude du transporteur ;

– prescription (art. 29) : elle est de deux ans à compter de l'arrivée à destination des marchandises.

• En cas de responsabilité, l'indemnité due par le transporteur est limitée (16,5837 DTS par kg), sauf en cas de dol ou faute équivalente au dol du transporteur ou de ses préposés (art. 25) ou faute inexcusable (c'est la faute délibérée qui implique la conscience de la probabilité du dommage et son acceptation téméraire sans raison valable) (art. 23). Son appréciation est objective.

La responsabilité du transporteur ne peut être ni réduite ni écartée par des clauses, sauf en ce qui concerne les pertes et avaries consécutives à un vice de la chose transportée (art. 23-2). Elle peut être aggravée.

• La Convention de Montréal apporte quelques innovations :

– Elle prévoit une responsabilité objective. La responsabilité du transporteur est engagée de plein droit en cas de dommage causé à la marchandise (Com. 30 juin 2015, n° 14-15.984). Désormais, la compagnie aérienne ne peut plus s'exonérer en prouvant que le dommage provient d'un événement qui ne lui est pas imputable, excepté en cas de retard. Elle ne peut le faire qu'en établissant que le dommage résulte de l'un ou plusieurs des faits relevant notamment de la nature ou du vice propre de la marchandise (le nouveau texte exclut dans ce cas les clauses d'exonération de responsabilité), l'emballage défectueux de la marchandise par une autre personne que le transporteur, ses préposés ou mandataires, un acte de l'autorité publique accompli en rapport avec l'entrée, la sortie ou le transit de la marchandise, ou la faute de la personne lésée (art. 20).

– Comme sa devancière, elle limite la réparation du transporteur à la faible somme de 17 DTS par kilogramme sauf déclaration spéciale d'intérêt à la livraison faite par l'expéditeur au moment de la remise du colis au transporteur et sous condition le cas échéant du paiement d'une somme supplémentaire. Contrairement à sa devancière, la Convention de Montréal ne prévoit pas le déplafonnement de la limitation en cas de faute intentionnelle ou de faute inexcusable du transporteur (Com. 30 juin 2015, n° 13-28.846), ce qui est surprenant sauf à considérer que l'objectif est d'éviter les discussions sur la faute inexcusable et de permettre une rapide réparation. La faute inexcusable est définie comme celle impliquant objectivement la conscience de la probabilité du dommage et son acceptation téméraire (Civ. 1re, 2 oct. 2007, 2 arrêts, *Bull. civ. I*, n° 317 et 318).

– Enfin, s'agissant des règles de compétence relatives à l'action en responsabilité contre le transporteur, le demandeur a le choix entre la juridiction du domicile du transporteur, celle du lieu de conclusion du contrat ou celle du lieu de destination des marchandises.

Les clauses attributives de compétence sont prohibées alors que les clauses compromissoires sont valables si elles sont stipulées par écrit (art. 32). Le nouveau texte est d'ailleurs plus explicite sur l'arbitrage que l'ancien.

S'agissant du transport international de voyageurs, dans un arrêt récent, la Cour de cassation a précisé que « l'option de compétence ouverte au demandeur par les articles 33-1 et 46 de la Convention de Montréal s'opposent à ce que le litige soit tranché par une juridiction également compétente, autre que celle qu'il a choisie ; En effet, cette option, qui a été assortie d'une liste limitative de fors compétents afin de concilier les intérêts en présence, implique, pour satisfaire aux objectifs de prévisibilité, de sécurité et d'uniformisation poursuivis par la Convention de Montréal, que le demandeur dispose, et lui seul, du choix de décider devant quelle juridiction le litige sera effectivement tranché, sans que lui soit opposée une règle de procédure interne aboutissant à contrarier le choix impératif de celui-ci » (Civ. 1re, 7 déc. 2011, n° 10-30919, *D.* 2012. Pan. 1443, note H. K).

Section 5 - Le transport multimodal international

Aujourd'hui, le transport est généralement multimodal. En dehors des transports routiers internationaux continentaux, les marchandises sont souvent acheminées par plusieurs modes de transport : maritime, terrestre, ou ferroviaire. La généralisation de l'emploi de conteneurs privilégie cette pratique. Des transports différents s'enchaînent et par conséquent des règles différentes, avec toutes les difficultés que cela entraîne. Le plus simple est de prévoir un régime unique pour le transport multimodal.

C'est l'objectif poursuivi par la Convention de Genève du 24 mai 1980 sur le transport multimodal international qui n'est pas encore ratifiée. Elle s'appliquerait dès lors que le transporteur multimodal est établi dans un État contractant et qu'il a recours à au moins deux types de transport différents. Avant celle-ci, d'autres conventions avaient déjà essayé d'atteindre cet objectif, notamment la CMR qui s'applique au transport multimodal comportant une phase routière s'il n'y a pas rupture de charge. Encore faut-il que les conditions d'application de la CMR soient réunies et que le transport commence par un rapport routier effectué par le transporteur multimodal, peu important les autres modes de transport. La Convention de Varsovie prévoit que « dans le cas de transports combinés effectués en partie par air et en partie par tout autre moyen de transport, les stipulations de la présente Convention ne s'appliquent qu'au transport aérien et si celui-ci répond aux conditions de l'article 1er » (art. 31-1). Elle ajoute que « rien dans la présente Convention n'empêche les parties, dans le cas de transports combinés, d'insérer dans le titre de transport aérien des conditions relatives à d'autres transports, à condition que les stipulations de la présente Convention soient respectées en ce qui concerne le transport par air » (art. 31-2). La Convention de Montréal maintient ces dispositions même si elle parle de transport intermodal. Enfin, la CNUCED et la CCI ont proposé un document type relatif aux transports maritimes multimodaux ayant un caractère purement contractuel.

Pour aller plus loin

Bibliographie

- C. Paulin, « Transport aérien international : entrée en vigueur de la Convention de Montréal », *D.* 2004. 1954
- P. Delebecque, « La Convention de Montréal du 28 mai 1999 pour l'unification de certaines règles relatives au transport aérien international ou le nouveau droit du transport aérien », *JDI* 2005, p. 263
- P. Bonassies et C. Scapel, *Traité de droit maritime*, LGDJ, 3e éd., 2016
- P. Delebecque, *Droit maritime*, Dalloz, 2014
- O. Cachard, « La convention des Nations Unies sur le contrat de transport international de marchandises effectué entièrement ou partiellement par mer (Règles de Rotterdam) », *JDI* 2012, p. 533 et s.

Sujets d'examen

Dissertations

- La responsabilité du transporteur maritime de marchandises
- La responsabilité du transporteur aérien de passager
- La responsabilité du transporteur ferroviaire de voyageurs
- La faute lourde
- La faute inexcusable

Chapitre 2
L'assurance internationale

L'essentiel

- *L'assurance joue un rôle fondamental dans le commerce international car les risques sont accrus par rapport à une opération purement domestique. Ces risques sont divers et variés et concernent les opérations à l'exportation et à l'importation.*
- *La COFACE (v. p. 115) joue dans ce domaine un rôle important, soit toute seule lorsqu'il s'agit de risques « particuliers » de l'internationalisation soit en concurrence avec d'autres assureurs purement privés en cas de risques « ordinaires » ou courants du commerce international.*
- *Aujourd'hui, Bpifrance assure au nom, pour le compte et sous le contrôle de l'État l'activité export.*
- *Les contrats d'assurance sont des contrats de droit privé. Ils relèvent des règles générales de droit international privé et couvrent des risques variés.*

Section 1 – Juridiction compétente et loi applicable

§ 1 – Juridiction compétente

En cas d'application du Règlement Bruxelles I bis précité, les articles 10 à 16 (art. 8 à 15 Bruxelles I) contenus dans la section 3 permettent essentiellement de déterminer le tribunal compétent. Ils sont complétés par les règles des articles 6 et 7-5. Ces règles spéciales sont inspirées par le souci de protection de la partie faible.

I – Actions contre l'assuré

Le preneur d'assurance, assuré ou bénéficiaire, doit en principe être attrait devant les tribunaux de l'État membre de son domicile (art. 14 Bruxelles I bis et 12 Bruxelles I).

II – Actions contre l'assureur

Une distinction doit être effectuée selon que l'assureur est domicilié ou non sur le territoire d'un État membre :

A – L'assureur est domicilié sur le territoire d'un État membre

Le preneur d'assurance, l'assuré et le bénéficiaire de l'assurance ont une option entre le tribunal du domicile de l'assureur et leur propre tribunal. Ils bénéficient alors du *forum actoris* (art. 11-1 Bruxelles I bis et 9-1 Bruxelles I). L'article 7-5 Bruxelles I bis est également applicable.

Les articles 12 et 13 Bruxelles I bis (10 et 11 Bruxelles I) offrent une autre possibilité à l'assuré dans certains types d'assurances : l'assureur peut, selon le cas, être attrait devant le tribunal du lieu où le fait dommageable s'est produit (assurance de responsabilité ou assurance d'immeuble par exemple) ou être appelé devant le tribunal saisi de l'action de la personne lésée contre l'assuré si la loi du tribunal le permet (assurance de responsabilité).

B – L'assureur n'est pas domicilié sur le territoire d'un État membre

Dans ce cas, si l'assureur possède dans un État membre une succursale, une agence ou tout autre établissement, l'article 9-2 permet de le considérer comme ayant son domicile dans cet État pour toutes les contestations relatives à leur exploitation.

III – Limitation de validité des clauses attributives de juridiction

Pour protéger la partie faible, l'article 15 Bruxelles I bis (13 Bruxelles I) limite considérablement les clauses attributives de juridiction. Elles doivent notamment intervenir après la naissance du litige ou même donner d'autres possibilités au preneur d'assurance, à l'assuré ou au bénéficiaire de saisir d'autres tribunaux. Seules certaines clauses sont autorisées. Dans un arrêt, la Cour d'appel de Poitiers a décidé que la clause attributive de compétence incluse dans le contrat d'assurance de responsabilité est inopposable à la victime tiers au contrat d'assurance qui n'a pas expressément accepté cette clause (Poitiers, 7 nov. 2014, n° 14/00944, *Navire Anna*, *D.* 2015. Pan. 1298, obs. H. Kenfack, *DMF* 2015 124, obs. Ph. Delebecque).

§ 2 – Loi applicable

• La prestation caractéristique du contrat étant celle de l'assureur, en application de la Convention de Rome, la loi applicable au contrat international d'assurance sera, en l'absence de choix effectué par les parties, la loi du lieu d'établissement de l'assureur.

• Des règles plus élaborées sont désormais prévues par l'article 7 du Règlement Rome I qui effectue une distinction entre les contrats d'assurance en fonction du risque couvert.

• Application possible des lois de police.

Section 2 – Les risques couverts

Ces risques sont variés et entraînent des assurances diverses. Ces dernières sont essentiellement proposées depuis le mois de janvier 2017 par Bpifrance. Seuls les principaux risques seront présentés, privilégiant les assurances proposées par Bpifrance.

§ 1 – L'assurance prospection

• La prospection des marchés étrangers entraîne une série de dépenses qui, même en cas de succès, s'amortissent progressivement en fonction des commandes. L'assurance prospection a pour objectif de prendre en charge la partie des frais de prospection qui n'ont pas été amortis par un niveau suffisant de vente dans la zone garantie. Elle s'adresse aux entreprises françaises, industrielles, commerciales ou de services dont le chiffre d'affaires global n'excède pas un certain chiffre d'affaires.

• Elle concerne tous les frais de prospection (déplacements à l'étranger, publicité, site Internet, frais de conseils juridiques, participation à des manifestations professionnelles à caractère international, adaptation de produits…) et couvre tous les pays étrangers.

• Une avance sur indemnité est possible pour aider à préfinancer la prospection.

• La garantie peut aller jusqu'à 30 000 €.

• L'indemnité n'est remboursée que si la prospection est un succès.

§ 2 - L'assurance crédit

L'assurance crédit couvre les risques encourus au titre de l'exécution du contrat ou de son paiement. Il peut s'agir de :
– la garantie des contrats commerciaux ;
– la garantie des biens immatériels ;
– la garantie des prestations de service ;
– la garantie des cautions.

§ 3 - L'assurance change contrat

L'assurance change contrat est réservée aux contrats ponctuels d'un certain montant. Elle permet de figer un cours de change avant la signature du contrat commercial.

§ 4 - L'assurance investissement

• Elle concerne toute entreprise française (y compris les banques) qui réalise à l'étranger un investissement direct.

• Elle couvre les investissements réalisés à l'étranger contre certains risques notamment les risques politiques.

• Il s'agit d'une assurance irrévocable et à taux fixe pour des durées pouvant aller jusqu'à 20 ans.

Pour aller plus loin

Bibliographie

• J.-M. Mousseron, J. Raynard, R. Fabre, J.-L. Pierre, *Droit du commerce international*, LexisNexis, 4e éd., 2012

Sujet d'examen

Dissertation

• La juridiction compétence en matière d'assurance (Règlement Rome I)

Titre 3
Les autres contrats du commerce international

De nombreux contrats du commerce international peuvent être envisagés. On se limitera cependant aux contrats de financement et de garantie, contrats d'intermédiaires du commerce international, contrats de distribution et contrats de transfert de technique.

Chapitre 1
Les contrats de financement et de garantie

L'essentiel

À titre préliminaire, il convient d'évoquer ici les contrats relatifs au paiement international qui font surtout intervenir les banques. En tant que monnaie de paiement, la monnaie est déterminée par la loi du lieu de paiement. En France par exemple, en application de la règle du cours légal, seul l'euro a une valeur libératoire. Quant à la monnaie de compte, il faut se reporter à la loi du contrat pour savoir à quelle monnaie les parties ont entendu se référer. Très tôt, la jurisprudence française a admis la possibilité pour les parties à un contrat international de choisir une monnaie étrangère (Civ. 21 juin 1950 préc.). Le droit du paiement international emprunte largement au droit interne et les instruments de paiement utilisés sont la lettre de change, le chèque, les virements, ou même toutes les techniques de droit interne appliquées aux opérations du commerce international. Malgré des tentatives d'unification concernant notamment la lettre de change (Conventions de Genève du 7 juin 1930 dont la première est relative à un règlement uniforme du droit de la lettre de change, la deuxième au règlement des conflits de lois et la troisième sur le timbre), le chèque (trois conventions de Genève du 11 mars 1931 calquées s'agissant de l'objet sur les précédentes), il existe de grandes différences entre les droits internes, ce qui ne favorise pas ces instruments de paiement dans le commerce international.

En outre, les sûretés ont également une place importante dans le commerce international. Les sûretés traditionnelles du droit interne peuvent être utilisées, notamment les sûretés réelles comme l'hypothèque ou encore le gage ou des sûretés personnelles comme le cautionnement. Ici encore les systèmes ne sont pas unifiés, ce qui oblige à raisonner en termes de conflits de lois. La loi compétente en matière de sûreté réelle se détermine, lorsqu'on apprécie les conditions d'existence de la sûreté, en distinguant le droit réel de sa source. Le droit réel est régi par la lex rei sitae. La cause de la sûreté est régie soit par la lex contractus si sa source est contractuelle, soit s'il s'agit d'un jugement par la lex fori, soit enfin par la loi gouvernant le rapport juridique auquel la sûreté est légalement attachée si la sûreté a une origine légale. Sur les effets de la sûreté, c'est la lex rei sitae qui est compétente. Les sûretés personnelles, plus spécialement le cautionnement, obéissent à un régime différent. Le contrat conclu entre la caution et le créancier est soumis à sa propre loi si les parties ont effectué un choix de la loi applicable. Sinon, il peut être régi par la loi de l'obligation qu'il garantit, même si cette solution a été remise en cause par la Convention de Rome qui est en faveur de la loi de résidence du débiteur de la prestation caractéristique ou par le Règlement Rome I. Si le cautionnement est donné par une banque, la compétence de la loi de la banque paraît la plus appropriée.

Cette absence d'unification et leur relative efficacité les fragilisent et les opérateurs du commerce international préféreront des figures moins marquées par des droits nationaux et plus efficaces.
D'autres voies sont par conséquent fréquemment utilisées.

Section 1 – Les principaux contrats de financement et de garantie

Il s'agit du crédit documentaire et de la garantie à première demande. Ils sont souvent l'œuvre d'une banque. Il s'agit essentiellement contrats bancaires internationaux.

§ 1 – Juridiction compétente et loi applicable

I – Juridiction compétente

• Les clauses attributives de compétence et les clauses compromissoires sont *a priori* valables.

• À défaut de telles clauses, d'après le Règlement de Bruxelles I bis (préc.), le demandeur a le choix entre les articles 4 et 7-1. En application de ce dernier article, la jurisprudence a décidé que le tribunal compétent pour mettre en œuvre une garantie autonome est le tribunal du lieu où se réalise la remise de fonds par le banquier ayant accordé la garantie (Poitiers, 11 mars 1992, *Bull. Joly* 1993, p. 779, obs. Ph. Delebecque). La situation peut toutefois être plus complexe et dépendre des rapports en cause.

II – Loi applicable

En dehors des cas d'application du droit commun jurisprudentiel et des codifications privées, par exemple les « règles et usances uniformes CCI relatives aux crédits documentaires », ces contrats vont relever de la Convention de Rome du 19 juin 1980 et du Règlement Rome I (v. *supra*).

• **Convention de Rome.** Son application a pour résultat, en principe, la compétence de la loi de la banque soit en raison de la volonté des parties (art. 3-1, Com., 25 janv. 2000, *Banque et droit*, 2000, p. 44, obs. Prum), soit en raison de la localisation objective du contrat (art. 4). C'est en effet la banque qui fournit la prestation caractéristique du contrat. Un jugement a décidé que la loi régissant les relations entre le donneur d'ordres et le garant est la loi de résidence de ce dernier (TGI, Paris, 26 janv. 1983, *D.* 1983. IR. 297, obs. M. Vasseur). En application de la Convention de Rome, la loi française sera applicable si la banque a son siège social en France (v. récemment, en matière cette fois de cautionnement, Civ. 1re, 16 sept. 2015, n° 14-10.373). Plusieurs difficultés peuvent se présenter :

1. Une banque française a des filiales ou des succursales à l'étranger.

L'article 4 de la Convention de Rome donne en principe compétence à la loi du pays où la personne morale a son administration centrale. Il précise que si « le contrat est conclu dans l'exercice de l'activité professionnelle de cette partie, ce pays est celui où est situé son principal établissement ou, si, selon le contrat, la prestation doit être fournie par un établissement autre que l'établissement principal, celui où est situé cet autre établissement ». Par conséquent, la loi de la banque peut aussi être la loi du pays où la filiale ou la succursale est installée.

2. Plusieurs banques interviennent pour la même opération.

En l'absence de choix effectué par les parties, il convient d'écarter la présomption de l'article 4 et rechercher quelle loi présente les liens les plus étroits avec le contrat. La question ne semble pas avoir été définitivement tranchée et elle peut dépendre de la nature de l'intervention de la banque. Dans un crédit documentaire simplement notifié (v. *infra*), la loi de la banque émettrice sera applicable dans ses rapports avec le bénéficiaire. Dans les rapports des banques entre elles, si on admet qu'ils sont fondés sur un mandat, ils devraient relever de la loi de la banque notificatrice (banque intermédiaire) en application de la Convention de La Haye (v. *infra*). En cas de crédit documentaire confirmé, la situation est encore plus complexe en tenant compte de la multiplicité des rapports juridiques qui se sont noués et qui sont tous indépendants les uns des autres et non moins indépendants par rapport au contrat de base. Dans les rapports entre banques confirmatrices, la loi de l'établissement tenu au paiement, celui qui rembourse, devrait être applicable (T. com. Paris, 30 sept. 1992, *D.* 1994. Somm. 24, obs. M. Vasseur). Cette loi peut être distincte de la loi du lieu du paiement, ce dernier pouvant être accidentel.

En cas de garantie à première demande, dans les rapports entre la banque contre garante et la banque garante, la loi applicable devrait être celle de la première.

• **Règlement Rome I.** Sans viser expressément les principaux contrats de financement et de garantie, ce règlement les englobe dans la grande catégorie des contrats de prestation de service pour lesquels il opère un rattachement principal à la loi du pays dans lequel le prestataire de services a sa résidence habituelle. Les solutions exposées dans le cadre de la Convention de Rome devraient demeurer, avec les mêmes difficultés.

La loi de la banque régira les principales questions relatives au contrat. Elle peut être exclue :

– dans les contrats conclus par les consommateurs ;

– en cas d'application des lois de police.

§ 2 – Le crédit documentaire

I – Présentation

Issu de la pratique commerciale internationale et considéré comme une des plus belles réussites du commerce international dans le domaine bancaire, le crédit documentaire a une double fonction :

– c'est un moyen de paiement facilitant l'exécution d'une vente internationale ;

– c'est un moyen de « garantie » car le banquier ne se dessaisit de fonds que contre remise de certains documents. Il a une fonction de sécurité.

Il est soumis pour l'essentiel aux « règles et usances uniformes CCI relatives aux crédits documentaires » (RUU) entrées en vigueur dans leur dernière version le

1er juillet 2007, incluant d'ailleurs le supplément électronique à ces règles qui avait été adopté par la CCI et était entré en vigueur en 2002 (Publication CCI n° 600-2007). Il s'agit de la 6e révision des RUU depuis leur première publication en 1933. La précédente était en vigueur le 1er juillet 1994 (Publication CCI 500-1993). La nouvelle version des RUU comporte des définitions plus précises notamment sur le rôle de la banque émettrice, confirmatrice ou désignée. Toute comparaison article par article étant impossible, on maintiendra les articles de la version de 1994 tout en relevant quelques points de la nouvelle version. Les RUU s'appliquent par convention des parties (expresse ou implicite). Elles ont même aujourd'hui une valeur d'usage ou de coutume. Dans de nombreux arrêts, la Cour de cassation vise conjointement des articles du Code civil et des RUU (Com., 14 oct. 1981, *Bull. civ. IV*, n° 357, *D.* 1982. 301, obs. M. Vasseur ; Com., 7 oct. 1987, *Bull. civ. IV*, n° 159, *D.* 1988. Jur. 265, obs. M. Vasseur ; Com., 5 nov. 1991, *Bull. civ. IV*, n° 328, *D.* 1991. Somm. 303, obs. M. Vasseur).

Il ressort de ces règles que le crédit documentaire est une opération par laquelle une banque (la banque émettrice ou apéritrice), agissant à la demande et sur instruction d'un client-acheteur (le donneur d'ordres ou l'ordonnateur), accepte d'effectuer un paiement à un tiers-vendeur (le bénéficiaire) ou autorise une autre banque à effectuer ledit paiement (la banque intermédiaire), contre remise de documents constatant la bonne exécution d'une vente.

Plusieurs modalités existent :

A – Crédit révocable et crédit irrévocable

Le crédit révocable ne comporte pas d'engagement de la banque émettrice au profit du vendeur. Elle peut donc révoquer le crédit documentaire et ce dernier n'offre pas une véritable garantie au bénéficiaire. Une telle révocation n'est toutefois possible qu'autant que la réalisation du crédit, c'est-à-dire le paiement par la banque, n'est pas encore intervenue (art. 8-b i RUU).

Le crédit irrévocable comporte un engagement direct de la banque au profit du vendeur en cas d'exécution de ses obligations. D'après les RUU, c'est le principe. L'article 3 des RUU 600 prévoit d'ailleurs qu'un crédit est irrévocable même s'il n'y a aucune indication à cet effet.

B – Crédit confirmé et crédit notifié

Lorsqu'une banque située dans le pays du vendeur (banque intermédiaire) s'engage aux côtés de la banque émettrice, le crédit est qualifié de « confirmé ». Les RUU définissent la confirmation comme « un engagement ferme de la banque confirmatrice s'ajoutant à celui de la banque émettrice » (art. 9-b). Seuls les crédits irrévocables peuvent l'être.

Il est simplement notifié en l'absence d'un tel engagement.

C – Crédit « à vue » ou « documents contre paiement » et crédit « différé »

Lorsque le crédit est réalisable par « paiement à vue », le banquier paie immédiatement dès la remise des documents et leur vérification, tous les modes de paiement étant possibles.

En cas de paiement différé, la banque s'engage à effectuer le paiement à une date ultérieure fixée dans la lettre de crédit. Le crédit documentaire par paiement différé s'exécute au moment du paiement (Com., 7 avr. 1987, *Bull. civ. IV*, n° 84), même si la banque peut, à ses risques et périls, anticiper le paiement. Cette question a fait l'objet d'une discussion dans la perspective de la nouvelle rédaction des RUU 600. En effet, selon la jurisprudence française, une banque confirmatrice française ne peut obtenir le remboursement d'une avance consentie dans le cadre d'un crédit documentaire à paiement différé lorsque la fraude est invoquée entre l'avance des fonds et la date de réalisation effective du crédit documentaire. Selon les RUU 600, la banque émettrice pourrait autoriser une autre banque à consentir une telle avance. Est-ce que cette rédaction va changer la pratique de la jurisprudence française ? Le doute est permis.

D - Crédit « par acceptation » et crédit par négociation

Dans les deux cas, la banque accepte une lettre de change émise par le bénéficiaire. Une sécurité supplémentaire est présente ici avec l'acceptation de la lettre de change par une banque car le bénéficiaire dispose d'un engagement cambiaire.

Dans le crédit « par acceptation », le bénéficiaire peut remettre cette lettre de change à l'escompte d'une autre banque. Cet escompte est étranger à la réalisation du crédit documentaire.

Au contraire, dans le crédit par négociation, l'escompte n'est pas extérieur au crédit documentaire, mais constitue le mode de réalisation.

La Cour de cassation décide que le crédit documentaire par acceptation est réalisé par le paiement de la lettre de change (Com., 11 oct. 2005, n° 04-11.663, *Bull. IV*, n° 205) alors que le crédit documentaire par négociation s'exécute lors de l'escompte de la traite (Com., 23 oct. 1991, *Bull. civ. IV*, n° 242).

E - Crédit avec « clause rouge »

Dans ces cas, la banque accepte de verser au bénéficiaire une somme d'argent de façon anticipée, avant d'avoir reçu les documents définitifs. Le banquier accorde ainsi une sorte de préfinancement au vendeur qui reçoit de l'argent alors même qu'il n'a ni expédié les marchandises ni présenté les documents.

Quelles que soient les modalités, les documents ont une importance considérable dans le crédit documentaire. En effet, c'est leur remise qui permet en même temps la réalisation du crédit et le paiement du prix dans la vente. Tout le mécanisme repose sur les documents et les parties doivent les choisir avec minutie en n'oubliant pas d'en déterminer la langue. Les documents les plus divers peuvent être envisagés notamment :

- **Les factures**

De nombreux crédits documentaires exigent la présentation des factures commerciales et les RUU apportent des précisions sur les mentions que ces factures doivent revêtir pour être acceptées par la banque qui procède à leur vérification (art. 37). Elles doivent notamment « présenter l'apparence d'être émises par le bénéficiaire », « être établies au nom du donneur d'ordres », sauf si le crédit est transférable, comporter une désignation des marchandises qui corresponde à celle donnée dans le crédit et prévoir le montant du prix du contrat commercial.

• **Les documents de transport**

Ils ont déjà été évoqués. Les crédits documentaires vont souvent exiger la présentation des connaissements maritimes, des lettres de transport maritime, des lettres de transport aérien, des lettres de voiture ferroviaire, les documents de transport par voie postale ou par courrier exprès.

Ici aussi, les RUU apportent des précisions en indiquant notamment que ces documents doivent mentionner le nom du transporteur, de l'agent de transport multimodal, une signature ou une authentification émanant du transporteur ou d'un mandataire (art. 23 et s.).

• **Les documents d'assurance**

En raison de l'éloignement physique des parties, les donneurs d'ordres exigent très souvent la présentation de documents montrant que les marchandises sont assurées.

– Les documents douaniers (certificats d'origine, factures douanières)

– D'autres documents relatifs aux marchandises, notamment les documents d'analyse, les certificats de pesage ou d'aréage, les certificats sanitaires ou les certificats d'origine.

Enfin, comme cela a été évoqué, ces documents peuvent être dématérialisés.

Pour faciliter le règlement des litiges relatifs au crédit documentaire, la CCI a élaboré un règlement d'expertise pour la résolution des différends en matière d'instruments documentaires ou en anglais *Documentary Credit Dispute Expertise Rule* (DOCDEX) en vigueur depuis le 1er octobre 1997 ; une nouvelle version avec une portée plus large était en vigueur depuis le 15 mars 2002, une version plus récente est en vigueur depuis le 1er mai 2015 avec de nouvelles innovations. Il s'agit d'un mécanisme non contraignant. D'après ses règles, des experts statuent rapidement (30 jours au maximum à compter de la demande) et son coût ne serait pas très élevé. Leur décision n'est qu'un avis d'expert et non une sentence arbitrale. Elle participe aux modes alternatifs de règlement des litiges. Ce mécanisme est réglé par le service DOCDEX de la CCI. En revanche, conduisent à un véritable arbitrage les règles élaborées par un autre organisme : l'*International Center for Letter of Credit Arbitration* (ICLOCA). Elles sont calquées sur celles de la CNUDCI relatives à l'arbitrage international.

II - Mécanisme

A - Les parties au crédit documentaire

Cette opération fait intervenir au moins trois parties et généralement quatre :

• **le bénéficiaire du crédit documentaire :** Il s'agit du vendeur exportateur qui recherche une garantie de paiement de la marchandise livrée ;

• **le donneur d'ordre (ou ordonnateur) :** il s'agit de l'acheteur importateur qui doit payer le prix des marchandises si le contrat est bien exécuté ;

• **la banque de l'acheteur importateur (banque émettrice) :** située dans le pays de l'acheteur, elle reçoit l'ordre de ce dernier d'ouvrir un crédit documentaire dans des conditions précisées par une demande d'ouverture d'un tel crédit. Elle émet alors une lettre de crédit appelée accréditif, et destinée au bénéficiaire du crédit documentaire, le vendeur ;

• **la banque du vendeur exportateur :** Elle est située dans le pays du vendeur. Pour des raisons principalement de confiance (le vendeur ne connaît pas le banquier de l'acheteur) et accessoirement de facilité matérielle (présentation des documents à la banque), le vendeur préfère une banque de son pays, généralement sa propre banque, qui intervient dès le stade de la notification de l'accréditif.

• S'il s'agit d'un contrat de vente soumis à la Convention de Vienne, l'absence d'ouverture d'un crédit documentaire peut être considérée comme une « contravention essentielle ».

Schéma du crédit documentaire

• Intervention d'une banque

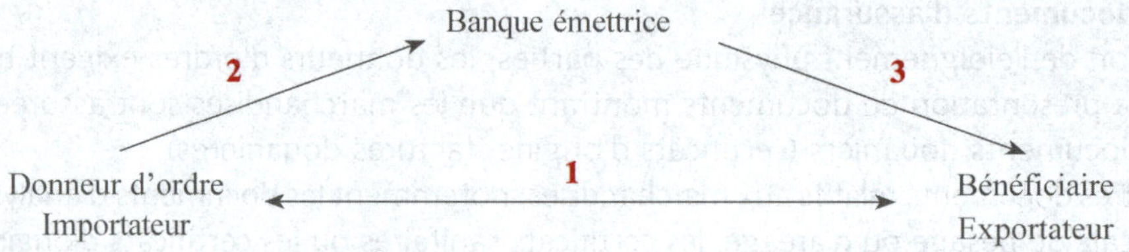

1 – Contrat de base
2 – Demande d'ouverture du crédit documentaire
3 – Lettre de crédit notifiée

• Intervention de **deux** banques

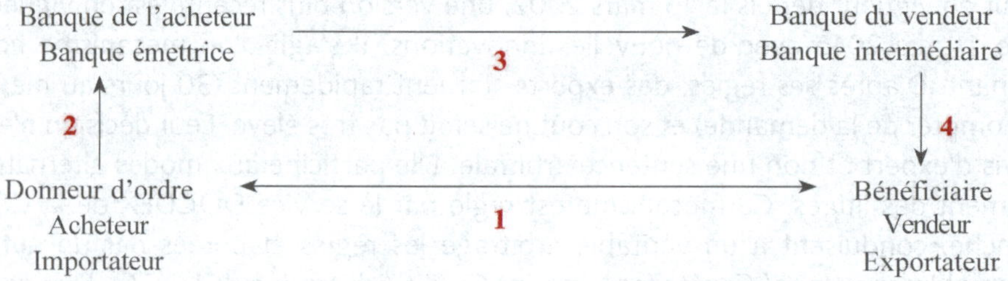

1 – Contrat de base
2 – Demande d'ouverture du crédit
3 – Lettre de crédit et demande de notification du crédit
4 – Notification de la lettre de crédit.

B – La mise en œuvre

• **La convention acheteur-vendeur (le contrat de base) :**

– elle est à l'origine du crédit documentaire. Ce dernier peut être un élément essentiel du contrat de base ;

– elle définit les principales caractéristiques du crédit documentaire exigé par le vendeur et notamment la date d'émission du crédit, sa nature (révocable ou non), sa durée de validité ou encore les documents à présenter.

• **La convention acheteur-banque émettrice :**

– elle est également à la base du crédit documentaire et reprend les principales caractéristiques du crédit contenues dans le contrat de base ;

– elle détermine les obligations de l'acheteur-donneur d'ordre et celles du banquier ;

– elle est qualifiée d'ouverture de crédit.

• **La lettre de crédit (ou accréditif) :**
– le banquier émet une lettre de crédit en faveur du bénéficiaire. Il ne peut avoir de crédit documentaire sans accréditif (Com., 18 nov. 1997, *Bull. civ. IV*, n° 292) ;
– elle comporte les droits du bénéficiaire et doit préciser clairement si le crédit est révocable ou non. À défaut de précision, le crédit est considéré comme irrévocable (art. 6-c RUU).

Dans un tel cas, la banque prend un engagement ferme à l'égard du bénéficiaire. Cet engagement donne au bénéficiaire un droit direct et indépendant à l'encontre de la banque émettrice. Cette indépendance se manifeste doublement :
– à l'égard de la convention entre le donneur d'ordre et la banque émettrice et ;
– à l'égard du contrat de base conclu entre l'acheteur et le vendeur.

Le principe de l'inopposabilité des exceptions s'applique ici.

La fraude à laquelle a participé le bénéficiaire est une exception à ce principe. Cette fraude peut porter sur la mise en place ou l'exécution du crédit documentaire, celle relative à l'exécution du contrat financé par le crédit documentaire est inopérante. Il peut s'agir de la fraude relative aux documents eux-mêmes. Il y a fraude lorsque les documents mentionnent faussement la livraison d'une quantité de marchandises supérieure à celle réellement expédiée (Com., 7 avr. 1987, *D.* 1987. 399) ou lorsqu'un document requis est un faux ou lorsque le document de transport comporte une date d'expédition inexacte alors que la véritable date est postérieure à l'expiration du crédit (Agen, 27 juin 1988, *D.* 1990. Somm. 179) ou enfin lorsque le document présenté atteste de la vente d'un navire dont le bénéficiaire n'est pas propriétaire (Versailles, 19 déc. 2002, *RJDA*, 2003, n° 428).

Seule la fraude découverte avant l'exécution du crédit documentaire peut empêcher son paiement par la banque, ce qui donne une certaine importance à cette date (Com., 11 oct. 2005 préc. décidant que dans un crédit documentaire par acceptation, en cas de fraude découverte avant le règlement, le banquier acceptant au titre de crédit documentaire peut refuser le paiement en dehors du cas où celui-ci est demandé par un tiers porteur de bonne foi non partie au crédit, en application de la règle de l'inopposabilité des exceptions issue du droit cambiaire).

En cas de fraude, le donneur d'ordre a la possibilité de saisir le juge des référés afin que ce dernier puisse faire obstacle à l'exécution des crédits documentaires transférables (Com. 19 nov. 2013, n° 11-25.131 et 12-26.954).

En dehors de cette fraude, la saisie-arrêt pratiquée par le donneur d'ordre ne peut empêcher la banque de remplir l'engagement direct et irrévocable qu'elle a pris à l'égard d'un bénéficiaire (Com., 7 oct. 1987, *Bull. civ. IV*, n° 213, Com., 13 févr. 2001, n° 97-21.885).

• **La notification de la lettre de crédit au bénéficiaire :**
– elle se fera souvent par l'intermédiaire d'une banque située dans le pays du vendeur. Si cette banque est confirmatrice, le vendeur dispose de deux engagements autonomes ;
– elle peut être réalisée par tous moyens.

C'est la réception de la lettre de crédit qui fait naître les droits du bénéficiaire.

• **La réalisation du crédit :**
– Elle commence par la remise et la vérification des documents. Le rôle du banquier est par conséquent fondamental. Il doit vérifier que les documents qui lui sont

présentés correspondent bien à ce qui a été prévu dans l'accord initial. Il n'a pas à vérifier s'ils sont exacts par exemple ou si la marchandise y est fidèlement décrite (V. not. les articles 18 à 28 des RUU 600). Un arrêt de la cour d'appel de Paris rappelle les obligations des banques en relevant, sur le fondement des RUU qu'elles « doivent examiner avec un soin raisonnable tous les documents stipulés dans le crédit pour vérifier s'ils présentent ou non l'apparence de conformité avec les termes et conditions du crédit. » L'arrêt poursuit que cette conformité est « déterminée en fonction des pratiques bancaires internationales telles que reflétées » par les articles des RUU (Paris, 15e ch. A., 3 sept. 2002, *JCP* 2003. II. 10027, note C. Chabert). Cette vérification soulève des difficultés, surtout lorsqu'il y a une différence entre les documents exigés et ceux présentés (pour une illustration, Com. 12 mars 2013, n° 11-22.314). D'après une statistique issue d'une étude américaine de 2000, 73 % des documents sont rejetés pour non-conformité lors de leur première présentation. Cette vérification doit s'effectuer dans un délai raisonnable ne dépassant pas 7 jours ouvrés à compter du jour de la réception des documents (art. 13-b RUU ; Paris, 3 sept. 2002 préc.). Ce délai est désormais de 5 jours (RUU 600).

Ces derniers précisent que les documents doivent être revêtus des énonciations et des signatures requises. L'article 14 des RUU 600 définit le standard d'examen des documents par le banquier. La vérification de la stricte conformité porte sur la forme des documents et non sur la réalité de la remise de la marchandise au transporteur.

À l'issue de cette vérification, le banquier peut soit « lever » les documents et réaliser le crédit soit les « refuser ». Le banquier peut également réaliser le crédit sous réserve s'il constate des irrégularités documentaires mineures mais ne souhaite pas pénaliser son client bénéficiaire du crédit.

– Elle peut se heurter à deux obstacles : la saisie par un créancier du bénéficiaire ou la fraude.

C – Les recours possibles

La réalisation du crédit documentaire va entraîner divers paiements. Des recours sont possibles notamment :

- le recours de la banque intermédiaire contre la banque émettrice ;
- le recours de la banque émettrice contre le donneur d'ordre.

§ 3 – La garantie à première demande

I – Présentation

Issue de la pratique commerciale internationale (et utilisée également dans les relations internes), la garantie à première demande (encore appelée garantie autonome ou garantie indépendante) est un engagement souscrit par une banque, qui promet de payer le cocontractant de son client sur simple demande de sa part, sans pouvoir invoquer les moyens tirés du contrat de base. Elle est désormais définie par l'article 2321 alinéa 1 du Code civil français comme « l'engagement par lequel le garant s'oblige, en considération d'une obligation souscrite par un tiers, à verser une somme soit à première demande, soit suivant les modalités convenues ».

Elle se caractérise par la rigueur de l'engagement du garant qui doit payer le bénéficiaire sans discussion : cet engagement est autonome et est régi par les seules dispositions de la lettre de garantie.

Son trait essentiel est l'inopposabilité des exceptions tirées du contrat de base.

La garantie à première demande ressemble au crédit documentaire mais elle en est distincte. Le crédit documentaire permet le règlement du contrat de base alors que la garantie à première demande n'est appelée que lorsque le contrat de base n'est pas exécuté.

Plusieurs types de garanties peuvent être constitués à l'occasion d'un même marché :

– la garantie de soumission assure le caractère sérieux d'une offre et couvre le risque de rupture des pourparlers ;

– la garantie de restitution de l'acompte assure à l'importateur le remboursement de l'acompte qu'il aura dû verser si le contrat venait à être interrompu alors que les prestations reçues sont inférieures à l'acompte versé. Une difficulté est due à l'insertion des clauses d'intérêts dans ces garanties de restitution d'acomptes. Les parties doivent alors les rédiger avec soin et comme le montant, déterminable, dépend de la seule lettre de garantie, elles restent autonomes (pour un exemple de ce type de garantie, Com. 9 juill. 2013, n° 12-18.563) ;

– la garantie de bonne fin couvre le risque lié à l'inexécution ou la mauvaise exécution du marché.

Il existe également des règles uniformes pour les garanties autonomes (Publications CCI n° 458-1991), mais elles n'ont pas le même succès pratique que celles relatives aux crédits documentaires. La CNUDCI a adopté une convention internationale relative aux garanties indépendantes et aux lettres de crédit *stand by*, approuvée le 26 mai 1995 et entrée en vigueur le 1er janvier 2000. Pour l'essentiel, le droit de la garantie à première demande reste toutefois jurisprudentiel.

Une des difficultés de cette garantie, notamment en France, concerne sa qualification et sa distinction avec le cautionnement, surtout lorsque la garantie fait référence au contrat de base. La jurisprudence française n'est pas toujours très claire. Il ressort toutefois de la jurisprudence dominante que la simple référence au contrat de base n'emporte pas la disqualification de garantie à première demande, à condition que cela n'implique pas une appréciation des modalités d'exécution du contrat de base pour l'évaluation des montants garantis ou pour la détermination des durées de validité (Com., 18 mai 1999, *Bull. civ. IV*, n° 102 ; Com., 27 nov. 2000, *Contrats, conc. consom.* 2000, comm. n° 155, obs. L. Leveneur). Cette distinction avec le cautionnement a pour effet que le créancier bénéficiaire d'une garantie à première demande n'est débiteur d'aucune obligation de mise en garde à l'égard du garant autonome (Com. 30 janv. 2019, n° 17-21279).

Cette autonomie n'est pas remise en cause par l'exigence d'un appel en garantie « justifié ». Est indifférente sur la qualification de garantie à première demande la clause obligeant le bénéficiaire à joindre à sa demande le montant de sa créance, appuyée de toutes pièces justificatives, l'exigence de telles pièces ne conférant pas au garant la faculté d'en discuter le bien-fondé. De même, n'a pas non plus d'effet la clause exigeant que la réclamation soit motivée par l'indication que le donneur d'ordre n'a pas rempli ses obligations (Com., 12 juill. 2005, n° 03-20-365, *Bull. civ. IV*, n° 161 et n° 04-12.733, *JCP* 2005. I. 185, obs. Ph. Simler et Ph. Delebecque).

II - Mécanisme

A - Les parties concernées

La garantie à première demande intervient entre au moins trois et souvent quatre personnes :

– un importateur (le bénéficiaire de la garantie à première demande) conclut un contrat avec un exportateur : c'est le contrat de base ;

– l'exportateur (le donneur d'ordre), conformément au contrat de base, va demander à son banquier de s'engager au profit du bénéficiaire à payer à sa demande une somme déterminée ;

– la banque du donneur d'ordre s'engage à titre indépendant, au paiement d'une somme d'argent au bénéficiaire conformément aux instructions du donneur d'ordre. En cas de garantie directe, elle fait parvenir au bénéficiaire une lettre de garantie qui constitue la garantie à première demande. Elle est alors qualifiée de banque garante ou banque de premier rang. En cas de garantie indirecte, elle sera une banque contre garante ;

– une banque du pays du bénéficiaire va souvent jouer le rôle de banque garante à l'égard du bénéficiaire en s'engageant directement auprès de lui. Dans un tel schéma, l'exportateur donne l'ordre à son banquier de demander à une banque du pays dans lequel l'importateur est installé, de délivrer la garantie. Deux garanties à première demande vont alors se superposer : l'une par le banquier du pays de l'exportateur (au profit du banquier de pays de l'importateur), l'autre par ce dernier au profit du bénéficiaire.

Schéma de la garantie à première demande

• Intervention d'un seul garant

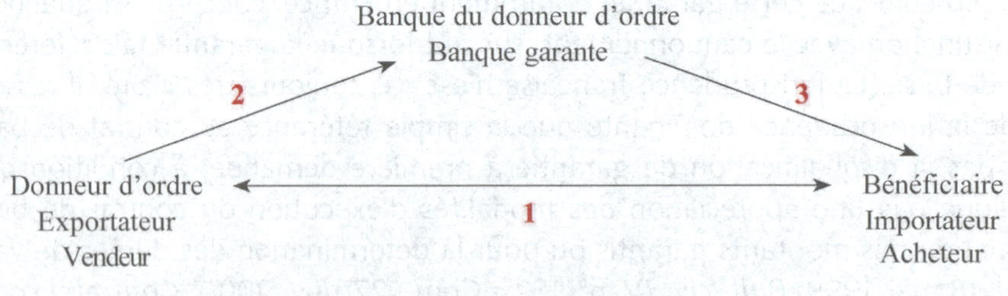

1 – Contrat de base *2 – Demande de la garantie à première demande* *3 – Garantie*

• Intervention de **deux** garants

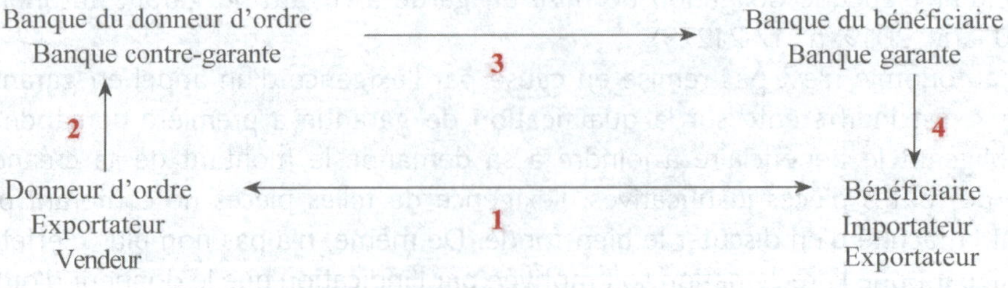

1 – Contrat de base
2 – Demande de la garantie à première demande
3 – Engagement de contre-garantie
4 – Garantie.

B – Les rapports entre les parties concernées

1. Le rapport garant-bénéficiaire

Le garant est engagé dans les termes de la lettre de garantie. Cet engagement est autonome.

Si l'appel à la garantie est conforme à cette lettre (Com. 10 févr. 2015, n° 12-26.580, *JCP E* 2015, n° 8, obs. P. Simler approuvant une cour d'appel d'avoir décidé « que le strict respect des conditions de forme et de rédaction de l'appel en garantie, telles que prévues par la lettre de garantie et les Règles Uniformes de garantie sur demande, publication CCI n° 458, est la contrepartie de l'autonomie de la garantie, que le bénéficiaire doit les respecter pour mettre en jeu celle-ci et que le garant doit vérifier l'apparence régularité de la demande qui lui est adressée avant de payer » ; *adde* Com. 13 janv. 2015, n° 13-14686, *JCP N* 2015, n° 13, 1108, note S. Piedelièvre), le banquier doit payer sans discussion. Il ne peut opposer aucune exception. Par conséquent, n'ont aucun effet sur l'exécution de la garantie :

– la nullité, la résolution, ou la modification du contrat de base (Paris, 13 févr. 1987, *D.* 1987. Somm. 172, obs. M. Vasseur) ;

– la compensation intervenue entre les parties au contrat de base ;

– la convention d'arbitrage incluse dans le contrat de base ;

– l'exécution partielle ou intégrale de ses obligations par le donneur d'ordre (Com., 21 mai 1985, *D.* 1986. 213, note M. Vasseur ; Com., 25 mars 2003, *RJDA* 2003, n° 1021) ;

– l'ouverture d'une procédure collective à l'encontre du donneur d'ordre, même lorsque le créancier du bénéficiaire de la garantie ne déclare pas au passif sa créance (Com., 9 juin 2004, *Bull. civ. IV*, n° 118) ;

– la carence du bénéficiaire de la garantie qui rend impossible l'exécution du contrat de base.

Sont également sans effet les moyens procéduraux inconciliables avec ce caractère autonome de la garantie à première demande notamment la mise sous séquestre et la saisie conservatoire ou saisie attribution (Com., 15 juin 1999, *Bull. civ. IV*, n° 26).

Les seules possibilités de faire obstacle à cette inopposabilité des exceptions sont :

– la fraude ;

– l'abus manifeste.

2. Le rapport garant-donneur d'ordre

Il s'agit d'un rapport classique entre une banque et son client. Le banquier qui a avancé les sommes peut se retourner contre son client pour lui demander le remboursement.

Si une fraude est découverte après exécution de la garantie par le banquier, elle s'oppose au remboursement de la banque par le client (Com., 6 févr. 1990, *D.* 1990. Somm. 213, obs. M. Vasseur).

3. Le rapport bénéficiaire-donneur d'ordre

Il est gouverné par le contrat de base qui les unit.

En cas d'appel abusif, le donneur d'ordre pourra demander réparation auprès des tribunaux.

4. Le rapport banque du donneur d'ordre-banque du bénéficiaire

En cas de « contre garantie », les engagements des banques sont indépendants les uns des autres. La Cour de Cassation décide que la contre garantie est une obligation autonome par rapport à la garantie à première demande et par rapport au contrat de base (Com., 9 oct. 2001, *Bull. civ. IV*, n° 158 ; Com., 6 mars 2001, *Bull. civ. IV*, n° 49, *D.* 2001. AJ 1173). Lorsqu'une garantie autonome de premier rang a été appelée de manière manifestement abusive, l'appel de la contre-garantie est-il lui-même nécessairement abusif ? La Cour de cassation apporte logiquement une réponse négative (Com. 3 mai 2016, *D.* 2016. 1748, note E. Netter).

Section 2 – Les autres contrats de financement et de garantie

Peuvent être cités notamment : le crédit fournisseur, le crédit acheteur, la mobilisation des créances nées sur l'étranger, le crédit-bail international, l'affacturage international.

§ 1 – Le crédit fournisseur

• Cette expression générique désigne un ensemble de crédits accordés à un exportateur. Il peut s'agir d'un crédit :

– de préfinancement accordé pour permettre la fabrication des marchandises à exporter. Sous certaines conditions, son bénéfice peut être étendu au sous-traitant. Il peut être spécialisé, c'est-à-dire servir au financement d'un marché déterminé (crédit sur commande ferme) ou simplement accordé pour financer un courant d'affaires régulier de l'entreprise bénéficiaire avec l'étranger (crédit sans commande ferme). Dans ce dernier cas, il est *revolving* ;

– de prospection accordé pour permettre la prospection de marchés étrangers ;

– pour permettre à l'exportateur ayant accordé des délais de paiement d'obtenir un paiement anticipé de sa créance.

• **Loi applicable :** en application de la Convention ou du Règlement Rome I, la loi de la banque devrait être applicable à défaut de choix.

§ 2 – Le crédit acheteur

• C'est un mode de financement des exportations. Le crédit est accordé à l'acheteur importateur pour que l'exportateur vendeur soit payé.

Le crédit acheteur repose sur trois éléments :

1. Une ouverture de crédit

Elle est consentie par le banquier à l'acheteur. Elle constitue une condition suspensive du contrat commercial entre l'exportateur (vendeur) et l'importateur (acheteur).

La convention d'ouverture de crédit lie uniquement le banquier et l'acheteur mais les fonds sont mis à la disposition du vendeur, conformément au mandat dont l'ouverture de compte a investi le banquier, ce qui explique la nécessité de notifier au vendeur.

2. La notification de l'ouverture du crédit au vendeur

Elle comporte un engagement personnel, autonome et direct de la banque envers le vendeur. Cet engagement est toutefois conditionnel et le crédit ne pourra être utilisé que si ces conditions préalables sont levées.

3. Le remboursement du crédit

Il ne dépend pas d'éventuelles exceptions que l'acheteur pourrait soulever au titre du contrat commercial.

Le principe est celui de l'indépendance du crédit et du contrat commercial. Cette clause d'inopposabilité des exceptions est la clause dite « Isabel ».

• **Loi applicable :** application probable de la loi de la banque.

§ 3 – La mobilisation des créances nées sur l'étranger

Les crédits de mobilisation des créances nées sur l'étranger peuvent prendre plusieurs voies :

– la mobilisation des crédits à court terme ;
– la mobilisation des crédits à moyen et à long terme ;
– le bordereau de cession de créances professionnelles.

§ 4 – Le crédit-bail international

I – Mécanisme

• Selon le schéma le plus courant, un établissement financier, généralement une banque (crédit-bailleur) acquiert la propriété d'un bien qu'il loue à son client utilisateur (crédit-preneur) pour une période donnée qui correspond à la durée d'amortissement. Le droit français ajoute qu'à l'issue de cette période, le crédit-preneur a la faculté d'acquérir la propriété du bien pour sa valeur résiduelle, de le restituer ou de renouveler le contrat. Cette option distingue le crédit-bail français de ses devanciers anglo-saxons.

• Est international un contrat de crédit-bail lorsque le crédit-bailleur et le crédit-preneur ont leur établissement dans des États différents.

II – Loi applicable

• **Convention et Règlement de Rome (subsidiaire).** À défaut de choix effectué par les parties, et en considérant que la prestation caractéristique est effectuée par le crédit-bailleur, c'est la loi du lieu de son établissement qui devrait s'appliquer. La solution demeure avec l'application du Règlement Rome I (préc.)

• **Convention Unidroit d'Ottawa** du 28 mai 1988 sur le crédit-bail international entrée en vigueur en France le 1er décembre 1995.

Cette Convention :

– peut sous certaines conditions être écartée par la seule volonté des parties (art. 5) ;
– a un domaine d'application matériel et géographique bien délimité.

Matériellement, elle ne s'applique qu'aux opérations de location financière, c'est-à-dire celles qui font intervenir un établissement de crédit-bail, un fournisseur et un crédit preneur et reposent sur deux conventions distinctes : un contrat de fourniture et un contrat de crédit-bail. En outre, elle ne s'applique ni en cas de crédit-bail immobilier, ni aux matières premières. Elle ne concerne que les biens d'équipement, le matériel ou l'outillage, à condition qu'ils ne soient pas utilisés par le « crédit preneur à titre principal pour son usage personnel, familial ou domestique » (art. 1-4). Elle s'applique également aux opérations de sous-crédit-bail ou de sous-location du bien s'ils remplissent ses conditions d'application (art. 2).

Géographiquement, elle s'applique lorsque le crédit bailleur et le crédit preneur sont établis dans des États différents et que soit ces États sont parties à la Convention, soit le contrat de fourniture et le contrat de crédit-bail sont régis par la loi d'un État contractant (art. 3-1). Elle sera donc applicable aux contrats portant sur des marchandises exportées de France qui bénéficient d'un financement par un contrat de crédit-bail émanant d'une banque française.

III – Régime juridique

Le crédit-bail international obéit aux règles de droit commun même si des différences existent. Ainsi, d'après la Convention d'Ottawa, l'option d'achat de crédit preneur à l'issue de la période de location n'est pas un élément de qualification du crédit-bail international. Pour l'essentiel, la Convention prévoit les droits et obligations respectifs des parties.

• **Les droits et obligations du crédit-bailleur.** La Convention prévoit plusieurs droits et obligations, notamment :

– la garantie de la jouissance paisible de la chose ;

– en cas de livraison tardive de la chose ou de défaut total de livraison, le crédit-bailleur « a le droit de remédier à l'inexécution de son obligation de livrer le matériel… comme si le crédit-preneur (lui) avait acheté le matériel dans les termes même du contrat de fourniture » (art. 12, 1, b) Dans ce cas, le crédit preneur peut refuser le matériel ou résilier le contrat ;

– le crédit bailleur dispose d'un droit réel sur les biens loués. L'article 7-1-a de la Convention précise que « les droits réels du crédit-bailleur sur le matériel sont opposables au syndic de la faillite et aux créanciers du crédit-preneur » à condition que les formalités de publicité, éventuellement imposées par la loi applicable soient satisfaites (art. 7-2). Cette loi applicable est celle de l'État où le matériel est situé (art. 7-3-d) ou la loi de l'État d'immatriculation des navires, bateaux et aéronefs immatriculés (art 7-3 a et b) ou la loi de l'établissement principal du crédit-preneur pour les matériels naturellement mobiles, camions… (art. 7-3-c) ;

– le crédit-bailleur dispose du droit à paiement d'un loyer, comme tout bailleur.

La Convention admet la validité des clauses pénales qui sont fréquentes dans ces contrats en faveur des crédits-bailleurs (art. 13-3-a). Elle précise cependant de manière impérative que leur mise en œuvre ne doit pas aboutir à une indemnité excessive au regard du préjudice effectivement subi (art 13-3-b) ;

– le crédit-bailleur perd son droit aux dommages-intérêts s'il « n'a pas pris toutes les mesures nécessaires pour limiter son préjudice » (art. 13-6), c'est une application de la *mitigation of damages* déjà évoquée.

Enfin, en cas de « défaillance substantielle » – notion qui rappelle la contravention essentielle de la CVIM – le crédit-bailleur a deux possibilités supplémentaires non cumulatives : il peut faire jouer la clause de paiement anticipé des loyers à échoir ou même déclarer la résiliation du crédit-bail, les deux sanctions n'étant pas cumulatives. Sans doute sous l'influence de la CVIM, l'article 13-5 oblige le crédit-bailleur à proposer au crédit-preneur « une possibilité effective de remédier sa défaillance » si cela est possible.

La Convention prévoit également des dispositions écartant la responsabilité du crédit-bailleur dans certains cas. Il n'est pas responsable pour défaut de délivrance conforme ou en raison d'un vice caché affectant le bien loué, même si la garantie d'éviction est maintenue (art. 8-2).

• **Les droits et obligations du crédit-preneur :**

– le crédit-preneur choisit le matériel objet du crédit-bail et approuve les termes du contrat de fourniture conclu entre le crédit-bailleur et le fournisseur (art. 1-a) ;

– il peut se prévaloir de toutes les obligations à la charge du fournisseur au titre du contrat de vente (art. 10-1), même s'il ne peut le résilier ou l'annuler sans l'accord du crédit-preneur (art. 10-2). Il a donc, sous certaines limites, une action directe de nature contractuelle contre le fournisseur ;

– il assume à l'égard du crédit-bailleur toutes les obligations traditionnelles d'un locataire, notamment et surtout le paiement d'un loyer même s'il a la possibilité de retenir le paiement si le matériel n'est pas conforme ou livré avec retard (art. 12-3).

§ 5 – L'affacturage international

I – Mécanisme

L'affacturage ou *factoring* est une technique financière doublée d'une technique de gestion commerciale.

• **Technique financière :** il résulte de la Convention par laquelle un établissement financier, société d'affacturage appelé affactureur ou *factor* doit régler à son client appelé adhérent ou fournisseur certaines créances approuvées que celui-ci peut détenir sur un client (débiteur cédé) moyennant le transfert de la créance au *factor* et le paiement de la commission de celui-ci.

• **Technique de gestion commerciale :** à l'occasion du transfert de la créance, la société d'affacturage peut se voir confier la gestion des comptes correspondants ou peut mettre à la disposition de l'entreprise des services de comptabilité, de contentieux ou de conseil.

Comme le crédit documentaire ou la garantie à première demande, le modèle le plus élémentaire de l'affacturage est triangulaire. Les parties concernées sont le *factor*, l'adhérent et le débiteur cédé. Il suppose deux conventions distinctes :

– un contrat principal entre l'adhérent et le débiteur cédé (vente ou prestation de services) ;

– un contrat d'affacturage entre le *factor* et l'adhérent ou affacturé.

Cette opération peut être interne ou internationale. Dans le dernier cas, elle se fait surtout à l'exportation, est plus complexe et peut entraîner l'intervention d'un second *factor.* Elle devient alors quadrilatérale. L'exportateur français transmet par « subrogation » les créances sur l'étranger à son *factor.* Ce dernier appelé *factor* de l'exportateur ne pouvant apprécier la solvabilité des débiteurs étrangers, c'est donc le *factor* du pays de ces débiteurs, appelé *factor* de l'importateur, qui va garantir au *factor* de l'exportateur la solvabilité de l'acheteur étranger. Chacune des parties est donc en rapport avec une société de son propre pays.

L'intérêt de l'opération est que l'exportateur obtient un crédit en contrepartie de la cession de ses créances. Le risque de non-paiement est transféré au *factor.*

Schéma de l'affacturage

• Intervention d'un *Factor*

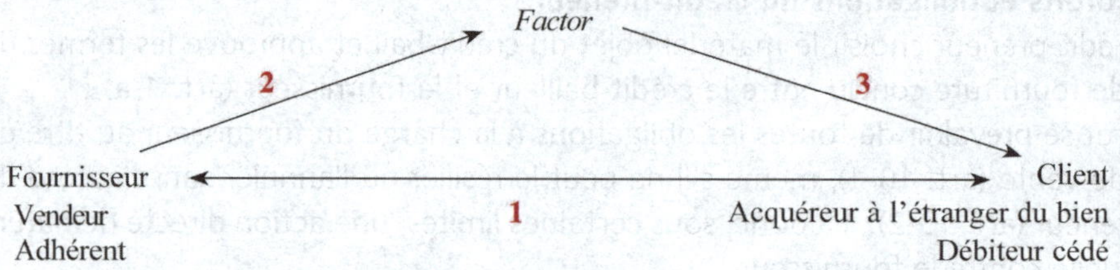

1 – Contrat de vente d'un bien ou de prestation de service

Rapport fondamental

2 – Convention d'affacturage

Rapport dépendant

3 – Action du Factor contre le client

• Intervention de deux *Factors*

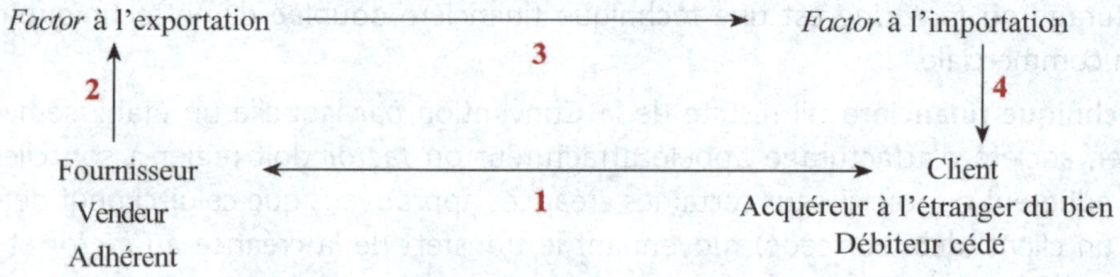

1 – Contrat de vente d'un bien
2 – Convention d'affacturage
3 – Transfert de la créance d'un Factor à l'autre
4 – Action du Factor contre le client.

II – Loi applicable

A – Convention et Règlement de Rome (subsidiaire)

• **Convention de Rome.** L'application de la Convention de Rome à l'affacturage international soulève des difficultés. Il s'agit de savoir si l'affacturage relève de l'article 12 relatif à la cession de créance ou de l'article 13 relatif à la subrogation. La réponse dépend de la qualification juridique de l'affacturage international :

– si l'affacturage est assimilé à une cession de créances, l'article 12-1 renvoie aux articles 3 et 4, et l'article 12-2 décide que la cessibilité de la créance et les rapports entre le cessionnaire et le cédé relèvent de la loi de la créance cédée. L'application de l'article 12-1 entraîne que la convention d'affacturage et les rapports entre le *factor* et son client sont soumis soit à la loi d'autonomie, soit à défaut de choix, à la loi du pays de résidence du débiteur de la prestation caractéristique. Le *factor* étant celui qui accomplit cette prestation, c'est la loi du lieu de son établissement qui sera applicable. L'article 12-2 soumet le caractère cessible et les rapports entre le *factor* et l'acheteur à la loi applicable au contrat principal (vente) ;

– si l'affacturage est assimilé à une subrogation, on devrait appliquer l'article 13 d'après lequel la loi applicable aux conditions et effets de la subrogation est celle qui régit l'obligation en vertu de laquelle le tiers *solvens* a désintéressé le créancier. Par conséquent, la loi applicable à la convention entre le *factor* et son client régirait l'ensemble de l'affacturage. Encore faut-il être d'accord sur l'application de l'article 13 de la Convention de Rome à la subrogation conventionnelle.

• **Règlement Rome I.** Il laisse subsister les mêmes difficultés, même s'il contient dans une même disposition la cession de créance et la subrogation conventionnelle (art. 14). Désormais un ajout précise que le concept de cession vise également les transferts de créance à titre de garantie ainsi que les sûretés sur créances (art. 14-3).

B – La Convention Unidroit

Une Convention Unidroit sur l'affacturage international a été élaborée à Ottawa le 28 mai 1988, approuvée par la France par une loi du 10 juillet 1991 et entrée en vigueur le 1er mai 1995.

Jumelle de celle sur le crédit-bail international, cette Convention :

– présente un caractère facultatif : les parties peuvent exclure son application totalement (art. 3-2) ;

– réalise une œuvre de synthèse des droits des différents États contractants ;

– s'applique lorsque les créances cédées en vertu du contrat d'affacturage naissent d'un contrat de vente de marchandises entre un fournisseur et un débiteur qui ont leur établissement dans des États différents (internationalité du contrat de base), et que, soit ces États (ainsi que l'État où le cessionnaire a son établissement) sont parties à la Convention, soit que le contrat de vente de marchandises et le contrat d'affacturage sont régis par la loi d'un État contractant. Étant donné que le premier est généralement soumis à la loi du vendeur et que le second est soumis à la loi de l'État où est installé le *factor*, débiteur de la prestation caractéristique, les règles de la Convention sont applicables dès lors que le vendeur et le *factor* sont établis en France.

III – Régime

• L'affacturage international présente des similitudes avec l'affacturage interne tant en ce qui concerne les rapports entre *le factor* et l'exportateur que dans les rapports entre le *factor* et le débiteur. Ainsi, le débiteur peut opposer au cessionnaire tous les moyens de défense qu'il pouvait opposer au fournisseur (art. 9-1). Après le paiement, il n'a plus de recours contre le cessionnaire sauf si celui-ci est de mauvaise foi ou en cas de non-paiement des factures au fournisseur (art. 10).

• Les différences importantes sont relatives à la notification et à la compensation, la Convention ayant prévu des particularités.

1. Notification : en droit interne, il est facultatif de notifier au débiteur le transfert de créances. Au contraire, dans le régime de la Convention d'Ottawa, la notification est faite par écrit et est obligatoire (art. 8). Elle est une condition d'opposabilité du transfert de créances (art. 1-2 c). Par conséquent, le débiteur ne sera tenu de payer le facteur que si, n'ayant pas eu connaissance d'un droit préférable, il a reçu notification du transfert de la créance

2. Compensation : contrairement au droit interne, la compensation est plus facilement admise en cas d'affacturage dans un contexte international. Il n'est pas nécessaire que les créances soient certaines, liquides et exigibles (art. 9-2).

Pour aller plus loin

Bibliographie

- O. Cachard, *Droit du commerce international*, LGDJ, 3e éd., 2018
- M.-S. Kurkela, *Letters of credit and bank guarantees under international trade law*, Oxford University Press, 2nd ed., 2008
- J.-M. Mousseron, J. Raynard, R. Fabre, J.-L. Pierre, *Droit du commerce international*, Litec, 4e éd., 2012
- A.-S. Barthez et D. Houtcieff, *Les sûretés personnelles*, LGDJ, 2010, n° 1296

Sujets d'examen

Dissertations

- La loi applicable au crédit documentaire
- La fraude en matière de crédit documentaire et de garantie à première demande
- La fraude en matière de garantie à première demande
- La stipulation d'intérêt dans une garantie de restitution d'acompte fait-elle perdre à celle-ci son caractère autonome ?
- La loi applicable au crédit-bail international
- La loi applicable à l'affacturage international

Chapitre 2
Les contrats d'intermédiaires du commerce international

L'essentiel

> *Les intermédiaires jouent un rôle important dans le commerce international. Le plus important est l'agent commercial.*

Section 1 – L'agent commercial

§ 1 – Présentation

• Au sens des droits français et européen, l'agent commercial est un mandataire indépendant qui est chargé de façon permanente de négocier, et, éventuellement, de conclure des contrats de vente, d'achat, de location ou de prestation de services pour le compte d'une entreprise (producteurs, industriels, commerçants) ou d'autres agents commerciaux (art. L. 134-1 du C. com.). Il peut s'agir d'une personne physique ou d'une personne morale.

• Internationalité : utilisation des critères économiques, juridiques ou une combinaison de critères. Déjà dans l'affaire *Hecht* préc., la Cour de Paris procédait à cette combinaison en décidant que le contrat litigieux « est un contrat international, c'est-à-dire se rattachant à des normes juridiques émanant de plusieurs États… Qu'il a ce caractère à la fois par le lieu de sa conclusion, en Hollande, la nationalité différente des parties et son objet qui était de donner un pouvoir à Hecht, ressortissant français d'accomplir en France des actes juridiques au nom d'une société de droit, donc de statut personnel hollandais en vue d'accroître les exportations en France des marchandises de celles-ci » (v. également Paris 9 nov. 1984, *JDI* 1986, p. 1039, note E. Loquin). L'application du seul critère économique devrait permettre de qualifier cette internationalité même si la Cour de cassation a utilisé le critère juridique pour dénier le caractère international d'un contrat d'agence (Civ. 1re, 7 oct. 1980, *Tardieu*, *Rev. crit. DIP* 1981, p. 313, note J. Mestre).

§ 2 – Juridiction compétente

• Application possible du Règlement Bruxelles I bis préc.

• Difficultés posées par l'article 7-1-a de ce Règlement qui peut conduire à la scission des obligations du contrat ou à la compétence concurrente des juges de l'obligation principale et des obligations accessoires (Civ. 1re, 8 févr. 2000, *Hoff*, *Bull civ. I*, n° 40).

• Application de l'article 7-1-b de ce Règlement au contrat d'agence commerciale en tant que contrat de fourniture de services (CJUE 11 mars 2010, aff. C-19/09, *Wood Floor*, *D*. 2010. Pan. 2331, obs. S. Bollée ; *RTD com*. 2010. 451, obs. A. Marmisse-D'Abbadie d'Arrast ; CJUE 8 mars 2018, aff. 64/17, préc.). C'est le juge déterminé par cet article qui est compétent pour connaître l'ensemble des obligations découlant du contrat d'agence commerciale. Sur le lieu de la fourniture de services dans le cadre d'un contrat d'agence commerciale exécuté dans plusieurs États membres, la Cour de justice le localise en principe au lieu de la fourniture principale du service par l'agent, la prestation caractéristique étant assurée par ce dernier. Pour déterminer ce lieu de la fourniture principale, « en vertu du contrat » comme l'exige l'article 7-1-b, la Cour propose un raisonnement en trois étapes hiérarchisées. En premier lieu, il faut prendre en compte le contenu du contrat pour déterminer le lieu où l'agent doit accomplir ses obligations « consistant notamment à préparer, à négocier et, le cas échéant, à conclure les opérations dont il est chargé ». À défaut d'un tel lieu de fourniture principale – pluralité de lieu par exemple, ou absence de location spécifique de la fourniture de service – il faut, en deuxième lieu, prendre en considération le lieu qui concrétise de manière prépondérante l'activité de l'agent en exécution du contrat, s'il n'est pas contraire à la volonté des parties. À défaut de détermination d'un tel lieu au regard du contrat ou des prestations de l'agent, c'est le lieu où l'agent est domicilié qui doit prévaloir (CJUE, 11 mars 2010, préc.).

• Validité des clauses attributives de juridiction et des clauses compromissoires dans un contrat international d'agent commercial (Paris, 19 févr. 1992, *D*. 1993. IR. 137).

§ 3 – Loi applicable

Devant le juge français, c'est la Convention de La Haye du 14 mars 1978 sur la loi applicable aux contrats d'intermédiaire et à la représentation qui va s'appliquer.

La Convention de La Haye est entrée en vigueur en France le 1er mai 1992 et régit essentiellement le rapport de représentation entre le représenté et l'intermédiaire :

– d'après son article 1er, elle est applicable aux agents commerciaux dont les relations avec leur mandant ou les tiers ont un caractère international ;

– d'après l'article 5 al. 1, la loi applicable aux relations entre le représenté et l'intermédiaire est la « loi interne choisie par les parties » (principe d'autonomie). Ce choix doit être exprès ou résulter avec certitude des dispositions du contrat.

• À défaut de choix, l'article 6 distingue deux cas :

– en principe, est applicable la loi interne de l'État dans lequel est situé, au moment de la formation du contrat, l'établissement professionnel ou la résidence habituelle de l'agent (art. 6 al. 1) ;

– lorsque l'intermédiaire exerce à titre principal son activité dans le pays où le représenté a son établissement professionnel ou sa résidence habituelle, c'est la loi de cet État qui est applicable (art. 6 al. 2).

• L'article 9 apporte une précision supplémentaire en décidant que quelle que soit la loi applicable au contrat, il convient de tenir compte de la loi du lieu d'exécution pour les questions concernant les modalités d'exécution.

• En ce qui concerne les rapports entre le représentant et le tiers ou entre ce dernier et le représenté, la Convention ne régit pas toutes les questions. Elle détermine simplement la loi applicable à la question de savoir si le représentant a pu engager le représenté en concluant avec le tiers. En outre, elle détermine la loi applicable à la question de savoir si le représentant est personnellement engagé à l'égard des tiers. Le principe dominant est ici celui d'autonomie même si seuls le représenté et le tiers peuvent exprimer ce choix. La Convention exige un document écrit et l'acceptation par le représenté personnellement, et non par l'intermédiaire.

À défaut, est applicable la loi de l'État dans lequel le représentant a son établissement au moment où il a agi, ou s'il dispose de plusieurs établissements, celui qui se rattache le plus étroitement au contrat, sauf contrariété avec l'ordre public international ou loi de police.

§ 4 – Droit matériel

Plusieurs textes :

• La Convention de Genève du 15 février 1983 sur la représentation en matière de vente internationale de marchandises. Élaborée par Unidroit, elle n'est pas encore entrée en vigueur.

• La directive européenne du 18 décembre 1986 qui a harmonisé le droit applicable aux agents commerciaux indépendants. Elle a été intégrée en droit français par une loi du 25 juin 1991 aujourd'hui codifiée aux articles L. 134-1 à L. 134-17 du C. com.

La nature de cette loi a soulevé des difficultés (v. p. 38).

§ 5 – Contenu du contrat

V. Contrat modèle CCI d'agence commerciale publié par la CCI.

Section 2 – Les autres catégories d'intermédiaires

§ 1 – Le sponsor

• Le contrat de sponsor est particulier car il n'intervient que dans certains pays, spécialement au Proche ou au Moyen-Orient.

• Le sponsor est un intermédiaire local qui apporte son aide et intervient en faveur d'un partenaire étranger, essentiellement pour faciliter la conclusion et l'exécution d'un marché.

La nature juridique de ce contrat est incertaine.

§ 2 – Le courtier

• Le courtier est un intermédiaire qui met en relation des personnes désireuses de traiter entre elles. Il ne conclut pas lui-même le contrat. C'est un intermédiaire commercial au sens le plus simple.

• Lorsque le contrat de courtage est international :

– la loi applicable est déterminée conformément à la Convention de La Haye du 14 mars 1978 préc. ;

– la juridiction compétente peut être déterminée en application du Règlement de Bruxelles qui devrait conduire à la compétence du juge de l'État dans lequel le courtier exerce son activité.

§ 3 – Le commissionnaire

• Le commissionnaire est celui qui réalise une ou plusieurs opérations commerciales en son propre nom, mais pour le compte d'un commettant. Le contrat international de commission emprunte largement son régime au droit interne de la même opération.

• Les opérations du commissionnaire sont essentiellement celles d'un mandataire.

• **Juridiction compétente :** v. Règlement Bruxelles I bis, préc.

• **Loi applicable :** Convention de La Haye de 1978 préc.

Pour aller plus loin

Bibliographie

- M. Pédamon, H. Kenfack, *Droit commercial*, Dalloz, 4e éd., 2015, n° 741 et s.
- L. Baba Aissa, *Le sponsorship et l'inverstissement étranger dans le conseil de coopération du Golfe (CCG)*, thèse Toulouse 1, 2015, dir. H. Kenfack
- C. Diloy, *Le contrat d'agence commerciale en droit international*, LGDJ, 2000, n° 487 s.

Sujet d'examen

Dissertation

- La loi applicable au contrat d'agent commercial

Chapitre 3
Les contrats de distribution

L'essentiel

La distribution de produits et la fourniture de services à l'étranger peuvent s'effectuer par des réseaux utilisant des techniques contractuelles variées dont les plus importantes sont la concession exclusive, la franchise ou la distribution sélective.

Avant de les envisager isolément, quelques précisions s'imposent :

• ***Distinction contrat-cadre et contrat d'application***

Les parties à la distribution internationale concluent généralement deux types de contrats :

– un contrat-cadre dont l'objectif est d'organiser leur relation ;

– des contrats d'application conclus en exécution du contrat-cadre et qui sont variés.

Le premier peut être international alors que les seconds sont internes.

• ***Droit concurrentiel européen unifié***

En Europe, le Règlement du 22 décembre 1999 relatif aux accords verticaux, entré en vigueur le 1er juin 2000 peut leur être appliqué. Ce règlement aujourd'hui arrivé à expiration, a été remplacé par le règlement UE n° 330-2010 du 20 avril 2010 concernant l'application de l'article 101 §3 TFUE à des catégories d'accords verticaux et de pratiques concertées, entré en vigueur le 1er juin 2010 et expirant le 31 mai 2020. Pour la période allant du 1er juin au 31 mai 2011, l'interdiction de l'article 101 §1 TFUE ne s'applique pas aux accords qui, au 31 mai 2010, sont déjà en vigueur et ne remplissent pas les conditions d'exemption prévues par le règlement de 2010 (mais satisfont à celles prévues par l'ancien règlement de 1999). Il est complété par des lignes directrices sur les restrictions verticales du 19 mai 2010. Signalons en matière de distribution automobile un nouveau règlement (règl. UE n° 461-2010 du 27 mai 2010).

En principe, le règlement de 1999 couvre l'ensemble des accords verticaux, y compris la distribution sélective.

C'est un Règlement favorable à la distribution et fondé essentiellement sur une analyse économique :

– un accord vertical sera automatiquement exempté si la part de marché du fournisseur est inférieure à 30 % et si l'accord ne comporte pas de clause relevant de la « liste noire » notamment les prix minimums ou fixés, la protection territoriale absolue, la prohibition des livraisons croisées au sein d'un réseau de distribution sélective ;

– en revanche, l'accord conclu par une entreprise détenant une part de marché supérieure à 30 % n'est pas couvert par l'exemption catégorielle mais il peut bénéficier d'une exemption individuelle.

Le règlement UE n° 330-2010 s'inspire pour l'essentiel de la même philosophie.

• ***Droit contractuel encadré***

Lorsque le droit français est applicable, les parties à ces contrats doivent (si les conditions sont réunies), respecter l'article L. 330-3 du Code de commerce qui met à la charge du fournisseur une obligation pré contractuelle d'information. Cet article est issu de l'article 1er de la loi du 31 décembre 1989 dite loi Doubin.

– La sanction en cas de non-respect de cette obligation est la nullité relative du contrat, à condition que le défaut d'information ait vicié le consentement (Com., 10 févr. 1988, Bull. civ. IV, n° 71).

– La question se pose de savoir si cet article doit être considéré comme une loi de police applicable dans l'ordre international avant tout raisonnement conflictuel ou comme une loi d'ordre public. Elle n'est pas définitivement tranchée même si la Cour de Paris a décidé que cet article n'est pas une loi de police applicable dans l'ordre international mais simplement une loi protectrice d'ordre interne (Paris, 30 nov. 2001, JCP Cah. dr. entr., 2002, p. 29, obs. J. Raynard).

En cas d'application du droit français, il convient désormais d'avoir également à l'esprit la création, par la loi pour la croissance, l'activité et l'égalité des chances économiques (loi Macron adoptée définitivement le 6 août 2015) d'un titre IV dans le livre III du Code de commerce, intitulé « Des réseaux de distribution commerciale ». Il s'agit là d'un véritable dirigisme contractuel (sur l'ensemble de la question, v. M. Pédamon et H. Kenfack, Droit commercial, Dalloz, 5e éd., 2019, n° 773).

Section 1 – La concession exclusive internationale

Il s'agit du contrat par lequel un commerçant (le concédant), titulaire d'une marque, accorde l'exclusivité de la revente de ses produits sur un territoire déterminé à un autre commerçant (le concessionnaire) qui à son tour s'engage à ne distribuer que les produits du concédant et sous sa supervision. L'exclusivité est l'essence de ce contrat.

§ 1 – Juridiction compétence

• Validité des clauses attributives de juridiction et des clauses compromissoires.

• Difficultés d'application de l'article 7-1-a du Règlement Bruxelles I bis.

§ 2 – Loi applicable

• Application de la Convention de Rome, du Règlement Rome I et possibilité de choix de la loi applicable.

• Difficulté de détermination de la prestation caractéristique, v. cependant Civ. 1re, 15 mai 2001, préc. décidant que c'est le concédant qui accomplit la prestation caractéristique (dans le même sens, Civ. 1re, 25 nov. 2003 préc.). Par conséquent, à défaut de choix effectué par les parties, sauf clause d'exception, application de la loi du pays du concédant.

L'article 4.1-f de Rome I se prononce, en l'absence de choix effectué par les parties, en faveur de la loi du pays dans lequel le concessionnaire a sa résidence habituelle.

§ 3 – Contenu du contrat

La pratique contractuelle montre que le contrat international de concession exclusive emprunte largement au contrat interne.

V. Contrat modèle CCI de concession commerciale, avec exclusivité de l'importateur concessionnaire publié par la CCI.

Section 2 – La franchise internationale

Technique contractuelle originale et fréquemment utilisée dans le commerce international, la franchise met en présence des partenaires juridiquement indépendants, un franchiseur et un ou plusieurs franchisés. Le franchiseur a mis au point des procédés ou un système d'exploitation d'une entreprise commerciale ou industrielle et dispose de signes distinctifs. Il communique à des franchisés moyennant rémunération, son système d'exploitation, les assiste dans l'utilisation de ce système, leur donne le droit d'utiliser les signes distinctifs conformément à ses instructions en vue de réitérer sa réussite commerciale.

La franchise se caractérise essentiellement par trois éléments :

– une licence de marque ou d'enseigne ;
– une communication de savoir-faire ;
– une fourniture continue d'une assistance technique ou commerciale.

Ellc pcut concerner :

– la distribution des produits : franchise de distribution ;
– la fourniture de services : franchise de services ;
– la production de biens doublée de leur vente : franchise industrielle.

Il n'existe pas de règles matérielles applicables à la franchise internationale.

§ 1 – Les méthodes d'internationalisation de la franchise

Le franchiseur dispose de quatre grandes méthodes d'internationalisation :

I – La franchise directe

Le franchiseur traite directement avec les franchisés situés dans le pays d'implantation sans l'intermédiaire d'une tierce personne ou d'une structure dans ce pays.

Elle peut prendre deux formes principales :

A – La franchise directe simple

Le franchiseur n'octroie la franchise au franchisé étranger que pour une unité précise.

B – La franchise directe avec zone de développement

Il s'agit d'un accord entre un franchiseur et un franchisé développeur étranger par lequel ce dernier prend l'engagement d'ouvrir et de posséder un certain nombre d'unités franchisées dans son pays. Contrairement à la franchise principale, le franchisé développeur doit être propriétaire des unités franchisées qu'il installe dans son territoire contractuel et n'a pas le droit de sous franchiser.

II – La franchise par l'intermédiaire d'une filiale ou d'une succursale dans le pays d'implantation

Il s'agit pour le franchiseur de créer une structure qu'il contrôle entièrement dans le pays du franchisé pour y mettre en œuvre la franchise. C'est cette structure qui va octroyer des franchises à des partenaires locaux en signant avec eux essentiellement des contrats de franchise directe.

III – La franchise par l'entremise d'une filiale commune avec un partenaire local

Le franchiseur crée avec un partenaire local une filiale commune qui prend en charge la mise en œuvre de la franchise sur son territoire national.

IV – La franchise principale

C'est un accord par lequel, un franchiseur accorde à un franchisé principal, en échange d'une rémunération, le droit de conclure des accords de franchise avec des franchisés.

C'est une opération à plusieurs étages, comportant au moins trois parties et deux rapports contractuels :

– un rapport entre le franchiseur et le franchisé principal : c'est le rapport de franchise principale. Il est international ;

– un rapport entre le franchisé principal et les franchisés. Il est interne, le franchisé principal et les franchisés étant situés dans le même pays.

§ 2 – Juridiction compétente

• Les contrats internationaux de franchise comportent des clauses attributives de compétence juridictionnelle, souvent en faveur des juridictions du pays du franchiseur. Elles sont en principe valables.

• Ces contrats comportent également des clauses compromissoires dont la validité est admise.

• Difficultés d'application de l'article 7-1a du Règlement Bruxelles I bis car les contrats de franchise ne sont *a priori* ni des contrats de vente, ni des contrats de fourniture de services (cependant v. p. 58).

§ 3 – Loi applicable

• Les règles issues de la Convention et du Règlement Rome I s'appliquent : possibilité de choisir la loi applicable.

• Difficulté de détermination de la prestation caractéristique en vue de l'application de l'article 4-2 de la Convention de Rome.

• Il convient de revenir à l'article 4-1 et rechercher la loi qui présente les liens les plus étroits avec le contrat. En considérant que la franchise ne devient internationale que lorsqu'elle est mise en œuvre dans le pays étranger du franchisé, c'est la loi de ce pays qui devrait être appliquée plutôt que celle du franchiseur. La question est discutée.

L'article 4.1-e de Rome I précité décide qu'à défaut de choix, la loi applicable est celle de l'État dans lequel le franchisé a sa résidence habituelle.

§ 4 – Contenu du contrat

• La pratique contractuelle internationale révèle une grande variété de clauses contractuelles ayant pour objectif l'homogénéité du réseau de franchise et sa nécessaire adaptation aux conditions du pays du franchisé.

Le contrat international de franchise comporte par conséquent des clauses relatives notamment :

- à la standardisation internationale du savoir-faire ;
- à la communauté d'image de marque ;
- à l'adaptation du concept ;
- au contrôle du réseau.

Sur le contenu du contrat :

- le guide du franchisage (publication OMPI n° 480 F-1994) ;
- le contrat modèle CCI de franchise internationale (2000) ;
- le guide Unidroit sur les Accords internationaux de franchise principale (2000).

Section 3 – La distribution sélective internationale

• La distribution sélective est le contrat par lequel un fabricant s'engage à approvisionner des détaillants qu'il choisit en raison de leur qualité et auxquels il n'impose aucune obligation d'exclusivité ou de non-concurrence.

• Elle soulève surtout des questions de droit de la concurrence, essentiellement sur la sélection des distributeurs.

La Convention de Rome, le Règlement Rome I, les règlements Bruxelles I et Bruxelles I bis.

Pour aller plus loin

Bibliographie

- M. Pédamon et H. Kenfack, *Droit commercial*, Dalloz, 4e éd., 2015, n° 772 et s.
- D. et N. Ferrier, *Droit de la distribution*, LexisNexis, 8e éd., 2017

Sujets d'examen

Dissertations

- La loi applicable à la franchise et à la concession exclusive
- La nature du contrat de franchise : contrat de prestation de service ?

Chapitre 4
Les contrats de transfert de techniques

L'essentiel

> *Simples éléments d'un contrat, par exemple la franchise, le savoir-faire et l'assistance technique peuvent également être des contrats indépendants.*

Section 1 – Le contrat de communication de savoir-faire (ou de *know how*)

Il s'agit d'un contrat de mise à disposition d'un ensemble de notions ou de connaissances nécessaires à la fabrication d'un produit par exemple.

L'obligation essentielle du contrat réside dans la transmission d'un savoir-faire.

Il n'y a pas de formule unique de ce contrat. Plusieurs modalités sont envisageables :

– le fournisseur peut accueillir dans ses usines le personnel du bénéficiaire pour des visites techniques au cours desquelles ils prendront connaissance du savoir-faire. De même, le fournisseur peut envoyer dans le pays du bénéficiaire des personnes chargées de leur transmettre le savoir-faire ;

– le fournisseur peut, en plus des séances pratiques, assister le bénéficiaire pour optimiser les connaissances.

Le trait caractéristique de ce contrat est le secret sans lequel la communication des connaissances se fait, étant donné que le savoir-faire n'est pas en principe légalement protégé. Sa valeur est d'autant plus importante qu'il n'est pas dans le domaine public.

Le contrat comporte de nombreuses clauses :

- la clause de confidentialité ;
- la clause relative au sort des améliorations apportées au savoir-faire ;
- la clause de durée ;
- la clause de garantie des résultats ;
- la clause relative à l'état des connaissances à communiquer.

Section 2 – Le contrat d'assistance technique

Dans ce contrat, une entreprise (« l'assistant ») s'engage envers un client (« l'assisté ») à lui apporter une « aide » dans la réalisation de ses travaux.

L'entreprise est tenue d'une obligation de conseils envers son client. En principe, cette obligation est simplement de moyen, mais rien n'interdit que les parties prévoient une obligation de résultat.

Chapitre 5
Les contrats relatifs aux marchés de construction

L'essentiel

> *Très importants dans le commerce international, ces contrats peuvent être relatifs au marché principal ou à la sous-traitance.*

Section 1 – Le marché principal

• Dans ce cas, une entreprise installée en France est opératrice à l'étranger, par exemple la construction d'un important barrage dans un pays d'Afrique centrale.

Si le contrat entre l'entrepreneur de France et son partenaire de l'étranger est international, ce sont les règles traditionnelles de droit international privé qui vont s'appliquer.

Les parties ont en principe la liberté de choisir la loi applicable à leur contrat. En pratique, ce sera souvent la loi de l'État du partenaire étranger. À défaut de choix, la Convention de Rome peut être applicable. D'après cette Convention, le contrat de construction immobilière devrait être soumis à la loi du lieu de résidence du débiteur de la prestation caractéristique (art. 4-2), c'est-à-dire à la loi de l'entrepreneur. La situation ne devrait pas changer avec l'application du Règlement Rome I (v. *supra*).

Le contrat contient des clauses relatives au financement, au prix, à la responsabilité, aux pénalités et à la durée.

La fédération internationale des ingénieurs conseils (FIDIC) a codifié certaines clauses, mais cette codification est critiquée et considérée comme avantageuse pour l'ingénieur-conseil.

• En pratique, le contrat de construction s'insère dans un ensemble plus vaste : la réalisation d'un ensemble industriel.

Section 2 – La sous-traitance internationale

En France, la sous-traitance est en principe internationale lorsqu'une des parties à l'opération n'a pas un établissement en France, par exemple un contrat de sous-traitance conclu entre des entreprises installées en France et concernant un marché principal international. N'est pas international le contrat par lequel une société française sous-traite à une société ayant son siège en Allemagne la fabrication en France d'un transformateur commandé par EDF. Pour la Cour de cassation, ce contrat est interne car l'opération de construction doit être réalisée en France, au profit de sociétés françaises, par l'intermédiaire de l'établissement français de la société allemande, lequel est devenu une société de droit français pour la poursuite de ses activités en France et la clause attributive de juridiction donne compétence à un tribunal français. La

Cour estime par conséquent que « dans la commune intention des parties, la situation n'avait pas de caractère international » et l'unique élément d'extranéité n'avait ici aucun effet (Civ. 1re, 4 oct. 2005, n° 02-12959, *Bull. civ. I*, n° 352 ; *adde* Ch. mixte, 30 nov. 2007, *Bull. Ch. mixte*, n° 12 décidant que la loi du 31 décembre 1975 relative à la sous-traitance est une loi de police. V. sur son application internationale Com. 27 avr. 2011, préc.).

La sous-traitance internationale soulève des difficultés de détermination de la loi applicable dans les différents rapports juridiques entre les parties.

§ 1 – Les rapports entre l'entrepreneur principal et les sous-traitants

• En principe, les parties ont la liberté de choisir la loi applicable à leur relation. Plusieurs lois sont possibles : la loi de l'État d'exécution du contrat principal (qui est souvent celle de l'État où est installé le maître d'ouvrage), la loi de l'État du siège de l'entrepreneur principal et la loi de l'État du siège du sous-traitant.

Toutefois, certaines dispositions légales sont d'ordre public et les parties doivent en tenir compte. En France par exemple, la loi du 31 décembre 1975 sur la sous-traitance interdit toutes stipulations et arrangements qui ont pour effet de faire échec à ses dispositions.

• À défaut de choix, la loi applicable devrait être en principe celle du sous-traitant (Convention et Règlement Rome I) même s'il n'est pas exclu de tenir compte de la loi applicable au marché principal.

§ 2 – Les rapports entre le maître de l'ouvrage et le sous-traitant

• La nature de l'action directe peut soulever des difficultés.

• L'action directe en paiement du sous-traitant contre le maître de l'ouvrage est régie par la loi du sous-traité... Ainsi, si le sous-traité est soumis à la loi française, le sous-traitant doit pouvoir exercer son action directe contre le maître de l'ouvrage étranger. Si une loi étrangère applicable aux rapports entre le maître de l'ouvrage et l'entrepreneur principal ne reconnaît pas l'action directe, elle ne peut pas aboutir.

Pour aller plus loin

Sujets d'examen

Dissertations

- Les rapports entre l'entrepreneur principal et les sous-traitants
- Le sous-traitant est-il une partie faible ?

Index alphabétique

D – E

F

G

H – I

J – K

L

M

N – O

P

Dans la même collection

Série droit privé

- *Droit des assurances*, H. Groutel
- *Droit bancaire*, F. Dekeuwer-Défossez, S. Moreil
- *Droit civil général*, P. Bihr, M.-H. Bihr
- *Droit civil. Sûretés, publicité foncière*, V. Brémond, M.-N. Jobard-Bachellier
- *Droit commercial. Notions générales*, J.-P. Le Gall, C. Ruellan
- *Droit du commerce international*, H. Kenfack
- *Droit de la concurrence*, J.-C. Roda
- *Droit de la consommation*, S. Le Gac-Pech
- *Droit de la construction*, C. Saint-Alary-Houin, R. Saint-Alary
- *Droit des biens*, P. Courbe, M. Latina
- *Droit des contrats spéciaux*, B. Bourdelois
- *Droit des entreprises en difficulté*, P.-M. Le Corre, E. Le Corre-Broly
- *Droit des obligations*, L. Tranchant, V. Égéa
- *Droit des personnes, de la famille et des incapacités*, P. Courbe, F. Jault-Seseke
- *Droit des successions et des libéralités*, J. Houssier
- *Droit international privé*, J.-P. Laborde, S. Sana-Chaillé de Néré
- *Droit pénal des affaires*, G. Giudicelli-Delage
- *Droit pénal général*, J. Larguier, P. Conte, P. Maistre du Chambon
- *Droit pénal spécial*, J. Larguier, P. Conte, S. Fournier
- *Droit de la propriété industrielle*, L. Marino
- *Droit rural*, J. Audier
- *Droit de la sécurité sociale*, X. Prétot
- *Droit des sociétés*, A. Constantin
- *Droit du travail*, A. Cœuret, J.-P. Lieutier
- *Grands systèmes de droit étrangers*, M. Fromont
- *Institutions juridictionnelles*, J.-J. Taisne
- *Introduction générale au droit*, P. Courbe, J.-S. Bergé
- *Procédure civile. Droit judiciaire privé*, J. Larguier, P. Conte, C. Blanchard
- *Procédure pénale*, J. Larguier, P. Conte
- *Propriété littéraire et artistique*, P. Sirinelli

Série droit public – Science politique

- *Contentieux administratif*, G. Peiser
- *Contentieux constitutionnel*, M. Verpeaux
- *Droit administratif des biens*, C. Roux
- *Droit administratif général*, P. Gonod
- *Droit des collectivités territoriales*, V. Donier
- *Droit constitutionnel et institutions politiques*, J. P. Jacqué
- *Droit des contrats publics*, F. Lichère
- *Droit de l'environnement*, P. Planchet
- *Droit européen*, J.-C. Gautron

718928 (I) – OSB-A 60 – NC (HCH)
Achevé d'imprimer en août 2019
N° 2914481Z - Dépôt légal : septembre 2019
Imprimé en France par Jouve
1 rue du Docteur Sauvé, 53100 MAYENNE